U0818924

华润集团战略研究中心

世贸变局

技术革新界说国际规则

李浩然　王立杰　徐树｜著

法律出版社
LAW PRESS·CHINA

目录
CONTENTS

上 篇 工业化与亚太自由贸易区

下 篇 亚太地区的自由贸易体系

上篇

工业化与亚太自由贸易区

第一章 工业化与生产率提升

1. 以生产率为核心的时代

现代西方社会所掌握的秘诀是提高生产率,即从给定的资本支出或劳动使用中,获得超过常规的产出能力。

——丹尼尔·贝尔①

发生在生产领域的最神奇之事,乃在于生产活动造就了剩余,即在产出与投入之间存在着价值差额。在此差额中,奠定了财富积累的基础,也酝酿了一切有关于发展的可能性。就人类漫长的历史来看,趋利的本能维持了投入的活动以获得更多的价值差额总量,但只有当这些投入被用于扩大单位产品的价值差时,"生产率"这一概念才得以出现。生产率的提升,改变了生产函数的斜率,呈现出非线性增长的函数曲线。而生产率的提升,从根本上源于技术改进,即新工具、新方法的使用。②

自人类开始生产活动以来,就有生产率提升的事件发生,但

① [美]丹尼尔·贝尔:《后工业社会》,彭强译,科学普及出版社 1985 年版,第 76 页。

② 在本书中,我们将在最广义的范围内使用"技术"这一概念,它不仅指与自然科学相关的技术,还包括立法技术、管理技术、经济技术等与制度相关的维度。

它一直被蒙上了一层神秘的面纱,被视为由外在于人类历史的因素所促就。诸如,普罗米修斯盗火和摩西立法之类的故事皆是此例。而只有当技术改进成为一种常态时,生产率才必然会成为生产活动的核心。这正是最近百余年来正在发生着的、被称为“工业时代”的历史所昭示给我们的最大秘密。

为什么要提升生产率?不仅仅是因为人对于财富积累的贪婪之心,更是源自在组织生产过程中边际效益递减的经济规律。经济学家认为,商品的价值可以用包含在该商品中的劳动量来表示。不仅如此,以李嘉图和马克思为代表者,甚至于仅以劳动量来计算商品价值,而将其他的自然因素排除在价值理论之外。但正如熊彼特所指出的,劳动价值理论不能适用于劳动力这个商品。① 否则,在给定的生产率假设下,生产活动的扩大,意味着剩余价值被用于再投资以购买更多的劳动力。随着充分的扩展,劳动力充足将被劳动力匮乏所取代。其结果必然是工资率的提高,从而使剩余收益减少并趋于零。因此,在对劳动力的持续投资达到了不经济的边界时,继续扩大生产依赖于技术改进所带来的更高生产率。

1.1 前工业化时代

在前工业条件下,生产的扩张是非常有限的。希克斯认为造成这种格局的主要原因之一,是经济过于带有地方性。在经济部门中,农业极其庞大,而商业却过于弱小。② 紧随航海大发

---

① [美]约瑟夫·熊彼特:《资本主义、社会主义与民主》,吴良健译,商务印书馆 2012 年版,第 75 页。

② [英]约翰·希克斯:《经济史理论》,厉以平译,商务印书馆 1987 年版,第 125 页。

现而来的国际贸易量的激增,打破了这一局面。

对亚洲的商品贸易体系,最早是由葡萄牙人的"再分配公司"所缔结。1580年前后出现了《印度胡椒合约》。商人们在印度和马六甲购买胡椒后,运至葡萄牙的里斯本,以固定的价格卖给王室。葡萄牙王室则通过《欧洲合约》以固定的价格将胡椒卖给买办,使其在全欧洲散货。[①] 但葡萄牙并不能够消化海外贸易所带来的巨大财富,它并没有发展出一条有效途径将这些财富进行再投资,只能单纯地扩大贸易规模。这种策略最终被证明是粗陋的。贸易规模扩大,带来的是贸易成本的显著提升。16世纪初,只有150万人口的葡萄牙,根本无力运营一个庞大的贸易帝国。贸易的发展,摧毁了其原有的产业结构,使得农民变成了海员,却仍需要使用大量雇佣兵。但这些投入,并没有能够有效地保障贸易的安全。随着再投资的无效率,葡萄牙人将贸易积累的财富用于个人享受,仅维持了一段短暂而奢靡的盛世之象。

与葡萄牙的贸易体系相比,荷兰东印度公司和英国东印度公司采取了更为积极的价格政策,努力地实现垄断。为了达到这一目标,它们找到了一块有效的再投资领域,即对保护贸易路线的保护,并清晰地认识到,这应被视为必不可少的贸易成本。[②] 结果,在价格控制方面,它们颇有成效,防止了价格的极端波动,从而降低了国际贸易的风险。

更重要的是,随着商人数量的急剧增长,一个商人的阶级、

---

① [荷]费莫·S.伽士特拉著:《荷兰东印度公司》,倪文君译,东方出版中心2011年版,第1页。

② 同上书,第128页。

一个新型的组织逐渐形成。这个商业性的组织展现出了与传统的习俗型与指令型社会截然不同的组织形式。① 商人们用分类账和成本计算来规划他们的生意,也用近乎相同的方法来管理市政。从 16 世纪到 18 世纪,商业利益构成了政治经济体制的主要内容,构成一个"重商主义"的时代。

社会组织方式和制度的变化,是重要的技术改进。这一点,将在以后的篇章中详述。这里,只需要指明在重商主义时代,各国在商业理念和技术上的创新,都指向制造贸易顺差这一目的。而东印度公司的主要目标,是为欧洲市场购买亚洲产品。欧洲人主要靠支付白银取得这些产品,由此造成了 18 世纪欧洲的白银短缺。为了应对这一危机,公司必须通过开展亚洲间贸易来予以弥补。但亚洲间的贸易迅速地滋生了私人贸易和腐败,由此发展成为荷兰东印度公司衰落的主要原因之一。直到 18 世纪后半叶,工业革命开启以后,欧洲本身才具备大量出口的可能性,支持了贸易的继续发展。

1.2 生产率革命

从资本结构的角度来看,工业革命就是固定资本的革命,即固定资本开始进入经济活动的中心地位。②

重商主义时代,海外贸易获利的再投资,主要是对流动资本进行。商人们对于固定资产的投资,仅限于建筑物和以船舶为代表的运输工具。18 世纪后期,用于生产的固定资本货物的种类开始显著增加,而以机器工具的出现为一大转折点。机器的

---

① [英]约翰·希克斯著:《经济史理论》,厉以平译,商务印书馆 1987 年版,第 32 页。

② 同上书,第 129 页。

特点在于,它能够替代劳动力,并且通过改进而降低成本。更重要的是,通过机器生产机器,能够使改进的过程重复发生。与单次改进不同,持续改进,意味着生产率的提升不再依赖于偶然因素,而是可以为人类所掌控与规划的活动。此时,利用价值剩余进行再生产的活动,与前工业时代相比,也发生了本质的变化。不管商人们是否清晰地意识到这一点,他们的投资已不再仅针对商品本身,而是对促进产量的技术变革进行投资,或者更直接地说,是在对生产率进行投资。同时,只有当生产率从幕后走到经济活动的前台,将商品和贸易变为它自我提升的手段时,价值剩余才真正地形成资本。

从企业的角度来看,生产率提升所带来的利润增长只是暂时的。因为企业之间的相互竞争将带来剩余价值总量的再分配,那么通过价格机制的调整,各企业的利润率将趋于平均,并一般地发生降低。① 这是资本主义经济机制中最神奇之处,它预示着技术改进不可能一劳永逸,而必须维持永续改进的过程。而企业的命运就像是希腊神话中的坦塔罗斯,经受永不停息的挑战与磨难。

我们可以简单地回顾一下工业革命的历史。1764 年詹姆士·哈格里夫斯发明了珍妮纺纱机。恩格斯称其为“使英国工人的状况发生根本变化的第一个发明”。纺纱机的出现,提升了纺织业的生产率,其结果是增加了纺织品的产量,再通过市场竞争降低了纺织品的价格,随后欧洲商人在海外贸易中击溃了

---

① [英]约翰·希克斯著:《经济史理论》,厉以平译,商务印书馆 1987 年版,第 78 页。

亚洲的纺织品出口商。但对于历史来说,珍妮纺纱机并不具有十分的重要性,不足以提供发动一场革命所需要的动力。如果机器的作用仅仅是将劳动力从生产活动中置换出来,那么纺纱机的发明并非前无古人。

同样的情况也发生在瓦特的蒸汽机上。早在 1679 年,法国物理学家丹尼斯·巴本就制造了第一台蒸汽机的模型,其后经过了托马斯·纽科门和詹姆斯·瓦特的相继改进。如果我们追问一个问题:瓦特的蒸汽机是怎么造出来的?就会发现,瓦特改良蒸汽机的真正意义在于人们开始充分地意识到铁器零件和设备的应用,对制造方法和工具进行改进,并由此催生了一个全新的产业——机器制造业。机器制造业提供的产品是可以制造机器的工具和可以替换的机器部件。它的作用不是固定资本的转换器,而是提高转换器的转换效率。因此,我们就不难理解,为什么瓦特在 1769 年就改良了蒸汽机,却直到 1830 年以后工业革命的浪潮才猛然掀起。从 18 世纪 70 年代到 19 世纪 30 年代的酝酿期,正是机器制造业初具雏形的发展史。

生产率的提高,源自机器的使用。机器的使用改变了资本结构,提高了固定资本的比例,相应地降低了流动资本的比例。劳动力被机器从生产过程中置换出来,但其本身的效率并没有提高。李嘉图和马克思都认为,尽管个别劳动者有强壮与孱弱、勤勉与懒惰的分别,但体力劳动本身的效率是没有差别的。当工厂在大规模使用机器进行生产的时候,它对劳动力的需求减少,维持了劳动力充足的局面,进而通过廉价的劳动力市场降低了工资率。这个过程与劳动力自身的效率无关。

劳动力自身效率的提高,是 19 世纪末期兴起的科学管理的结果。科学管理,通过改进工作流程和任务系统提高工作效率。科学管理理论是由美国人弗里德里克·泰勒提出的,并由此开创了管理学学科。泰勒的方法实际上就是将一项工作进行分解,最终以单一的动作为单位。通过剔除那些冗余的动作,并且将必要的动作按照最有效率的方式进行重排,最终缩减一项工作需要的时间和劳动力。泰勒制科学管理针对的是体力劳动,但其并没有对李嘉图和马克思的理论构成挑战,任何一个动作所代表的劳动仍然是无差别的,造成劳动效率提升的是动作的组合方式。而这种改变恰恰不是源于体力劳动,而是来自知识的贡献。正如泰勒所指出的,"体力劳动力没有技巧这回事,劳动只不过是简单和复杂的动作。使劳动能够有生产率的是知识,也就是把那些简单而不具技能的动作放在一起,组织起来加以执行"。①

泰勒的方法最初被其成为工作分析或工作管理,后来又被称为科学管理。第一次世界大战以后,德国参谋本部率先将泰勒的科学管理应用在士兵的工作和军事训练上,为德国在战败后迅速崛起创造了可能性。在美国,同样的工作也得到开展,以改进工厂的工作。在第二次世界大战时,美国工厂已经全面地应用了科学管理的方法。这使美国在向战场投入的人力超过德国与日本的情况下,仍然能够维持高于其对手的生产量。据统计,战时美国民用经济部门的劳动生产率,超过德国的 2 ~ 3

---

① Peter F. Drucker, *Management Challenges for the 21st Century*, Harper Collins Publishers, 2002, p. 28.

倍。[①] 第二次世界大战,美国工业体系的优势充分地展示出来,成为这场战争的最大成果。因此,自 1950 年以后,各国开始模仿美国模式,其中以日本最为典型。和美国人作战的切身体会,使他们很容易发现美国赢取第二次世界大战的"秘密"所在。于是,日本跳过了漫长而投入巨大的技术创新阶段,而从一开始就致力于引进美国的工厂管理方法。这使日本用了最短的时间打造了一支高效率的生产队伍。一些后发国家,纷纷效仿,韩国、台湾、香港、新加坡"亚洲四小龙"出现,并日益发展为一个亚太生产网络,逐渐成为世界的生产中心。

1.3 技术进步

让我们再次把目光拉回到瓦特的蒸汽机。早期蒸汽机,比如纽科门的蒸汽机,是真空蒸汽机。蒸汽进入气缸后,关闭阀门。然后通过水冷的方式,促使蒸汽凝结后在气缸内产生真空,由此利用气缸内外的气压差,推动活塞运动。活塞每运动一次,气缸里的蒸汽都要先冷凝,然后再加热。这样就造成了 80% 左右的热能损失。瓦特的改良在于将气缸与冷凝器分离开来。这样,气缸的温度就可以维持在注入温度,提高了热能的转换率。瓦特对蒸汽机的改良,只在设计的层面上。改良蒸汽机必须具有足够的强度以经受住高压的考验,这需要包括材料、精密度等多个方面予以配合才能实现。现代意义上的机器,体现为整个技术体系的整体改进,需要各种科学互相补充而相得益彰。[②]

---

① Peter F. Drucker, *Management Challenges for the 21st Century*, Harper Collins Publishers, 2002, p. 29.

② [英]约翰·希克斯著:《经济史理论》,厉以平译,商务印书馆 1987 年版,第 132 页。

任何单项发明,都不足以独立支撑起工业化的进程。

实际上,工业化是由两个相对运动的过程所组成:专业化与组织化。前者是向知识的纵深维度上发展,后者则是在构建统一协作的知识体系,一分一合。只有两者有序地配合,才能实现有效分工。在工业化初期,专业化的作用得到了充分的表现,新消费品、新生产方法、新运输方法层出不穷。但我们必须思考,在这一时期,为什么各种技术创新集中地出现了,并且进而这种趋势将何以维系?直到20世纪下半叶,当技术进步成为一种常态时,对于复杂系统的组织与管理问题才得以凸显。正如凡勃伦所指出的:"革命的主要战略路线,就是技术组织和工业管理路线,实质上也就是工业工程路线。它将使组织变得适合管理变度技术化的工业系统,而这种系统则是任何现代文明社会所不可缺少的物质基础。"①工业时代兴起的新行业,诸如铁路、电力、石油、汽车等,都是技术密集的工业系统,如何组织众多的科学知识,使它们成为产业发展的支柱,比重大单项技术的突破更加关键。

对于工业系统来说,持续的技术进步是如此之重要。于是,技术进步必须被纳入一项可控的进程当中。换句话说,不能把整个工业化的命运交付于诸如爱迪生之类的天才发明家手中。人们需要对发明的机制和过程进行解密,并且期望这个过程可以在实践中不断重复。由此诞生了关于科学的理论知识。而理论知识,从其诞生之初,就体现为一个知识系统,即以完整的逻

① [美]丹尼尔·贝尔著:《后工业社会》,彭强译,科学普及出版社1985年版,第106页。

辑体系来解释自然现象。理论知识的发展,对基于经验现象观察而积累的散乱知识进行排序,寻找它们之间的关联性,并尝试通过“知识拼图”的方式打开通往未来发明之路。可以说,理论知识的出现是关于发明方法的发明。

理论知识就像是一组代数方程式,依据一系列数学的公理和定理,可以通过已知数推导出未知数。在方程式求解的过程中,答案是一个或一组唯一正确解。整个推导过程,不需要生而知之的天赋,也不需要上帝眷顾的灵光一闪,它要的是开发未知之地的可预测性和确定性。理论知识的存在,就是以反直觉为基础的。正是因为理论知识的反直觉特性,使它可以对价值观念进行剥离,从而体现出纯粹的客观性。这种客观性,赋予了它超越的地位,突破文化、地域、国别、语言、政治的界限,获得了平等和统一的力量。它要求、乃至于强迫人们在认识上保持一致,在行为上趋同。这种技术的强制力,使知识的传播势不可当,不为一切私利和垄断所囿。最直接的例子就是专利权制度,其最终目的是促进技术的公开与扩散。而对发明人权益的保护,只是实现这一目的必须付出的成本。不管如何,企业对新技术的应用总是受到或明或暗的激励的。法律制度之所以惩罚侵权,不是因为知识的获取与应用行为本身,而是针对该应用之后引发的财产关系问题。

理论知识、技术和经济,几乎构成了工业系统的新三位一体。其运作机制遵循着知识增进、新领域发现与拉动投资的脉络在发展。实际上,在第二次世界大战以后,随着技术创新的加快,技术转移和技术研究成果商业化的速度大大加快,实际上国际投资一体化的趋势已经难以遏制,并正在西欧国家成为事实。①

1.4　知识的分类

19 世纪,科学家们研究的重大课题之一,是如何用人工方法合成可以被植物吸收的化合态氮。1888 年法国化学家勒夏特列发现,在一个已经达成平衡的反应中,如果改变影响平衡的条件(如温度、压强,以及参加反应的化学物质的浓度)之一,平衡将向着能够减弱这种改变的方向移动。由此提出了用于定性预测化学平衡点的“勒夏特列原理”。1909 年德国化学家弗里兹·哈伯根据勒夏特列原理,成功地使用氮气和氢气生产出了合成氨。类似的事例,在化学工业中反复地出现。因为,“要想操纵大分子进行化学合成——重组和改变化合物,就必须掌握有关大分子的理论知识”。②

理论知识建立在“世界是不断运动的”这一哲学基础之上。它通过一组标量和矢量,来描述运动产生的属性及方向。因此,理论知识是客观的,它不致力于预测未来。也有学者将之称为科学的超然性,即把自己本身的活动看作目的,而不是从属于其他目标。③

这是理论知识与技术知识的区别所在。技术知识包含价值因素,因此才有改进的趋向性,因为它正是以效用满足价值需求

---

① 厉以宁著:《工业化和制度调整——西欧经济史研究》,商务印书馆 2010 年版,第 591 页。

② [美]丹尼尔·贝尔著:《后工业社会》,彭强译,科学普及出版社 1985 年版,第 6 页。

③ 同上书,第 121 页。

来定义改进过程的。在上述事例中,勒夏特列是在用平衡条件这一组参数,来描述平衡的移动这一变化规律或运动方向。而只有当人们发现氮肥能够为植物吸收,进而提升农业的生产效率这一价值需求时,才会激发哈伯使用勒夏特列原理完成合成氨的生产实验。哈伯因此获得了1918年的诺贝尔奖。而在第一次世界大战时,在不同的价值需求下,哈伯负责的兵工厂制造了化学毒气。

技术知识具有价值取向,它不是一种纯客观知识,因此它必然会屈服于人的意志。人的价值观与需求,在很大程度上决定了技术的表现形态,由此导致了技术的多样性。而技术的多样性意味着效率的浪费,因为效率最优的技术只有一个。

工业化时代是一个以生产率为核心的时代,它驱动了技术向效率最优及统一的方向发展。只有在此背景之下,理论知识的重要地位才能得以建立。而在此以前,对于纯粹客观知识的探索,长久地处于个人兴趣的襁褓之中。理论知识重要性的提升,改变了技术知识的指导结构。为了提升生产率,意志必须服从理论知识所揭示的客观规律,无论其是主动还是被迫接受这一结果。同时,逐渐发展出"技术强制力",即在所有工业社会存在特定的共同制约力,强迫人们采取共同的技术方法,形成类似的行为方式。① 而对于那些穷困的国家而言,越穷困再次就业的机会就越有限,在其他地区机器改进的反响之下,它将受到

① [美]丹尼尔·贝尔著:《后工业社会》,彭强译,科学普及出版社1985年版,第19页。

长期的损害。①

更重要的是,理论知识是知识体系,以规范化的抽象符号系统的形态存在。为了解释一个具体的现象,必须建立对于一套抽象的、足以解释整体的理论模型。知识体系的生长是趋向于集中的,它适用于“奥未姆剃刀”原理,即避繁逐简、以简御繁。故理论知识的发展,是不断抽象、寻求更统一概念的过程,这能减小理论知识的系统负担。其极致状态是形成由一个概念推演整个世界的哲学体系。理论知识的这种特性,也会对技术知识施加一定的组织力,避免技术知识在专业化的过程中无限积累成为一个庞杂无效的集群,最终变得尾大不掉。

理论知识的崛起,改变了生产组织方式和社会结构,朝着更集约、有计划的方向发展,最后还影响了社会文化的性格和伦理的内容。

2. 生产组织方式的调整

人类没有选择的自由。经济的和社会的事物按照它们自己的动能运动,由此而产生的形势迫使个人和团体以某种方式去做他们想做的任何事情。

——约瑟夫·熊彼特②

① [英]约翰·希克斯著:《经济史理论》,厉以平译,商务印书馆 1987 年版,第 149 页。

② [美]约瑟夫·熊彼特著:《资本主义、社会主义与民主》,吴良健译,商务印书馆 2011 年版,第 208 页。

事物的发展从一定的原因出发,最终转向了不同的目的。这是一个异化的过程,最初的原因可以称为诱因,它提供了发展的动力,但无法决定发展的方向及形态。

逐利,源自人类的本能,是一切生产活动最主要的诱因。但通过考察生产活动的历史,其持续不断的目标是生产率的提升。生产率的提升,提升了人类的总体生产能力,除了支付劳动力在生产的必要消耗以维持诱因及动力的持续有效外,剩余的价值总是尝试投入到促使生产率进一步提升的活动当中去。生产率的提升背后是否还有更深层次的目的?这是哲学探讨的范围,本书不涉及。在这里,我们只需要指出的是生产率的提升,建立在生产组织方式的改进之上。

理论知识的崛起,使得对生产过程进行更详细、有针对性的设计和计划成为可能,由此酝酿了生产组织方式的改变。而生产的重点也发生了转变,具体产品的重要性在逐渐地削弱,如何管理越来越复杂的生产过程,并在人与自然、人与人之间激烈的斗争中做出最有效的决策,这才是关键所在。这一变化,在某种程度上宣示了重商主义与资本主义之间的分界线。

同时,我们还看到国家和科学的发展之间存在紧密的联系与互动,使理论知识实际上成为了国家竞争力的重要组成部分。因此,国家对于科学的投入以及掌控,使它更多地介入到组织生产的过程当中。

2.1 产业结构的变化

柯林·克拉克曾将经济划分为三个部类:农业、制造业和服务业。各个部类之间的生产率是不同的。在工业化初期,随着密集的技术改进,制造业的生产率大幅度提升,其在一国国内生产总值中的比重增高。在工业化发展到一定程度以后,劳动力开始向服务业转移。在一些经济发达国家,服务业产值占到国内生产总值的70%以上,相形之下,制造业产值占到国内生产总值的20%～25%,农业产值占到国内生产总值的5%上下。[①]

我们不妨将服务业划分为两种类型:消费性服务业与生产性服务业。产业结构变化过程中,服务业比重的大幅度上升,主要是体现在生产性服务业的爆发式增长。生产性服务业是从制造业中独立出来的。它原先只是从属于制造业的一个部门,是生产过程的一个中间环节,包括商业服务、科学服务和专业服务等内容。归根结底,生产性服务业都是依靠知识的运用来提供价值的。不管是科学研究对机器的改进还是科学管理对劳动工序的改进,都是以知识为核心的。知识的运用,不需要与固定资本相结合。它跟体力劳动不同,体力劳动必须经过固定资本,如土地、机器设备等的转换,才能够凝聚到产品当中去形成价值。而知识的作用在于提升上述转换过程中的转换率。

知识的运用,提升了农业和制造业生产率,在短期内产量不变的假设下,将导致对劳动力需求的降低。因此,这两个产业中剩余的劳动力,将转移到服务业部门。生活性服务业吸收了一部分体力劳动者,生产性服务业则需要通过教育和培训转换劳动力的属性,以符合知识工作的需求。由此,在劳动者中将分化出一个知识阶层,以区别于体力劳动者。这个知识阶层为生产活动提供管理服务,他们设计并执行新的工作流程和系统,组织

---

① 厉以宁著:《工业化和制度调整——西欧经济史研究》,商务印书馆2010年版,第601页。

体力劳动者。这项服务工作不生产最终的消费品,而体现为生产的“效率催化剂”。那么,正如固定资本与流动资本之间的结构调整一样,流动资本中内部发生了分化,并重新划分分配格局,最终体现为知识工作者与体力劳动者在工资率上的差别。

当生产性服务业从制造业中独立出来以后,马上就产生了一个问题:生产性服务业的生产率怎么计算?生产性服务业不产生直接消费效用,即没有严格意义上的产出或者说其产出是间接的,因此很难计算生产率。而生活性服务业是可以直接满足消费需求,产生效用的。但一般的研究,通常并未将生产性服务业与生活性服务业予以区分。因此,以就业、工资率与服务的市场价格等参数为基础计算出来的服务业生产率低于制造业的平均水平。如美国经济学家富克斯提出的服务业劳动生产率滞后理论。这种理论,显然没有复合计算服务业给农业和制造业所带来的生产率提升部分的收益。因为,从某种意义上来讲,在后工业化时期,农业和制造业仍然能够继续发展,主要缘于科研领域不断提供的技术创新服务,从而使各行各业采用效率更高的新机器装备和新材料。

但服务业生产率低于平均水平的计算结果,无法解释劳动力向服务业流动进而促使服务业在产业结构中比重加大的事实。因此,经济学家只能假设服务业需求对价格不敏感。

让我们再来看看事实的另一个方面:20 世纪增长最快的四个部门分别是政府、医疗、教育、休闲。[①] 除开休闲另论,其他三

---

① Peter F. Drucker, *Management Challenges for the 21st Century*, Harper Collins Publishers, 2002, p. 12.

项都是公共事业的领域。正是因为在现代社会中,生产性服务业对传统产业的生产率有重要的支撑作用,因此生产性服务业被纳入了国家计划,从而带有公共产品的属性。政府对于生产性服务业的干预与扶持,使服务业生产率问题上升为国家战略的层面,不再适用单纯的市场机制。

正如彼得·德鲁克所指出的,在发达国家,年轻的劳动人口急速减少。这种减少在西欧和日本非常快速,在美国稍微慢一些。但是这个阶层的人口在新兴和发展中国家仍然快速增长,至少在未来的三四十年内,发达国家唯一的竞争优势,只有依靠许多训练有素、受过教育的人做知识方面的工作。但是这样的优势能不能转换为实际的结果,就要看发达国家和其中的产业,还有其中每个公司的能力,是否能以它们在过去的100年中增加体力工作者生产率的速度来增加知识工作者的生产率。①

在此背景之下,生产性服务业的生产率主要体现为知识工作者的效率问题。而知识工作者的效率,主要取决于在社会结构的重塑过程中,如何安顿新生的知识阶层。

最后,还必须提一下,在本节的讨论中,似乎我们一直把消费性服务业排除在外。实际上,与传统的个人服务相比,现代消费性服务业也发生了巨大的变化。服务商将工作的重点从具体服务内容转移到构建社会化服务网络上来。比如大型零售商,更注重的是通过连锁经营打造一张范围宽广的分销网络,从而节省货物的销售成本;互联网的出现,特别是社交网络的兴起,

---

① Peter F. Drucker, *Management Challenges for the 21st Century*, Harper Collins Publishers, 2002, p. 32.

改变了人与人之间的联系方式,随之而来的电子商务,已经展现出迅猛发展的势头,极大地挑战着传统零售模式的地位;物流网络的发展,影响了交易结构、交易价格等多方面的因素。所有这些变化,都指向了更加社会化的生活方式,最终归结到社会结构重塑的问题上来。而消费者由之获得的便利仅仅是一个诱因,而非服务业发展的终极目标。

在笔者写作本段文字时,正值一家在线电商天猫商城在中国刮起"双十一购物狂欢节"潮流的期间。根据新闻报道,在2015年11月11日这一天,天猫商城的销售额达到了912亿元人民币。这是一个相当惊人的数字,而运营商还有更宏伟的短期目标,比如1000亿元。这种对于销售数字创纪录式的追求过程,意味着以电子商务为代表的现代服务业正在测试自己所建立的服务网络对集合甚至创造消费的能力。它们的战略显示了一张市场规划蓝图。如果没有消费市场被充分社会化的基础,电商从哪里获得如此强大的消费动员能力。

2.2 政府的职能

美国经济史学家亚历山大·格申克龙在总结德国、意大利等国经济追赶成功经验的基础上,于1962年创立了后发优势理论。后发优势理论包括六个重要命题,说明一个国家的经济越落后,则:(1)其工业化的起步就越缺乏联系性,而呈现出一种由制造业的高速成长所致的突然的大突进进程;(2)在其工业化进程中对大工厂和大企业的强调越明显;(3)越强调生产资料而非消费资料的生产;(4)人们消费水平受到的压力就越沉重;(5)其工业化所需资本的动员和筹措越带有集权化和强制性特征;(6)其工业化中农业就越不能对工业提供市场支持,农业越受到抑制，经济发展就越相对缓慢。

后发优势理论解释了工业化传播过程中出现的一些现象。对于后发进入工业化的国家来说，已经有一个工业化的模板放在它们面前。但这些模板的应用，需要一系列的前提条件，这些条件源自先行工业化国家特定的历史背景。为了满足这些前提，后发国家只能通过加大政府的作用来创造条件。[①] 例如，扩大工业品市场是各国工业化初期普遍面临的难题之一。英国是通过已经高度发达的海外贸易来为工业产品提供市场，而对于后发的德国来说，这一条件并不具备，于是采取了政府采购的方式来扩大本国工业品的销路。

在封建的条件下，存在种种政治和经济特权。它们被视为阻碍资产阶级发展的枷锁，但人们往往容易忽略的是，这种特权的存在是以特权享有者须提供保护为合法性基础的。[②] 这种保护，最初体现在军事方面，后来也广泛地出现在经济领域。最典型的经济保护，就是通过行使垄断权力使被保护者免受市场波动的影响。[③]

当资产阶级革命废除封建特权时，原有的保护机制也被破坏了。而新兴的资产阶级没有能力提供新的保护。正如熊彼特所指出的，“没有某个非资产阶级集团的保护，资产阶级在政治上孤立无助，它不但不能领导国家，甚至不能照顾它特殊的阶级

---

① 厉以宁著：《工业化和制度调整——西欧经济史研究》，商务印书馆 2010 年版，第 88 页。

② ［美］约瑟夫·熊彼特著：《资本主义、社会主义与民主》，吴良健译，商务印书馆 2011 年版，第 215 页。

③ ［英］约翰·希克斯著：《经济史理论》，厉以平译，商务印书馆 1987 年版，第 109 页。

利益，以上情况等于说，它需要一个主人”。[①] 20 世纪上半叶，接踵而至的三次灾难——两次世界大战和 30 年代的大萧条，充分地展示了资产阶级社会结构经受不了长期“总体”战争的紧张和压力。[②] 各国政府逐渐认识到政府对经济和社会必须发挥比 19 世纪大得多的作用。政府的行政革命，以股份有限公司和早期中央银行的出现为标志。到了第一次世界大战期间，政府所掌握的权力，已经相当广泛。[③] 另外，政府也必须应对并设法满足更多的社会需求，也就是说它将致力于提供更多的公共产品。面对手中权力的激增，政府可以增加政府雇员，但这意味着政府开支的加大和征税额度的提高。在政府规模不变的假定下，行政权力的增加必须以行政管理效率的提升来消化。

在工业化时代，政府所应起的作用，可以归结为管理事务，即用理性判断代替政治，实行技术治国的标准，其突出表现为两个方面：职能和方法。政府行使职能与封建特权者提供的保护，在机制上有着本质的区别。政府职能的前提是承认法律的权威，即其由法律所规定并授权实施。而封建特权则是法外权力，或者说它是不受约束的立法权力本身。为了保持法律的权威，资本主义发展出一套特殊的政治体制，以将政治决定的范围限缩到可以用竞争领导权的方法加以处理的程度，由此将国家权

---

① ［美］约瑟夫·熊彼特著：《资本主义、社会主义与民主》，吴良健译，商务印书馆 2011 年版，第 220 页。

② 同上书，第 516 页。

③ ［英］约翰·希克斯著：《经济史理论》，厉以平译，商务印书馆 1987 年版，第 147 页。

力限制在可控的水平上。[①] 这套体制将政治事务与行政事务进行了分隔，政治角斗场上自由搏击的胜利者，并不能对行政机关颐指气使。行政机关按照一条关于社会管理的科学和技术知识在运作，其对于具体事务的处理是依据立法文件和技术规范，而非个人意志。可以说，资产阶级政府能够得以有效运作的前提是，它创造了一套官僚体制作为行政机器。

官僚机构是行政技术不断改进的产物。在封建时代，封建主为了管理和军事目的，挑选出一部分农奴，将其任命为管家。管家们由此获得了小贵族的身份，并在长达数个世纪的漫长实践中，发展出了具有良好的声望和传统的，训练有素的官僚机构。这些官僚机构成为资产阶级政府从封建王朝继承的最富有价值的遗产，因为他们几乎能够管好国家事务领域的所有事务。

职能的专门化，是有效的官僚体制所必需的条件。[②] 这种专业化，是由知识的积累而产生的。其中，理论知识以社会科学的形态存在并发展，它以追求对政治与社会组织的客观认识与描述为目标。具体的行政技术，带有国家的意志，追求特定的利益，系以政策的形式出现。政策的制定，很大程度上依赖于社会科学的研究发现与成果，传统意义上英雄式的政治家越来越少，并越来越多地为一个专业化的领导委员会所代替。知识驯化了政治的恣意。在此前提之下，受过教育的现代官员上台后，他的权力便变得不可摧毁，因为生活最基本的支持结构完全是为了

---

① ［美］约瑟夫·熊彼特著：《资本主义、社会主义与民主》，吴良健译，商务印书馆 2011 年版，第 431 页。

② ［英］约翰·希克斯著：《经济史理论》，厉以平译，商务印书馆 1987 年版，第 22 页。

适应他的行为而建造的。所以,韦伯曾预言未来属于官僚化。①

但当工业化进行到一定阶段,政府作用递减的问题出现了。这说明行政管理的规模是有边界的,一旦超过临界点,行政成本就可能高于无政府状态下所产生的损耗。这也是马克思所相信的资本主义制度必将趋于毁灭的理由之一,即国家的官僚主义化将最终不能持续提供对实业阶级的激励,并将破坏他们的社会地位和政治地位,从而影响国家整体生产力的发展。②

2.3 公共产品

公共商品,一般地是指在消费和使用上具有非竞争性和受益上具有非排他性的产品。相对于私人产品而言,公共产品不以个人需求为中心,而是取决于社会或政治的需求。公共产品的供给,是现代政府职能的一个重要方面。

个人的需求,指向的是消费品的生产。市场机制,正是强调以消费者的需求来指导生产决策。但这只是从价格形成的角度来看待问题,即以利润率来诱导资本的投入。正如马克思所指出的,生产的扩大或缩小,不是取决于生产和社会需要,即社会地发展了的人的需要之间的关系,而是取决于利润以及这个利润和所使用的资本之比,即一定水平的利润率。③ 如果需求的增长速度小于生产的扩大速度,供需关系就会迫使商品的利润率降低,从而抑制资本的投入,最终使利润为零或者低于各产业

① [美]丹尼尔·贝尔著:《后工业社会》,彭强译,科学普及出版社 1985 年版,第 17 页。

② [美]约瑟夫·熊彼特著:《资本主义、社会主义与民主》,吴良健译,商务印书馆 2011 年版,第 28 页。

③ 《马克思恩格斯全集》(第 25 卷),第 288 页。

的平均利润率。此时,资本投入和生产将陷入停滞,而社会需求总量并没有被充分满足,由此产生经济危机。马克思认为,这一过程是资本主义的宿命。这个过程是建立在生产率不变的前提之下。要打破这一命运,必须实现生产率的突破。不是偶然的一次性突破,而是持续的突破。

我们在上文中已经提到,生产率的突破,依赖技术进步,进一步取决于理论知识的增长。而长久以来,对于理论知识的需求,仅停留在个人兴趣的层面,而没有形成社会生产体系的一个组成部分。换句话说,以消费需求为核心的市场机制,在调动资源投入技术改进和理论知识发展上是无效的。从这个意义上来说,有计划地将资金分配给科学项目,对于整个现代生产体系来说是一项极其重要的活动。而科学研究,也就成为了最重要的公共产品。政府、垄断企业和非营利机构是这项公共产品的主要提供者。

为了更深入地说明问题,我们必须认识到,公共产品的出现并没有纠正市场机制的缺陷,或是否定、破坏市场机制的功能。实际上,它揭示了市场只是一个诱导机制。公共产品并非要取代市场,而只是确保诱因持续有效,以便维持社会发展的动力。反之,将公共产品领域进行市场化改造也是不可行的,因为它无法被纳入市场的核算系统中。①

进一步设想一个问题:生产率的提升是否存在极限?如果生产率达到极限,或者至少是在可以预见的范围内看不到技术改进的可能性,那么生产过程本身就可能被公共化。如此,才有可能

---

① 在市场的核算系统中,公共产品只能用投入成本,而无法用产出价值来计算。参见[美]丹尼尔·贝尔著:《后工业社会》,彭强译,科学普及出版社 1985 年版,第 82 页。

在不经济的条件下继续扩大生产,并以指令的方式调节需求。在此条件下,整个诱导机制将发生变化,这意味着社会结构、经济结构和社会文化、伦理都将重塑,以寻找新的发展动力。古代农业社会就是一个典型的例子,在农业技术长期不变的背景下,由于战争和赈灾储备的需要,维持了规模巨大的农业部门,使其他产业部门因缺乏资源而近乎停滞。在这样的社会里,发展动力可能来源于对政治地位和声名荣誉的追求,而非经济目标的策动。

当我们充分地认识了知识在工业化进程中的核心地位,就不难理解为什么教育会成为20世纪发展最快的领域之一。教育是一项具有基础性地位的公共产品,它将体力工作者转换为知识工作者,以保障技术进步的持续性。

但是,除了自由市场之外,西方社会并没有发展出一套有效的机制来决定公共产品的分配,由此必将借助政治力量的博弈机制。而我们在上文中已经提到,限缩政治权力是资本主义处理治国问题的基本方法。政治领导权处于长期的竞争状态,由此依赖于政治机制分配公共产品是缺乏长远规划的、无效率的。

3. 社会结构的重塑

只有当社会能够给予其个体成员以社会身份和社会功能,并且社会的决定性权力具有合法性时,社会才能够成为社会。

——彼得·德鲁克①

---

① [美]丹尼尔·贝尔著:《后工业社会》,彭强译,科学普及出版社1985年版,第15页。

在生产活动中，劳动力以流动资本的方式成为生产性投入，成为资金核算中的一个项目。核算过程，是建立在个别劳动无差别的基础之上的，因而可以说是排除了劳动力的人格因素，或者说是劳动的物化。而在社会的层面，劳动是以人而非物的形式存在。劳动者之间的差别，引发了人与人之间的关系问题。作为个人的劳动者，必须扮演不同的角色，并通过相互的协作，以实现某种社会目的，如完成生产活动。这种人与人相互协作的机制，就是社会结构。

社会结构的有效性，取决于其所发挥的协调功能能否促进社会目的的实现。当社会目的改变时，社会结构将必须随之调整。在封建的条件下，社会目的集中在储备上，为战争和防灾而储备。其需要逐层递进的等级制度，以汲取的方式将资源进行集中。因此，在社会结构中，农业生产率的低下维持了庞大的农民阶层，以及通过复杂的贡赋体系而形成的各等级贵族及附庸于其上的个体手工业者。在进入工业化时代后，社会目的发生了根本的转变，并逐渐集中到以大规模生产为中心的方向上来。技术进步提升了生产率，诱导或迫使劳动力从农业部门转入新兴的制造业。但工业的核算体系是将劳动力作为物来看待的，它尚无法赋予这些从农民转化而来的人口以新的社会身份。同时，工人除了将无差别的劳动力投入到生产活动中之外，不具备其他的社会功能。在工业化的初期，出现了一个数量急剧上升的产业工人群体，他们缺乏适当的社会身份和社会功能。因此，在此变革的时代中，尚未形成所谓的“工业社会”。工人们只能靠出卖劳动力获取收入，马克思将他们称为无产阶级。实际上，他们不仅无产，更严重的问题是没有社会身份。作为对比，奴隶虽然也是纯粹的体力劳动提供者,但奴隶制通过法律的方式明确地将奴隶排除在社会成员的范围之外。这种条件下的社会,成员都获得了明晰的身份和功能。故其社会结构与社会目标是相一致的,具有相对的稳定性。而工人是自由的,是社会成员的一分子,但原有的社会结构中又没有他们的地位。那么只要以生产为中心的社会目的没有改变,工人阶层的出现就一定会推动社会结构的重塑。

在工业化的后半段,知识的重要地位凸显出来。其对应的现象就是白领工人和专业技术人员数量的持续增长,由此形成了新兴的知识阶层。同时,社会目标的中心虽然仍旧是生产,但已经发展出相对丰富的内涵,即强调更有效、更有竞争力地生产。从20世纪下半叶至今,发达国家相继进入新一轮的社会结构调整,以期构建新的知识社会。

3.1 社会化

在上文中我们已经提到,机器的使用,将劳动力从生产过程中置换出来,从而加大了劳动力的竞争并导致工资率的降低。在资本主义的制度条件下,由机器所置换出来的剩余劳动力并非无用。它们维持了城市劳动力充足的状况,从而压低了生产成本,也就提高了利润率。资本主义生产过程,不仅制造了失业,还要努力维持一定的失业率,从而达到一种无产者均衡的状态。因此,可以说失业或者说剥夺原有传统产业——农业和手工业——劳动者的社会身份,借以创造制造业所需的廉价劳动力市场,这是早期资本主义发挥作用的固有机制。它正是靠这种方法,瓦解了封建的社会结构,但它不能借此建立其新的社会。

1811 年在英国诺丁汉爆发了卢德运动。短期之内,许多工厂和机器被工人捣毁。随后,卢德分子集结起来与英军发生冲突,并遭到镇压。1813 年英国政府颁布了《捣毁机器惩治法》,对破坏机器的工人最高可判处死刑。

卢德运动并不是典型的工业化条件下的工人运动,而更接近于封建社会中传统的农民起义。它是一种暴动,激起于偶然的事件,缺乏组织性,迅速扩大也迅速地平息。而工业生产是组织化的生产过程,人被当作物来对待,因为物比人更容易协调。① 在工业生产一线经受过专业化分工协作锻炼的工人,对于组织化应该具有更多的认识,也具有更强的社会意识。他们必然在某个时刻"发觉自己所处的环境中早已出现了组织的各种要素"②,于是能够把自己组织起来。

产业工人通过学习工业生产组织方式,模仿建立了小团体,并进而发展成为更广泛的社团,以要求享有更多的阶级权利。这一过程并没有被纳入早期的宏观经济分析当中。③ 产业工人,正是通过主张自身权利的方式来参与社会结构的重建。

重建工业化社会结构的诉求和冲突,在第一次世界大战后达到了顶峰。特别是在战败国,倾向社会主义重建的潜在趋势浮现到表面上来,并在一个短时期内占据绝对优势。④ 交战双

---

① [美]丹尼尔·贝尔著:《后工业社会》,彭强译,科学普及出版社 1985 年版,第 35 页。

② [英]约翰·希克斯著:《经济史理论》,厉以平译,商务印书馆 1987 年版,第 141 页。

③ 同上书,第 142 页。

④ [美]约瑟夫·熊彼特著:《资本主义、社会主义与民主》,吴良健译,商务印书馆 2011 年版,第 32 页。

方都意识到,现代战争实际是工业战争,比试的是参战各国的工业体系是否具有组织生产的优势。更进一步地看,工业体系的优势,取决于社会结构的优势。于是,出于未来组织战斗的需要,对组建一个高效、稳定的工业社会的需求与日俱增。

早在19世纪初期,法国哲学家克劳德·列昂·圣西门就开始尝试建立一种适合于工业时代的新社会制度。在圣西门看来,工业社会应该包括四个方面的内容:(1)注重生产;(2)使用有条理、确定和准确的方法;(3)由工程师、实业家、计划人员来组织管理;(4)以知识为基础。①

圣西门的围绕工业制造商来组织社会的愿望,被其秘书奥古斯特·孔德所继续推进。孔德将工业社会的未来交给实证思想,并肇启了社会学——通过实证方法研究社会结构的学科。知识的中心地位及其计划性,在孔德的思想中具有重要的地位,并指向极权主义的结果。当然,极权主义的根基建立在客观知识和实证理性之上,而非与人之自由伴生的任性。

早期的社会学者,都是通过观察制造业组织生产的方式,进而在其新社会构建蓝图中加以效仿。他们首先看到的是整个世界正在经历的社会化的趋势,并从中找到了构建新的社会结构的核心元素——纪律。纪律是个人生活与社会生活之间的纽带,通过个人意志对集体意志的服从,实现个人目标与社会目的的统一。如此,则社会结构问题就化解为专业分工的问题。

在工业化早期的和平时期,工业并没有处于社会组织的核

① [美]丹尼尔·贝尔著:《后工业社会》,彭强译,科学普及出版社1985年版,第18页。

心位置。而在战争过程中,人们发现军事或半军事化组织能够通过对纪律的维系,而给予个体成员以身份和功能。这是伴随两次世界大战给人类所带来的灾难而来的财富,如何将其引入战后和平时期的生产组织中,既蕴含了未来发展的机会,也是一项巨大的挑战。

从亚当·斯密开始,经济学家们一直把自由市场奉为工业化的时代精神。自由市场经济体制,系用市场调节经济,强调政府对经济不进行干预,而是只起着看门人、守夜人的作用。自由市场经济理论,实际上包含了一种信仰,即在市场之后,存在超理性的力量,通过"看不见的手",推动经济的发展。资产阶级及其政府是这一信仰的忠实拥护者。因此,在大萧条时期,英国政府并没有采取改善弱者群体生活状况和社会处境的有效措施,而是把这些问题留给了在自由市场机制否极泰来的调节下"即将"出现的经济增长来解决。①

在应对危机时,当时主流的经济学家们认为应该削减工资以维持企业的利润,以避免失业的扩大。而瑞典经济学家则认为,消除失业的有效政策是增加失业人员的购买力,由此发展出了福利国家的模式。福利政策的出现与工会运动的高涨有十分密切的关系。它意味着,以福利政策为纽带,政府将更加深入地干预私人领域。同时,个人通过与政府更为紧密地结合在一起,成为国家的一个部分,才能找到自己在社会中的一席之地。这就意味着,个人的进一步发展必然是以国家对私人领域的进一

① 厉以宁著:《工业化和制度调整——西欧经济史研究》,商务印书馆2010年版,第296页。

步侵入为代价。这是一对矛盾的发展方向,最终国家与私人将互相成为彼此的负担。福利政策也没有能够建立起真正有效的社会结构,因为个人是通过国家连接起来的,而个人与个人之间关系和各自的角色扮演仍旧悬而未决。

另一个极端的案例是德国的纳粹主义。德鲁克认为,纳粹主义能用德国的民族性、德国的历史或者是德国的制度和地理条件来解释,但应该意识到纳粹主义的本质在于尝试解决西方文明所面临的普遍问题,及工业社会的问题。① 但纳粹主义将解决问题的努力放在了奴役和征服的基础之上,试图通过否定自由来使社会得以发挥功能。② 这是一种外科手术式的思路:既然新生的劳动者的阶层难以被纳入原有的社会结构中,那么就把他们排除在社会之外,使其成为物。希特勒的第三帝国幻想,从某种程度反映了这种解决方案所意欲模仿的对象——古代奴隶制。但极权主义忽略了一个事实,即古代奴隶制被废除的原因,并不是像黑人奴隶制在19世纪所遭遇的情形,而是因为其自身的不经济:自由劳动比奴隶劳动更便宜。在工业化条件下,极权主义的解决方案与注重生产的社会目标是南辕北辙的。

对于工业时代来说,适宜的社会结构是什么样的?笔者认为,它必须符合两个指标:自由和纪律。自由,能够最大限度缩减制度成本,保持劳动力的经济性;纪律,保障了生产活动的组织性和计划性,有利于专业化的推进,以提高效率。要把这两个

① [美]彼得·德鲁克著:《工业人的未来》,余向华、张珺译译,机械工业出版社2009年版,第10页。

② 同上。

看似矛盾的指标融合起来,就需要一个中介环节,将人格分置在两个层面,令其并行不悖。这个中介环节,就是后文所要论述的,公司。

3.2　工会

在维持资本主义自由市场经济体制不变的情况下,工人们通过工会为中介,参与到资本主义的生产过程。工会的政治影响力,增强了工人的议价能力。工会所起到的作用,仅仅是导致劳动力价格的刚性或劳动力市场的僵化。它并没有能够挑战市场机制,因为资本主义的发展是依赖利润为基础的。当工会的力量增强,工资要求提高,雇主只能削减工人数量,导致失业;由此迫使工会接受实行降低工资的策略,直到充分就业为止。

但我们应该认识到,工会追求的是一个很简单的目标。它真正关心的只是工资率和工作时间,因为它所代表的是众多个体需求的重叠而已。工人运动,并没有使得工会组织达到社会化的程度。因此,在工会建立后不久,产业工人作为一个争取实现自己利益的利益集团逐渐变成了一个既得利益集团。[①] 不错,工会与社会主义者看上去曾经有过非常密切的互动,但工人运动在本质上不是社会主义的。一旦工人们获得了他们所要求的利益,他们便"再也不理睬炫耀一时的政纲和他们有全部产品权利的高调。他们清醒地只想增加他们在全部产品中的份额。工人领袖正小心地试图在资产阶级社会的政治构架中确

① 厉以宁著:《工业化和制度调整——西欧经济史研究》,商务印书馆2010年版,第316页。

立、支持和增强工会的法律地位和经济力量”。①

工会的存在提高了工人的工资,将无产者转化为一个产业工人阶级。这一进程是世界性的,并在发达国家已率先完成。在此转化的过程中,无产者所“肩负”的社会革命的可能性也随之消失,而代之以与资产阶级进行分配与再分配机制的谈判作为妥协。

这种分配机制的谈判与提高社会整体生产率无关,甚至是有损害的,典型的例子就是在国际贸易领域以劳工权利为由设置贸易壁垒,使国内劳动生产率维持在相对较低的水平。因而工会的出现,并没有推动社会结构向有利于社会目标的方向发展。不仅如此,高工资还削减了企业的利润率。在资本主义机制下,这无异于压制了经济发展的潜力。另外,当工人运动通过政治力量对工资率施加政策上的控制时,它打乱了相对价格机制,通过榨取低成本生产者的办法补贴了高成本生产者,从而降低了整个体制的经济效率。②

同时,工会壮大所形成的政治压力,还影响了政府职能的内容。政府不得不把就业率作为一个越来越重要的行政指标。如在第二次世界大战结束后,英国工党推行了以国有化为主要特征的“社会主义”政策。但工党的思想源头是费边主义,其主张以渐进改良的方式实现社会主义。最终工党与保守党达成“共识”,即以实现福利国家为满足,不再追求社会主义目标。这种共识政治,是利益妥协的产物,它并没有真正为社会发展指明出

---

① [美]约瑟夫·熊彼特著:《资本主义、社会主义与民主》,吴良健译,商务印书馆2011年版,第454页。

② 同上书,第552页。

路。于是,在 20 世纪 60 年代,随着通货膨胀的加剧,新一轮劳资谈判蜂起,重创了英国经济,并且使得在“共识”下维系了 20 年的国有化政策以失败告终。哈孟德夫妇在其所著的《近代工业的兴起》一书中,将职工联合会作为英国从 18 世纪后期到 19 世纪中叶为市场制度的完善和健全而作出的三项重要贡献之一。[①] 他们所看到的是一个产业工人阶级的形成及其对无产者的吸纳与转换过程,但产业工人阶级最终并没有成功地创造出符合工业社会需要的社会身份,反而成为工业化继续发展的阻碍。

正如上文所提到的,工会的产生模仿了工业化生产的组织方式。但这种模式仅是形似而未能领会其内部精神。因此,组织化成为了一种工具,服务于个人的功利主义目标。这显然与工业生产的社会化目标背道而驰,通过高工资而从企业利润中分取的份额,被用于扩大个人的消费,而没有投入到再生产的过程中。更严重的问题是,工人的组织化造成了劳动力市场僵化,并以维持就业率和抵制降低工资率的方式,削弱了市场的调节功能,使生产率提升的社会需求无法及时而有效地得以满足,或者增加了实现的成本。这对于以生产率提升为源动力的现代工业社会来说,是致命的缺陷。

工会改变了工人的个人待遇,但这对于社会目标的实现并没有产生积极的意义。因而,可以说工会并没有真正赋予工人以有效的社会身份和社会功能,没有塑造适合于工业化生产的

---

① 厉以宁著:《工业化和制度调整——西欧经济史研究》,商务印书馆 2010 年版,第 531 页。

人际关系。工人之间的关系只是讨薪者的松散联盟,工人与资本家之间则是不断地讨价还价,社会成员之间根本没有建立起协作机制。同时机器与人之间始终存在着对抗关系,使新机器的改进和推广受到阻碍,减缓了工业化的步伐。

那么,工业社会的出路在哪里?其实,产业工人阶级并非工业化进程产生的唯一"新人",甚至可以说它只是一个过渡形态,因为我们已经看到体力劳动是可以被机器所替代的。沿着工业化发展的逻辑,一个成熟的工业社会中,社会成员的主体应该是从事生产管理和科技研发的知识工作者。知识阶层的出现及扩大,这是后工业社会正在发生的事实。并且,在可以预见的将来,它将通过潜移默化的方式,使得产业工人所带来的社会难题变得无足轻重。

3.3 知识阶层

从柏拉图的哲学王开始,人类就有以知识作为世界统治原则的思想与追求。通过知识的客观性抑制并改造个人的人性,创造出更趋于完善的新人类。但长久以来,该目标仅仅是作为个人经由修炼而追求的思想境界。只有在进入工业化时代以后,以知识的核心地位才得到经济现实的支撑,并以一种完全不同于哲学王的方式开始统治世界。

经由教育而掌握理论知识及技术知识的人,是工业时代的灵魂人物。他们构成了一个以专家为身份的新群体,他们将把有产阶级从一个腐化堕落的群体提升为一个具有集体关怀的精英群体,并与新阶级相混融铸造出一个高尚的、既与过去一脉相承又比过去更好的新精英阶层。[①]

严格地说，知识阶层只是一个知识共同体，以知识共享为纽带而联系在一起的群体。这个群体表现出内紧外松的形态。其内核是理论知识，它排斥一切价值追求和个人意志，而仅仅以自然所昭示的事实表现其自身。它不是被创造出来的，而是被发现的。它是一种真正的不以人的意志为转移的存在。知识分子即是接受以客观知识指导自己行为的人，他们通过放弃自己的任性而服从自然规律来获得更高的理性。从这个意义上来说，知识分子是反功利主义的，他所信奉的终极目的不是人而是自然。因而决定了知识阶层不可能是一个利益共同体，他们不构成一个社会阶级，以"群而不党"的松散外观存在。除了在教育阶段形成一个紧密的群体，在走出学校以后，知识分子即分散到社会的各个角落，并融入其中，成为其所在阶级的一员。故在知识分子身上，存在一种分裂状态。他们的个人利益在其身处的阶级中予以表达，但同时他们还有以反思的方式超越自我的可能性。对于个人而言，知识分子并非一种社会身份。

新的知识分子队伍正在不断地扩大，他们依附于大学、研究机构、职业培训机构和政府等部门，造成了 20 世纪后半叶卫生、教育、研究和政府服务等产业领域的迅速增长。即使在各个产业单位中，处于统治地位的人物仍旧是企业家、商人和经理人员，但掌握知识的科学家、工程师和经济学家正在对决策过程产生越发重要的影响。这种重要性来自知识自身客观性的力量，

---

① 厉以宁著：《工业化和制度调整——西欧经济史研究》，商务印书馆 2010 年版，第 337 页。

而非知识分子对实际掌权的欲求。不谋求掌权,不提出阶级利益诉求,这是知识阶层获取对生产活动实际控制力的必要代价。当然,这并不是知识阶层选择的策略,而是知识自身性质所决定的活动机制。

熊彼特指出,资本主义制度既不愿意又不能够有效地控制知识分子阶层。[①] 知识阶层不是一个社会阶级,没有阶级利益,故资本主义所赖以运转的市场机制、诱因、核算方法等,对知识阶层都是无效的。不仅如此,资产阶级很快发现,知识分子这一曾经的盟友,在推翻封建统治后,并没有支持,而是继续攻击私有财产和资产阶级价值的整个体系。[②] 在知识分子看来,资产阶级及其资本主义都只是工业化发展进程中的过渡产物,它存在诸多致命的缺陷,致远恐泥。在诸多的缺陷中,最根深蒂固的是资产阶级的财产权观念。资本家和工人都遵循财务数字的计算规则,他们所争论的只是相互之间的分配关系。而知识分子的绩效激励,建立在非财务的方式上。[③] 对此资产阶级是无法理解和掌控的。

毫无疑问,在知识分子所定义的过渡阶段,他们必然要托身于官僚体制。官僚体制僵化的缺陷,恰恰为知识阶层对合理性的追求提供的保护,使其免受政治因素的干扰。因此,如何处理科学技术人员同政府官员之间的关系,是当代社会结构建构的

---

① 厉以宁著:《工业化和制度调整——西欧经济史研究》,商务印书馆 2010 年版,第 570 页。

② [美]约瑟夫·熊彼特著:《资本主义、社会主义与民主》,吴良健译,商务印书馆 2011 年版,第 225 页。

③ Peter F. Drucker, *Management Challenges for the 21st Century*, Harper Collins Publishers, 2002, p. 14.

主要问题。[1]

但知识的反思特性,要求驯化个人的任性,而服从其所揭示的自然规律。那么知识阶层的决策,将充分地体现《道德经》所描述的原则:圣人不仁,以百姓为刍狗。它挑战了整个资本主义社会赖以存续的功利主义信条,挑战了文艺复兴以来所复活的以人为目的的价值观念。因此,在现代社会的政治生活中,到处都可以看到反对官僚主义、要求公众参与决策的社会运动,实际上是对社会"专业化"和后工业社会出现的"技术专家决策"的一种反对。[2]

3.4　工业人格

现代工业体系的特征,包括机器的使用和知识的统治。这意味着整个体系所追寻的目标是自动化和机械化。其含义不是指机器或工具的自动化,而是指生产活动中的人的自动化与机械化。[3] 工业化要求对人进行改造,塑造一种新的人格。在此新人格中,意志力量的重要性大大降低,让位于更客观的因素。

从体力工人通过组织化而参与到工业社会的曲折历程来看,最大的困境和阻碍在于作为个体的人格无法与代表社会目标的整体理性相协调。因此,从整个体系的视角看,工人个人只有不再作为社会的成员时,才能发挥功能,才具有意义,才算合

---

① 厉以宁著:《工业化和制度调整——西欧经济史研究》,商务印书馆2010年版,第600页。

② [美]丹尼尔·贝尔著:《后工业社会》,彭强译,科学普及出版社1985年版,第113页。

③ [美]彼得·德鲁克著:《工业人的未来》,余向华、张珺译译,机械工业出版社2009年版,第61页。

乎理性。[①]

功利主义替代了宗教，成为工业化时代的基本信条。功利主义取消了对“人的灵魂”的假设，以近乎于专断的论证方式，以共同福利吸收了全部的个人意志。共同福利并不是个人意志的累积或集合，而是具有超越性的自然规定——源自对抽象人性的规定。正如熊彼特所指出的，我们在分析政治过程中遇到的主要不是真正而是由人制造出来的意志。这种人工制造的东西常常在现实中与古典理论中的一般意志相适应。[②]

以功利主义为支柱的古典经济学，则进一步抽象出了理性人的概念。理性人的概念，否定了人在经济活动中的任性，用单一的趋利假设取消了个体行为的多样性。这无异于宣告了个人必须终止其存在。只有诸如理性人这样的标准化了的、可自由互换的、原子式的人格，才能够有效地融入自动化与机械化的经济和社会。[③] 当经济的发展越发与个人无关时，作为一门科学的经济学才成为可能。

但实际上，我们仍旧需要维持这些在经济上缺乏现实性的个人意志，因为它们是私有产权和自由契约制度的法学理论根基。资本主义正是由这样一些深重的矛盾所组成，更揭示了其只能作为一个过渡性的时代。

---

① [美]彼得·德鲁克著：《工业人的未来》，余向华、张珺译译，机械工业出版社2009年版，第66页。

② [美]约瑟夫·熊彼特著：《资本主义、社会主义与民主》，吴良健译，商务印书馆2011年版，第387页。

③ [美]彼得·德鲁克著：《工业人的未来》，余向华、张珺译译，机械工业出版社2009年版，第66页。

在工业化初期,企业家队伍与资本供给、工业品市场并列为三大关键问题。[①] 企业家是这一时期的特殊人格,他们构成了资产阶级的支柱。企业家所发挥的功能是,通过利用一种新发明,或者更一般地利用一种未经试验的技术可能性,来生产新商品或者用新方法生产老商品;通过开辟原料供应新来源或产品的新销路和通过改组工业结构等手段来改良或彻底改革生产模式。[②] 企业家扮演的工业领袖的角色,他以个人负责的方式推进了工业时代所需的技术改进工作。但他只是工业化的先锋,而不能成为一种成熟的工业人格。因为,企业家从本质上是前工业化时代的英雄主义精神在工业领域的表达而已。他所代表的是一种个人领导权,依赖于个人独特的意志、背景、判断和策略。构成企业家精神的这些元素,不可复制,不可标准化,不为工业体系的发展所容纳。

要维持工业化进程的活力,需要能够持续完成技术进步的机制。企业家并不能提供这种机制,他的主要功能是识别并选择有价值的新技术并为其调配资源。当工业化深入一定程度以后,必须实现进步本身的机械化,并将其交由专业的知识阶层去打理。当技术创新变成一种日常事务后,工业体系的发展将不再强调个人禀赋,而会更依赖于组织结构的合理性和稳定性。这种进步的机械化几乎会像经济进步停止一样严重地影响企业

① 厉以宁著:《工业化和制度调整——西欧经济史研究》,商务印书馆2010年版,第72页。

② [美]约瑟夫·熊彼特著:《资本主义、社会主义与民主》,吴良健译,商务印书馆2011年版,第210页。

家精神和资本主义社会。[①]

另外,自动化对于工业生产单位也是一个异化的过程,会导致企业对其业主的剥夺。在下一章中,我们将会重点讨论的公司革命就是实例。随着,企业家社会职能的萎缩,资产阶级将不得不从企业脱离,成为以风险投资家为代表的金融阶层。但金融阶层所赚取的高额回报不是来自企业的利润,而是来自证券市场的流动性价值。从这个意义上来说,资产阶级在生产活动中已经丧失了原有的职能和地位,而成为多余的存在,被放逐到了社会结构之外,不再成为一个阶级。

4. 文化与伦理的变革

如果我们拿到一本神学或经院式的形而上学著作,我们要问,它包含任何关于数量与数字的抽象推理吗?否。它包含任何关于事实和存在的实验推理吗?否。那么,把它付之一炬:因为它除了诡辩和幻想之外一无所有。

——大卫·休谟[②]

韦伯认为资本主义精神的核心在于将创造财富的行为视作天职,而非是为了个人的享乐。这种天职观,来源于新教伦理,他们不允许将个人的利润用于享乐。于是,生产所得的利润才

---

① [美]约瑟夫·熊彼特著:《资本主义、社会主义与民主》,吴良健译,商务印书馆 2011 年版,第 210 页。

② [美]丹尼尔·贝尔著:《后工业社会》,彭强译,科学普及出版社 1985 年版,第 72 页。

能积累起来，作为扩大再生产的资本投入。

天职观是一种超验的、非理性的观念，它把人类追求财富的行为从个人的幸福与功利方面抽离出来，而给予其宗教的意义，即完成上帝留给人类的任务。在典型的资产阶级看来，获得上帝的认可不应该通过禁欲和隐修来实现，而应通过履行个人在现世中所处位置所赋予他的义务来实现。这种天职观，将资本主义与人性中存在的一般性的贪婪相区别。对于个人来说，资本主义向其所揭示的新价值观，即是在严格计算的基础上把经济行为理性化，从而走向经济成功。

资本主义精神在本质上是强调谨慎和远见的。它是一种可以用数量关系来表达的价值体系，不管是在科学研究还是经济计算上，都设法做到数字上的具体和明确，并且努力保持事务的逻辑性。"合理性"的观念上升，并逐渐成为行为合法性的基础。而在此之前，合法性基础往往建立在一些具有任意性的东西上面，如自然、良知之类。只有当技术秩序代替了自然秩序，功能和合理性的工程观念代替了资源和气候的任意生态布局，产业革命才成为可能。①

由此可见，资本主义精神强调纪律性，它的典型表现形态是机械化生产的大工厂。19 世纪时，曼彻斯特和威斯特伐利亚的那些制造业新贵是其代表。实际上资本家和工人都被绑到了一架永不停歇的机器上，区别只是在于前者将投身事业中不断工作作为其生命中的一个必要组成部分，而后者则因无法摆脱穷

---

① [美]丹尼尔·贝尔著：《后工业社会》，彭强译，科学普及出版社 1985 年版，第 153 页。

困而不得不持续地工作以维持生存。不管劳动是回应天职的召唤还是迫于被剥削的处境,它都处于资本主义统制下,而不是基于个人的自由选择。

在资本主义统制下,利润中的大部分回到了生产领域,完成了资本积累的过程。这不仅意味着对劳动的剥削,也要求资本家为获得最高盈利而厉行节约和保持高度的自我约束力。可以说,经济化是工业化社会的轴心原则,即按照最小成本、替代性、最优化、最大化等原理配置资源。[①]

资本的积累和再投入,扩大了生产规模。而大规模生产所需要的大规模消费市场,恰恰需要一种享乐主义的生活方式。这是资本主义机制内在的悖论。在工业化的早期,机器主要被用于生产消费品。只有当机械制造业发展起来,开启了以机器生产机器的进程时,才使得一部分的工业产品重新被用于生产本身。这个部分的比例在不断地提升,并逐渐走向为了生产而生产的阶段。在传统的消费品市场之外,出现一个机器组件的市场。这个新兴市场,不但使生产复杂机器成为可能,更重要的是它缓解了工业生产对于大规模消费市场的需求,因而从某种程度上保护了资本主义精神以防其被享乐主义所侵蚀。同时,伴随生产要素市场的扩大的是市场主体的变化,企业逐渐取代个人而居于核心地位。由此产生一种反思的必要,企业是否受制于人类天性和本能的作用?对于这一问题的肯定回答,直接导致了对企业营利性本质的设定。但正如我们将在本书下一章

① [美]丹尼尔·贝尔著:《后工业社会》,彭强译,科学普及出版社1985年版,第1页。

中详细分析的那样,这样的推导是缺乏现实性的。企业是建立在一套生产计划之上的,其运作机制所依赖的是组织的合理性,而非受看不见的受调节的人类天性。

另外,资本主义活动虽然以天职观为核心,但其表现形态上是遵循工具理性的。这种工具理性将破坏工厂制度领导权所赖以有效运转的上下级之间的那种忠诚和习惯。其倾向于抹去个人身上的一切个性和身份的差别,而构造为原子化的抽象人格。由此拉平了主体间的地位,并进而试图用自由契约重塑社会制度。数千年的等级制所塑造的差异化的社会身份体系被打破,与平等与自由相伴而来的是如同生产线上无差异的零件一般无味而平庸的身份。这种工业化的人格状态,与启蒙时代所试图建立的以人为目的的新文化品位格格不入。只有当科学技术的重要性提升,知识阶层崛起以后,人们才能接受客观性的限制,从而收束其文艺复兴以来的任性。但对个性的追求,作为社会心理习惯而将长期存在,并与个人功利主义结为同盟,从而不断地腐蚀资本主义精神的根基。

第二章 公司革命与生产者进化

5. 现代公司及其权力

作为工业革命基础的工厂制度,将大量工人直接置于统一管理之下,且其数目仍在不断增长。随后,同样具有革命性影响的现代公司,则将无数个人的财富置于同样的集中控制之下。

——阿道夫·A. 伯利,加德纳·C. 米恩斯①

当生产活动制造了两种类型的产品:消费品和工业品。消费品走向消费终端,半成品则被用于生产更高一级的产品。从整个产品结构来看,工业品的比重在不断地增长。工业品交易占据了市场交易的大部分份额,其主要是企业之间的交易。

与消费品市场相比,工业品市场更关注产品的效用而不是利润回报。工业企业拥有大比重的固定资产投入,很多还具有专属性,在短期内资本难以发生行业间的流动。这一特性,削弱了利润对企业的激励和对生产的调节功能。工业企业的生产活动,更需要的是对经营策略和生产计划的把控。这就要求企业

① [美]阿道夫·A. 伯利、加德纳·C. 米恩斯著:《现代公司与私有产权》,甘华鸣等译,商务印书馆 2007 年版,第 5 页。

追求两种能力:通过优化生产的制度结构来降低产品总成本,以及通过获取市场优势地位来提升自己对价格的控制力。

企业成为了现代现代工业社会的生产主体,并具有逐渐扩张的趋势,由此改变了工业化早期以中小生产者为主体的自由市场经济体制,从而改变了生产活动中资源配给的方式。在这一过程中,经济向着更加集中和计划性的方向发展。同时,企业内部的组织方式随之发生变化,出现了所谓的管理层革命。

企业地位的提高,使它摆脱了早期作为投资工具的地位,而更加具有独立性。它像希腊神话中的海怪卡律布狄斯一样,吞噬资本和劳动力,最终突破传统的所有权结构,异化为新的人格,并缔结新的文化形式。

5.1 公司制度的兴起

早期的公司,是一种“一次性”公司,为了某一次航行而成立。商人们以合伙的方式出资,置备船只和货物,对单次的亚洲贸易进行投资。船只返回以后,售罄货物所得资金经过清算,按照出资份额比例进行分配,合伙关系即告结束。这些公司主要是在荷兰成立,相对于葡萄牙王室的再分配公司。

荷兰人通过这种早期公司对亚洲贸易的投资,获得了极其丰厚的回报。随后,英国人效仿荷兰模式,设立了东印度公司,并经伊丽莎白女王授权,获得了为期 15 年的对亚洲贸易专利权。为了应对英国人的贸易竞争,荷兰议会于 1602 年颁布了《公司成立特许状》,并设立了荷兰东印度公司。特许状吸纳了早期公司的大部分条款,并授予了新公司为期 21 年的从荷兰共和国到好望角以东以及经由麦哲伦海峡的船运贸易垄断权。[1]与早期公司相比,荷兰东印度公司的董事和股东都只需要以其出资为限对其投资的单次航行承担有限责任。当然,作为限制投资风险的条件之一是投资人的范围扩大了,所有荷兰共和国的居民都有机会作为投资人或股东加入公司。同时,特许状还加大了对航运贸易的干预,包括对造船、装备和贩售货物等事项进行明确的规定。

但此时的公司仅仅是一个融资平台,投资人实际投资的仍旧是航行。只不过不再是单次的航行,而是具有连续性的一系列航行。按照《特许状》的规定,投资期限为10年。也就是说,一次航行的获利,将用于装备下一次航行。由此,利润被用于扩大贸易的规模,公司的资金能力获得了提升,使其在处理与贸易相关的其他事务时更有底气。当然,作为对投资人的妥协,《特许状》规定,货物卖出后收回的现款一旦达到原始资本的5%,就要向投资者分派红利。[2]

可以说,从公司制度创设之初,就具有一定程度上的公众性。公司是由议会以法令的形式设立的事业机构,它发起一项投资计划。投资人只是投资计划的参与者,而不是公司的主人。真正掌控公司运营的是公司董事。投资人只关心分红及投资回报,董事则要为整个公司的未来进行谋划。在他们看来,公司的连续运作才是最重要的。

《特许状》规定的5%以上分红权和10年投资期限,没有得

---

① [荷]费莫·S. 伽士特拉著:《荷兰东印度公司》,倪文君译,东方出版中心2011年版,第10页。

② 同上书,第15页。

到董事们的严格执行,由此激怒了股东。但股东们并没有有效的影响力迫使公司就范,他们甚至失去了在早期公司中所有的那种拒绝为后续航行提供资金的权利。

在公司的目标之中,最基础的一项是永续。或许可以将任何的组织都看作一个生命体,因而具有所有生命体的本能,即生存。而按照早期公司的运作模式,投资人本身就是可能危害这一目标的最大敌人。公司的船舶在大洋上覆灭了,当然可能导致公司破产。但更有可能发生危及公司生命的事件,是投资人在获取利润后,因为各种理由不再资助下一趟航行。这些理由具有非常的不确定性,很可能根本不是出于经济的考量。投资行为的任意性,可能使得设立公司变成"一锤子"买卖。公司要想实现永续的目标,就必须先打破传统的投资方式。这一任务落在董事身上,他们努力地为下一次航行筹集资金。但他们真正需要的是一项制度,使得投资人无法拒绝为下一次航行提供资金,哪怕公司的业绩并不吸引人。通过这种制度,一次性公司将蜕变成为永久性公司。

公司的另一项重大目标是扩张。为了实现持续地扩展,公司必须保障稳定的资金供给。对于公司来说,内源性融资无疑是最核心的融资方式。这就意味着,公司必须要截留利润。在这方面,股东仍旧是它最大的敌人。假设董事都是正直的,绝不会发生监守自盗的事例。即使如此,他们的地位决定了他们仍可能与股东发生冲突。因为,试图占用股东的投资回报用于扩大业务规模,是公司制度本身所内生的机制。

为了对抗股东,公司必须与权威相结合。通过《特许状》而设立的公司,实际上是立法的产物。因此,从一开始公司就不是一个单纯的经济单位,它必然在某些时候成为国家权力的延伸和代表。董事需要在这种关系中找到平衡,他们本身也是投资人,必须将投资人交托给公司处理的钱财以可能的最有利的方式加以使用,用最有利可图的方式做生意。另一方面他们必须随时对自己的地位保持警醒,即除了赚取利润之外,他们还必须协调公司与国家的关系。

有议会撑腰,荷兰东印度公司的董事不顾股东的愤怒,截留了利润,使得公司财力充沛。但公司付出的代价也是巨大的,因为它必须更紧密地与国家相结合,并成为国家殖民政策的一部分。其结果是公司被卷入了政治和军事行动之中,使其行为偏离了纯粹商业的轨道。而在这一过程中,公司派驻亚洲的总督和委员会在处理战争与条约问题时,篡夺了荷兰本部董事的权力,并直接导致了严重的腐败。①

通过荷兰东印度公司的事例,我们看到公司从一开始就适用于大型事业活动。这些事业需要巨额开办费用,因此需要向人数众多的投资者进行融资。这与家族企业靠数代人积累创业而形成的私人的或封闭的公司模式有很大的区别,虽然两者在形式上可能相似。或许可以说,公司制度从本质上是一种社会化的产物,它只对应于准公共公司的形式。准公共公司的特征是:极大的规模和依靠公开市场的资本。②

在工业化初期,制造业的规模尚非常有限,故公司制度的吸

---

① [荷]费莫·S.伽士特拉著:《荷兰东印度公司》,倪文君译,东方出版中心2011年版,第77页。

② [美]阿道夫·A.伯利、加德纳·C.米恩斯著:《现代公司与私有产权》,甘华鸣等译,商务印书馆2007年版,导言第2页。

引力不大。反而是在一些公共事业领域，如兴建铁路和矿石采掘等，公司形态盛行。因为这些产业的发展需要巨额的开办资本，需要通过联合而形成更庞大的系统。在制造业领域，纺织业公司是一个特例。它们发展得非常快，超过了其他制造行业中公司化的速度。在很大程度上，这是因为航海贸易为纺织业制造了一个庞大的海外市场。纺织品不仅是一项商品，更是一件武器，用于击溃亚洲国家的手工业体系。以英国为例，大约在19世纪晚期到20世纪初期，有限责任制的股份制企业才开始增多。[①] 公司制最先出现于公用事业、公用运输业、银行、保险公司，最后出现于个人服务，在农业部分发展得最为缓慢。[②] 公司在各产业部门的拓展顺序，几乎是与各部门的社会化程度相匹配的。认识到这一点，就非常容易理解为什么公司制度在农业部门中发展最为迟缓。因为，与其他产业相比，农业基本是建立在私人或私人联盟的基础上。农民常常组成合作社，但合作社只是一种互动机制，而没有能够发展成为实体。这种状况无疑跟土地所有权有着密切的联系——土地是所有权制度最坚固的阵地。根据土地利用报酬递减规律，在技术不变、其他要素不变的前提下，对相同面积的土地不断追加某种要素的投入所带来的报酬的增量迟早会出现下降。也就是说，在农业领域最有可能发生规模不经济的现象。因此，大规模融资对农业生产来说，不具有重要性。换言之，传统的农业并不依赖于资本市场，

---

① 厉以宁著：《工业化和制度调整——西欧经济史研究》，商务印书馆2010年版，第410页。

② ［美］阿道·A. 伯利、加德纳·C. 米恩斯著：《现代公司与私有产权》，甘华鸣等译，商务印书馆2007年版，第19页。

以产权换利润的交易在农业领域缺乏吸引力。这就维持了土地所有权的封闭性,同时也就是将公司制度拒之门外——公司制度与资本市场几乎就是一个硬币的两面。

同样的情况,还发生在服务业领域。传统的服务业部门,就是出售为私人所有的时间、技能和劳动力。它同样不依赖于资本市场。因此,在服务业部门,个人业主制和合伙制仍是广泛使用的组织企业活动的方法。

除此之外,其他经济活动基本上都被纳入准公共公司的形势下进行。公司也已经成为了市场经济运行的主体。毫无疑问,公司的兴起与壮大最直接的原因是其所主导的规模化生产具有更高的利润率,因而在以生产率为核心的时代能够成为资本和劳动力的凝结核。但这只是表面上的原因,或者说只揭示了诱因的层面。实际上,公司已经成为法律上的实体,其轴心是围绕机器生产来组织劳动的社会等级制。① 在这一点上,伯利和米恩斯走得更远,他们甚至认为公司作为一种制度不仅会等同于国家,甚至有可能作为一种主要的社会组织来替换国家。②

5.2 公司的性质

公司制度的本质,可以描述为一个动态的综合过程。它具有一种向心力,是将财富吸入规模不断扩大的集合体。③ 从公司的起源来看,这种向心力并不是源于投资人的契约,而是来自

---

① [美]丹尼尔·贝尔著:《后工业社会》,彭强译,科学普及出版社 1985 年版,第 19 页。

② [美]阿道夫·A. 伯利、加德纳·C. 米恩斯著:《现代公司与私有产权》,甘华鸣等译,商务印书馆 2007 年版,导言第 16 页。

③ 同上书,第 4 页。

特权,即立法所赋予财富的集合体以拟制的人格。公司人格,不仅意味着它可以以自己而不是以任何个人的名义起诉和应诉,更重要的是,它不听命于任何个人,而被认为具有独立的意志。不管是股东还是董事,更无论其雇员,都必须在不同程度上服从公司的意志。因此,公司制度所要建立的是一种权威,动员无数的个人志愿交出其所占有的财富,以置于统一的管理之下。这些财富的范围非常广泛,涵盖了生产所需的全部要素。

显然,典型的公司制度与自由市场经济理论所建立的企业概念是截然不同的。在亚当·斯密的思想中,企业是小型的个人组织,由企业主与学徒或工人组成。这样的企业只是个人劳动的松散组合,完全达不到实体的形态。企业主是完全意义上的所有者,他拥有对所有生产资料的所有权,企业只是他所掌控的经营工具。所以,自由市场经济的基本主体是个人。它是由小生产者组织的市场,并不能描述工业化时代的生产和经济活动。

如果没有荷兰议会颁布的特许状,投资人不可能自行发展出东印度公司这样严密而庞大的组织结构。而组建公司的直接目标,并不是为了协助投资人赚取利润,而是试图增强荷兰在对亚洲贸易上的竞争力和控制力。投资者的利润,应该被理解为他们配合公司实现其目标而获取的报酬,只是公司活动的副产品。而荷兰东印度公司的没落,恰恰是因为最终没有能够防止私人利益对公司权威的侵蚀,由此引发的严重内部腐败。

在自由市场经济条件下,个人和小生产者依靠价格机制所发出的信号来决定资源配置。而对于企业来说,它通过内部权威来完成资源配置。这意味着,企业有可能,有的时候甚至要避免受制于价格机制的调控。价格机制所体现的是市场的即时信息,而企业所追求的是更深远的目标,它必须去探寻在价格之后所暗藏的关于未来发展的可能性。远见和战略,是权威体系所能提供的有效性的源泉。

在工业化早期,制造业是被传统商业包裹起来的。商业资本家控制了原材料和消费市场。由于商业资本家所关注的几乎只有利润,所以他们的行动并不能够完全符合制造业的要求——制造业更重视效用。于是,制造家开始致力于摆脱商业资本家的束缚,建立他们自己的市场。这一过程,被康芒斯称为"工业的纵的综合"。[①]

科斯认为价格机制是有成本的,不管这个成本是由发现相关价格的过程还是交易过程中敲竹杠的风险而产生,如果通过一体化或者建立权威能够用低于市场交易的价格获得生产要素,企业就会出现。但在企业内部组织生产也是有成本的,并且它与企业规模的扩大成正相关性。因此,当企业内部管理成本等于市场交易成本时,企业的规模就会停止扩展。

从表面上看,企业的显著特征就是替代价格机制。[②] 但交易成本分析法其实是建立在内部合约的基础上的,即假设在企业内部仍旧是靠交易来组织生产和配置要素,其基础仍然是价格。科斯试图用长期合约来解释企业内部的生产组织方式,但他已经意识到,企业内部的特殊合约与自由市场中的合约有着

---

① 厉以宁著:《工业化和制度调整——西欧经济史研究》,商务印书馆2010年版,第6页。

② [英]奥利弗·E.威廉姆森等著:《企业的性质——起源、演变和发展》,姚海鑫、邢源源译,商务印书馆2009年版,第24页。

本质的区别,故指出“当出于彼此合作的目的而与他人签订若干类似合约时,才是完整的企业关系”。[①] 在长期合约中,并没有明确说明提供服务的乙方应该做什么,而只是建立一种权威,以便在合约期限内授权企业家能够通过指令的方式临时调配资源和指挥生产。由此,企业家的工作不仅要透过价格机制所反映的市场需求去调整生产,还要试图去预测未来的需求。而后者已经超出了价格机制所能取得的功效,特别是对于那些长期的、具有专用性的投资来说,尤为如此。

通过企业所建立的权威,实际上是取消了大多数个人对生产的决策权。他们把这项权力交给企业家统一行使,而接受固定的工资回报,从而避免了市场风险。那么,企业家就必须证明他的决策比自由市场的调节更加有效。如果他能够做到这一点,就会将更多的低效率生产者驱逐出市场,而将他们收编进企业组织中来,扩大企业的规模。可是,企业家如何能够做到这一点呢？科斯认为,他们能够降低生产成本,即能够以低于市场交易的价格获得生产要素。[②] 但市场要素的所有者为什么会放弃市场,而采取更低的价格出售生产要素呢？这是很难理解的。其实,企业家的职能应该被理解为提升生产率。在价格机制条件下,小生产者不能也不会用以负担持续技术改进的费用,而会把利润用于扩大生产。而企业,特别是准公共公司,可以通过大规模融资或垄断市场来提供这部分资金。而这两点几乎都依赖于企业的规模。引起企业规模的扩展,可以说是企业的生命线。

---

① [英]奥利弗·E.威廉姆森等著:《企业的性质——起源、演变和发展》,姚海鑫、邢源源译,商务印书馆2009年版,第71页。

② 同上书,第27页。

在上文考察荷兰东印度公司的历史时,我们看到公司制度的设立源于政府的特许状。在公司的形成及其扩大的过程中,国家的作用至关重要。特许状赋予了公司以贸易特权,使其垄断了市场交易,从而获得丰厚的利润,为技术改进提供资金。另一方面,国家所征收诸如销售税之类的市场税负,以增加市场交易成本的方式,促进了生产活动的一体化,扩大了企业规模的边际。正如伯利所指出的那样,"国家实际上成了公司的平等合伙人"。[①] 而国家通过征收企业所得税的方式,从企业的利润中分取一杯羹。

但随着企业规模的扩大,企业内部组织生产的费用会增加,从而出现管理收益递减的结果。同时,由于企业的存在和扩大,企业间的交易逐渐代替了要素与要素之间的交易,以个人为代表的低效率生产者被清除出市场,所以交易成本也是趋于下降的。[②] 因此,企业扩张的界限将会来临得更快。

管理收益递减是由企业家功能收益递减引起的。企业内部以指令的方式配置资源,故须依赖一套科层制度。现代公司制度所需要的官僚体制,依赖于明确的技术化、理性化和非人格化。但正如我们在前一章所提到的,企业家的身份与这种体制并不能完全匹配。因此,企业规模的"瓶颈",实际上是企业家局限性的体现。企业将财富从广大个人手中集合起来,并将其控制权交到少数的企业家手中。企业家也许具有敏锐的目光和

---

① [美]阿道夫·A. 伯利、加德纳·C. 米恩斯著:《现代公司与私有产权》,甘华鸣等译,商务印书馆 2007 年版,导言第 28 页。

② [英]奥利弗·E. 威廉姆森等著:《企业的性质——起源、演变和发展》,姚海鑫、邢源源译,商务印书馆 2009 年版,第 91 页。

超强的能力，但从本质上来说他们仍旧是传统意义上的个人，不可能成为现代官僚主义制度的支柱和载体——现代官僚主义制度如同生产活动一样，是采取机械化的方式展开的，排斥一切的个性。包括德鲁克在内曾经试图把解决问题的希望放在企业内部建立的分权体制上。这种体制试图把民主制度的精髓引入生产领域。但事实证明这种分权及其效果不过是流于表象的。实际上问题不在于制度本身的缺陷，而是这套制度所需要的工业人格还没有完善。直到知识阶层的出现，问题似乎才有所转机。

企业规模发展的停滞，导致了企业对于技术改进的投入也趋于停滞。在现代技术呈现系统化发展的格局下，没有巨量的投入，想要实现生产率的重大突破会越来越困难。因此，我们看到的是在第二次世界大战以后，技术研发部门从企业中分离出来，以非营利性机构的形态存在，并得到国家的大量资助。这些非营利性机构逐渐替代企业，成为生产组织的核心，并且呈现出一种不以所有权为基础的新的一体化趋势。企业将被整合到一条更加庞大的自动化生产链条当中去，其规模将是任何一个企业家都无法驾驭的。该生产链条一般地被称为“计划”或“工程”，如载人航天计划、人类基因工程等。它集合了更多的生产要素，它也许不会形成一个实体，但它对财富的控制力将会比企业更强。同时，当企业不再承担技术改进和生产率提升的任务时，它们将愈发趋于同质化。企业与企业之间的差别，将仅仅体现为不同股东的利益诉求。在此情况下，国家不再需要通过赋予企业特权或维持高额的交易税来帮助企业维持规模。生产指令可以在竞争市场上通过即期合同迅速地完成，由此同时节省了企业内部的管理费用和交易费用。如是，企业通过分离、剥离等方式,甩掉包袱、缩小规模,可以提升竞争力,反而是有利可图的。在这种格局下,中小企业可能会替代巨型公司成为经济活动的主体。当然,与古典经济学理论所架设的自由市场经济不同的是,新的竞争市场中,需求不是来自消费者,而主要来自国家层面的计划。

5.3 管理革命

公司是由众多个人组成的集体,特别在准公共公司的形态下,股东人数众多,股权结构十分分散。个人以其所掌握的生产要素向公司进行投资,首先是基于对公司的信任。他相信,向公司进行投资可能获得的回报,高于储蓄或者其他的投资机会。但作为条件,他必须将生产要素的控制权让渡给公司。由于法律赋予了股东在公司被清算后获得剩余财产分配的权利,所以长久以来,股东仍然认为他们对已经投入了公司的资本掌握着某种意义的所有权,虽然这种所有权只是一个抽象的概念。另一方面,公司的人格建立在法人制度的拟制之上,它并没有取得完全独立的地位。因为,法律上的人是建立在自由意志的基础之上的,而公司缺少这一禀赋。于是,它只能被置于某种监护制度之下,通过监护人代理的方式补全其意志。由此,股东有理由怀疑这些监护人的忠诚,因为这些人也只不过是与股东自己一样的个人,而不是什么更高级的存在。基于这样的担忧,股东的投资是不彻底的,他们保留了资本所有权的某些权能,以使自己参与到公司意志的构造过程中去。在股权集中的中小型公司中,特别是在家族企业中,公司制度流于形式,基本上只是股东操纵的傀儡。在这里,所有者与管理者是合一的。当然,在这样的情况下,公司对资本的集合能力是不够的,公司制度的优势无法展现出来。因为,如果投资者不能放弃控制权,那么缔结公司的那种信任就不能建立,个人那种不可测度的任性将给组织带来难以抹去的阴影。

只有当公司的规模不断增大,通过持续的融资将股东的表决权稀释到无足轻重的地步时,它才真正有能力将单个权益所有者的人格特征从公司资产上抹去,其结果是经济权力的集中、股票所有权的分散、所有权与控制权的分离。在此过程中,所有权仅仅作为一个形式上的法律概念被保留,经营者所攫取的控制权并没有谋求法律地位,而是维持了一种实际权利的形态,它依赖于通过一定比例的所有权、参与公司的经营,或者对公司行为产生重大影响的外部环境等获得的战略地位。①

当经营者获取控制权后,他立刻重新审视了股东的地位和功能,并清楚地认识到从公司的发展和再融资的角度来看,给予股东高于市场平均投资收益率的回报都是没有必要且不经济的。公司经营者由此变成了一种信托的不受约束的管理者,而该信托具有进行永久资本积累的特权。② 当一家公司成熟到通过利润即可满足一切的资金需求,而不需要向投资者进行再融资时,股东的地位将变得更加被动,甚至可以说是多余的。股东的所有权变成了一个无足轻重的空泛的概念,他的地位逐步降格到与通过付出直接劳动而获取报酬的工人,而成为通过投资

---

① [美]阿道夫 · A. 伯利、加德纳 · C. 米恩斯著:《现代公司与私有产权》,甘华鸣等译,商务印书馆 2007 年版,第 89 页。

② 同上书,导言第 27 页。

而获取所谓“资本公司”的人。① 正如熊彼特所指出的,除了实际上由单一个人或家庭拥有一家公司的那种仍有相当重要性的事例外,业主形象连同明确的业主利益都从画面上消失了。②

显然,那种认为公司的经营者应该为所有者的权益而行动的假定并不成立。但所有者要求从法律上监督、限制经营者,仍旧是合理的,因为如果经营者利用其对公司财富的控制权为自己谋利,同样会腐蚀公司制度的根基。经营者要求从公司的利润中分一杯羹,并将此看作对其开展经营管理工作的激励。但在工业体制下,这种激励很容易被证明是站不住脚的。工业化生产所要求的是自动化的、标准化的操作,它将不依赖于这种靠刺激人的个性而爆发出来的创造力。那么,当公司的成熟形态,即官僚主义机构出现时,经营最终会发展成为日常化、程式化的工作时,对经营者进行激励便毫无意义。

如果说企业还必须要分出一部分利润给予个人,那么很可能是出于这样一种机制,即维持股东与经营者之间的对抗,并通过这种对抗将个人的私利限制在尽可能小的范围之内。股东会的职权被一再地限缩,且其仅剩的一点权力也被复杂的议事规则所封印。董事席位实际上不再取决于股东的偏好,而是诉诸更加客观的标准,即对于经营与管理相关的知识与技术的掌握。股东则寻求法律的渠道来予以回击。法律所要做的不是限制董事在公司中的权力,而是要限制董事的人格——手握至高无上

① [美]阿道夫·A. 伯利、加德纳·C. 米恩斯著:《现代公司与私有产权》,甘华鸣等译,商务印书馆2007年版,导言第1页。

② [美]约瑟夫·熊彼特著:《资本主义、社会主义与民主》,吴良健译,商务印书馆2011年版,第222页。

权力之人,必是禁欲的圣徒。对经营者来说,这一立法假设充满了险恶的善意。而且,法律武器的启动门槛之低,由一个位居纤毫之末的小股东也能挑起,更是让经营者如坐针毡了。

法律巧妙地回避了直接界定股东与经营者之间的关系问题,而是有意识地强化公司的法人人格。经营者的受托责任来自公司,这就打破了股东与经营者之间可能产生的联盟。在那些封闭型的中小型公司中,一股独大的投资人既是股东又是经营者,甚至于存在一人公司的情况。但在法律仍然要求经营者要保证其行为不会损害公司的资产与收益,即使某些损害公司的行为对股东而言是有利的,它们仍然被法律所禁止。对于那些掌握了对公司财富的绝对控制权的投资人来说,他们很难理解这种身份上的分裂,因为在其看来一些所谓的违法行为,不过是将自己所有的财产从左口袋挪到右口袋而已。同时,要让一个人扮演两个相互冲突的角色,就好像罹患了精神分裂症一般。

在股东与经营者之间缺乏对抗的情况下,法律很难保证它加给经营者的责任得到认真的履行。并且在现有的所有权制度背景下,它也很难获得强有力的伦理支持。于是,它必须从现有的法理体系中寻找一个替代的对抗元素。这就是债权人。股东与经营者如果共谋耗损公司的财产,会削弱公司的偿债能力,从而间接地损害债权人的利益。如果债权人怠于行使他的监督职权,那么法律还非常体贴地为他设置了最后的救济途径,即否定公司的独立人格,法律上称为“揭开公司的面纱”。这项制度充分地反映了公司本质,只有在所有者和经营者分庭抗礼的情况下,公司才能够获得自己的独立性。

公司的经营者是由法律本身所创造出来的一种机构,即使在形式上他们是被股东所选出的。也就是说,经营权的合法性在法律上是具有本源性的,而非派生于股东的所有权。这意味着经营者必须靠其所掌握的客观知识,即对产业和商业的判断力来维持其地位和权力。对公司的忠诚,其实质的要求是对于经营和管理的知识的信守。如果经营者缺乏一般的知识和技能来履行其义务,或者虽然具备相关知识而未能予以适当的发挥,那么他个人要对此造成的损失承担责任。[①] 法律对于经营者的要求越高、约束越大,往往意味着经营者在公司所具有的权力越大,他们必须做到"心所欲而不逾矩"。经营者必须具有一种洞见,即认识到他是作为客观知识的代言人而不是作为个人来统治公司的。只有经营者获得了这种洞见,他才能够真正地做到诚实。

从个人的角度来说,他的自由深陷枷锁当中,并只有将自己彻底地献祭给知识的权威,才能获得个人的成功。这种吊诡预示着,公司所具有的日益清晰而独立的人格,必然是一种知识人格。正是基于对公司人格的客观属性和知识属性的假定,才引发了刑法理论上的一个重大的争论:公司是否能够犯罪?显然,犯意只可能来自不称职的经营者,而且总是发生在其背离对公司的忠诚义务之时。

集团的行动、生产中不同步骤之间的协调,以及在大规模企业中极度的劳动分工等,必然包含的不是个人奋斗,而是合作以

---

① [美]阿道夫·A.伯利、加德纳·C.米恩斯著:《现代公司与私有产权》,甘华鸣等译,商务印书馆2007年版,第236页。

及对几乎达到独裁程度的权威的接受。[1] 正是看到个人首创精神受到的压制，使得亚当·斯密断言公司制度无法维持竞争力。他指出："这些公司的董事们是他人资金的管理者，而并不是他们自己资金的管理者，我们很难期望他们能像合伙公司的合伙人那样，带着同样焦虑的警惕性来时常关心他们自己的资金。"[2]亚当·斯密看重的是所有权与经营权高度统一的私人企业，因为它最能够激发经营者的责任心和工作热情。在现代公司中大量使用的股权激励制度，即是这一思想的运用与延续。但在实践中，股权激励的应用往往是喜忧参半的。因为这种制度放纵了经营层的个人欲望，将公司经营活动变成了私人之间利益博弈的战场，从而可能产生负向激励的效果，如假造业绩，安然事件就是一个典型案例。在掌握权力的个人与权力所要达到的目标之间，不断地存在则各种形式的冲突。[3] 因此，冀望用激励的方法来将经营者利益与公司的发展相绑定，也许只能是一种饮鸩止渴的方法。

赫兹伯格在《工作的动机》一书中对激励机制进行重新考察，他发现"可以激励员工（尤其是知识工作者）的诱因，也就是激励义工的诱因"。"因为义工不支薪，他们一定要从工作上得到比支薪者更大的满足。他们最需要的是挑战；他们需要知道整个组织的使命，并且深信不疑。他们需要不断的训练，需要看

---

① ［美］阿道夫·A. 伯利、加德纳·C. 米恩斯著：《现代公司与私有产权》，甘华鸣等译，商务印书馆2007年版，第355页。

② 同上书，第352页。

③ 同上书，第359页。

到成就。”[①]这要求经营者洞见公司的本质,并且自愿地委身于这一本质所昭示的使命。与其说是激励,不如说是捐弃个体的任性,而服从于对知识的信仰。在此意义上,科斯的话是经得起推敲的,“在股份公司中,没有任何单个个人对企业的最终控制负责”。[②]

我们看到,公司的人格正在形成并且壮大。并且,其人格具有一定的超越性。在公司人格的成熟状态下,它并不依赖于任何的个人,更不需要英雄式的企业家。它是一个知识的综合体,雇员不断流动,但公司组织保存了过往经历的记忆以及如何最佳做事的知识。[③]

5.4 市场权力

自由市场经济经济学理论系建立在完全竞争的假设之下。在该理论中,每一个市场的参与者都不能凭借它们单独的行动影响产品和生产要素的价格。唯有如此,他才不得不接受价格机制的调配功能。完全竞争的市场,是一个理想中的由小业主组成的世界。而公司制度似乎从一开始就在尝试打破这个世界的平衡。上文中,我们已经提到英国和荷兰东印度公司之所以能够取代葡萄牙王室的再分配机制,很大程度上是因为它们积极地运用价格策略实现了对亚洲贸易的垄断。价格策略旨在操纵供需关系以使操纵者获得市场优势。这种策略导致了价格机

---

① Peter F. Drucker, *Management Challenges for the 21st Century*, Harper Collins Publishers, 2002, p. 6.

② [英]奥利弗·E. 威廉姆森等著:《企业的性质——起源、演变和发展》,姚海鑫、邢源源译,商务印书馆 2009 年版,第 73 页。

③ 同上书,第 269 页。

制失灵，与自由市场经济理论的基本假设背道而驰。但它却是广泛存在的现实，甚至可以说是大多数企业经营战略的真正目标，即避免价格的季节性、任意性和周期性波动，做到价格只有在作为那些波动基础的条件发生较根本性变动时才相应变动。① 在此战略的影响之下，价格将呈现出刚性特征。

公司本身就是特权的产物。它最初由特许状而设立，以此获得了在特定的立法权威所覆盖的范围内具有专利权。但在对亚洲贸易中，一国的立法权威不能约束他国的竞争对手。于是，公司要维持其投资的有效性，不得不采取某些方法，既为保护自己，也为打击竞争对手。价格策略即是方法之一，它能够更快地摊销投资，加速生产，以挤占对手的市场份额。

价格策略的目的是防止价格的剧烈波动，从而降低公司运营风险。这种价格的刚性，给公司带来了垄断收益，使其能够不间断地、无限制地扩张，因之给公司提供了强有力的刺激。人们一般认为，随着公司规模扩大而产生的使效力下降的一些同样强的力量，会使这种刺激力被抵消②。但我们必须看到，这种价格刚性只是一种短期现象。这就意味着，垄断地位对公司来说不是一劳永逸的获得，而只是某种阶段性的状态。它所能提供给企业的，不是长期盈利的保证，而只是一种鼓励公司扩展的保护机制。公司的长盛不衰只能依赖其不断地扩张这一过程本身。因此，垄断收益实际上类似于在投资时设置的保险或套头

---

① ［美］约瑟夫·熊彼特著：《资本主义、社会主义与民主》，吴良健译，商务印书馆2011年版，第159页。

② ［英］奥利弗·E.威廉姆森等著：《企业的性质——起源、演变和发展》，姚海鑫、邢源源译，商务印书馆2009年版，第28页。

交易,或者如熊彼特所说的,它是资本主义社会颁给成功革新者的奖金,以此资助企业家应付市场的暂时混乱并鼓励他们执行长期计划。[①]

当我们理解了上文所指出的技术改进对于工业化时代生产率提升的重要性以后,就不难看出垄断地位或者说市场权力对于企业的重要性。对企业来说,垄断原则已经变得比自由竞争原则更为重要[②]。如果一个企业能够洞悉工业化生产的本质,那么它会将垄断收益作为推动技术改进的事先资本保存,以应对工业化生产过程中“创造性毁灭”的过程。由垄断而积累的资本保存,为技术研发的投入创造了条件,“引导资本走上未经试验的荒芜小径”。[③]

在资本主义条件下,垄断收益是一种诱因,为技术进步和企业的发展争取时间和空间。在社会主义社会里,这种时间和空间,是由中央当局的命令保证的。无论如何,资本确实流向了那些表面上看来并不产生产值的活动中,这是自由竞争经济学所无法理解和接受的现象。但从长远来看,我们会立刻意识到这种“无用之用”的重要意义。

另一方面,企业必须时刻对未来感受到紧张与压力,且深知市场权力的获取只是暂时的,它才会将垄断收益投入到技术改进和长期计划中,以通过持续提升生产率来达到维持市场地位

---

① [美]约瑟夫·熊彼特著:《资本主义、社会主义与民主》,吴良健译,商务印书馆2011年版,第171页。

② [美]阿道夫·A.伯利、加德纳·C.米恩斯著:《现代公司与私有产权》,甘华鸣等译,商务印书馆2007年版,第54页。

③ [美]约瑟夫·熊彼特著:《资本主义、社会主义与民主》,吴良健译,商务印书馆2011年版,第155页。

的目的。因此,垄断理论并非要反对甚至取消竞争,而只是防止那种无节制的、苍白的完全竞争模式。如果企业在获得垄断地位后变得高枕无忧,那么垄断所预设的诱导机制便失灵了。

实际上,从某种意义上讲,适当的垄断加大了竞争的强度。因为,任何一个企业,尤其是制造业企业,都不能够仅仅满足于做一个普通的产品供应者。当行业中出现一个积极扩展的竞争者,那么该行业中的所有企业都将保持警惕,只有当它与该竞争者同样积极进取时,它才能够免于被吞并或被逐出市场的危险。这种竞争的激烈程度很可能是超越完全竞争的情况的,因为它关于企业的生死存亡,而非仅仅是市场份额的分配问题。由此,对于公司而言,垄断原则不仅是诱导机制,更准确地说应该是生存法则。

市场权力与企业的规模是紧密相连的。垄断者所能够得到的优越的生产方法,得益于其对大规模生产的控制能力。于是,垄断地位、技术改进与企业规模,三者是协调一致的链条。那么,当企业规模的发展达到了科斯所指出的边界,即管理成本高于市场交易成本时,是否意味着企业的扩展停止,同时导致技术改进的停止以及垄断地位的丧失?垄断地位的要义之一就是垄断者能够操纵价格。为了维持规模的继续扩张,企业必须将不断上升的管理成本转嫁到市场价格中,推高市场交易成本,从而造成一种新型的通货膨胀——“管理性的通货膨胀”,[①]即与全面过度需求无关的通货膨胀模式。这就是反垄断法的落脚点所

---

① ［美］阿道夫·A. 伯利、加德纳·C. 米恩斯著:《现代公司与私有产权》,甘华鸣等译,商务印书馆2007年版,导言第46页。

在。反垄断法是基于这样的基本理念,即垄断破坏了资源以最经济的方式进行配置,从而阻碍了最低价格、最高质量和最大物质进步的实现。但反垄断法所立基的经济理论,没有能够考虑到自由竞争环境下的中小企业不可能或很难完成技术改进这一事实,从而使得生产率长期维持在较低的水平。也就是说,反垄断法的经济逻辑没有也不可能将技术改进和生产率提升的成本计算在内。它所鼓励的是传统的商业竞争,而不是适应于现代工业化生产的、以企业为主体的生产竞争。

反之,当发生管理性通货膨胀时,我们必然会思考能否将企业的管理成本,或者说是技术改进的研发成本予以降低。这一思考让我们注意到,在企业内部要达到这一目标非常困难。这主要是因为企业在追求垄断优势的时候,也就承担了研发失败的全部风险。在技术开发愈发呈现系统性的情况下,企业更加会感受到研发风险变得不可承受。如果能够找到一种机制,将该风险社会化,则可以大大降低企业的研发成本。当然,这也就意味着企业不再能够独享专利。企业所遭遇的这一"瓶颈",归根结底缘于所有权制度的局限性。

如果说,公司制度的出现是一次所有权革命,通过个人将其私有财产权让渡给公司,以实现生产的社会化;那么在公司规模扩张遭遇"瓶颈"时,将出现第二次所有权革命,即公司放弃自己对于财产权的专享,而置身于更加社会化的产业链条中。在此情况下,将出现不以所有权为基础的产业集群。企业的规模不再无限制地扩张,但继之以产业规模的扩大,而政府与非营利性机构替代企业成为了技术改进的主要承载者。此时,对于企业而言,垄断收益将逐步削减并失去其重要性,维持市场优势地位所需要的是依托客观知识而进行的具有战略眼光的产业布局，通过对未来技术进行“组合投资”，以使自己不被时代的步伐遗留在后面。

6. 所有权制度

没有哪个人是永恒的所有者。

——沃尔瑟·拉特瑙①

6.1　私有财产权

社会结构是由特定的社会关系所缔结。社会关系的形态不同，其所缔结的社会结构便呈现出不同的类型。财产关系，自古有之，但只有在资本主义社会，它才被用以作为缔结社会结构的基本元素。在这里，个人系通过财产而被整合成为群体的。在此之前，人们获得财产是作为他们在某一突出的社会领域所取得成就的回报，它被看作社会秩序的结果，是社会身份的附属物；只有进入重商主义的大背景下，财产的重要性才发生翻天覆地的变化，成为社会身份和社会秩序的原因，从而使得经济活动成为该社会的代表性活动。② 梅因在《古代法》一书中提到的“从身份到契约”，正是在一个社会结构发生剧变时代，对其中日益活跃的财产关系的洞察。

---

① ［美］阿道夫·A. 伯利、加德纳·C. 米恩斯著：《现代公司与私有产权》，甘华鸣等译，商务印书馆 2007 年版，第 358 页。

② ［美］彼得·德鲁克著：《工业人的未来》，余向华、张珺译译，机械工业出版社 2009 年版，第 35 页。

实际上,梅因的话讲得还不够透彻。无论是身份还是契约,都是在描述人与人之间的关系,通过定义主体之间的相对关系,来决定客观世界中各种要素的分配。而财产关系的发展远远超越了这一相对状态,它在试图赋予人对于物的直接权力,即对抗一切不特定人的、排他的绝对权。缔结资本主义社会的财产概念,不是由契约所设立,而是属于绝对权的范畴。

绝对权是一个非常吊诡的概念,因为它尝试去定义人与物之关系的举动,暗示着物在前提上不再被看作客体。反之,"人"却成了空洞的概念,需要由物来结构、填充。当我们说人与人之间的身份平等之时,实际上所表达的仅仅是这样一个意义:身份只是某个过程的结果,而不是原因;于是,任何人都可以通过影响、操控、改变原因,而塑造自己的身份。这个过程是平等的,机会是平等的,手段是平等的。但这改变不了人从主体的地位上坠落的趋势。也就是说,财产权的发展轨迹之中暗含了人的异化的可能性。而这恰恰与文艺复兴以来所形成的人文主义精神背道而驰。在人文主义精神的影响下,人的主体地位得到了强化与膨胀甚至达到了登峰造极的地步,并催生出了个人的概念。于是,财产权中物的属性被压制,扭曲地表达为私有产权。只有当财产权以私有产权的形态表达出来时,梅因所讲的自由契约才是有意义的,因为私有产权保留了人的主体地位,也就保留了契约的相对性。

因此,当资本主义以私有产权与自由契约为两大支柱时,我们必须看到它从本质上是一个历史与未来的杂合体,是两个时代之间妥协的产物,充满了矛盾。韦伯在《资本主义与新教伦理》一书中分析了资本主义对财富的追求和广泛存在于人类历史中的贪婪之间的巨大区别。他指出真正的资本家将赚钱视为自己的天职，将其作为一项具有宗教性质的任务来完成。这一洞见，足以解构人们对私有产权的功能和机制的凡俗理解。今天，大多数的学者认为私有产权系工业化生产的基础，因为对利润的追求会刺激产业财产的所有者去有效地使用其财产。亚当·斯密便曾用私有财产、私人企业、个人首创精神、利润动机、财富、竞争等概念向人们展示，如果每个人在金钱方面的自利能够得到自由的发挥，那么人类的需要将得到最佳的满足。[①] 这种见解错误地将功利主义的目标嫁接到了人的行为诱因上。因为，如果利润的诱导机制切实有效的话，财产应该被不断地运用来追求利润无尽最大化的目标，而不是用于满足个人的需要。这就是韦伯提到的资本家厉行节俭的原因所在。

在一个商业社会，私有产权是有效的。因为生产和市场的规模不可能无限制地扩张。当资本的积累超过了生产率所能负担的限度，消费的提升就会出现。但在工业时代，生产率的持续提升足以消化新增资本，使得持续投资成为长期必要的活动，故私有产权的个人假设就可能成为生产活动的障碍。在进入 20 世纪后半叶，私有企业可以通过拒绝提供经济设施来剥夺或侵犯个人的自由。[②]

私有产权的假设，构造了霍布斯式的战争，即所有人对所有人的战争。战争的成本和损失是巨大的。在霍布斯的理论中，个人必须让渡出全部的权利，以便组成统一的权威，才能够结束

---

① ［美］阿道夫·A. 伯利、加德纳·C. 米恩斯著：《现代公司与私有产权》，甘华鸣等译，商务印书馆 2007 年版，第 351 页。

② 同上书，导言第 30 页。

战争、缔结社会。而亚当·斯密则坚信存在一种诱导机制能够使个人自动地组织成社会。事实上,历史是上述两种理论的集合,既利用了诱导机制,又建立了权威。公司制度的诞生,推动了一场所有权革命,私有产权的形式连同其激励功能的假设被予以保留,但对实物资产不受限制地进行实际处分的权力,从所有权的权能中分离出来,交给超越个人的更高效的权威行使。这场革命的最大贡献,在于颠覆了生产要素与所有者之间虚构的从属关系。真正掌握控制权的人,没有了绝对权的支撑,只能通过研究、理解要素本身所蕴涵的客观规律——格物致知,并遵循客观规律的指导调整自己的行为。

实际上,今天我们所看到的正是所有权制度在崩解中的过程。一些权能从旧有的理论体系中分离出来,而新的体系还没有形成。私有产权仍旧重要,因为它依然是定义个人社会身份的基本指标之一,但它对于工业生产已经无足轻重。那么,处于工业化发展到现阶段的人,必然要同时承受两种生活,他将一半是人一半是机器。

所有权制度的崩解带来的是一系列连锁反应。其结果之一便是,在工业生产领域契约理论的衰落。因为,契约仅能就所有权关系进行安排,它是一种静态的机制。而控制权是一种动态的事实状态,而非法律概念。实际上科斯及相关学者所讲的交易成本,很大一部分来自所有权制度的崩解所带来的契约有效性的削减。

从公司的角度来看,它将比个人更加敏锐地认识到所有权制度崩解的趋势以及私有产权概念的虚伪性,并进一步认识到财产权其实无足轻重,重要的是控制,它当前已经与财产权分离并独立于财产权。[①]

所有权制度崩解后，逐渐生长起来的是市场权威，通过垄断事实或立法程序所推动的经济权力的集中。政府在此过程中发挥了重要的作用，但正如德鲁克所指出的，这种权力的集中，与财产的国有化没有丝毫关系。[②] 实际上，私有产权与公有产权是一个硬币的两个方面，都是所有权制度在不同领域的体现。公与私的区别，远远小于它们在“有”方面的共通性。当私有产权衰落之时，公有产权也在随之削弱。在社会化的产业链条和生产网络中，国家所能够调动和调配的资源，已经远远超越了所有权意义上的国有资产所能达到的范围。事实上，采取国有化政策所带来的管理成本和种种低效率的弊端，反而会阻碍国家对资源的掌控能力与意愿。

在剥离了控制权以后，所有者的地位被大大地削弱，以至于类似于债权人的地位。所有者在向公司让渡了实物资产的占有以后，换取的是对一系列的要求权。这些要求权，一部分是法定的，另一部分是由契约所制订的。其中，股东所享有的公司清算剩余财产分配权，体现了所有权的终极权能。这一权利，构成了所有权的最后阵地，并且彰显了其与债权之间的最为本质的区别。然而，在现代会计制度中，最重要的一项假设是公司的持续经营，一旦公司停止经营，进入清算状态，其价值将急剧衰减，所剩无几，甚至于丧失殆尽。公司账面价值与清算价值之间的巨大差额，实际上就是控制权的价值。可以说，持续经营的会计原

---

① [美]彼得·德鲁克著:《工业人的未来》，余向华、张珺译译，机械工业出版社2009年版，第58页。

② 同上书，第56页。

则无情地揭示了股东所有权的虚伪性。另外,控制权价值并非为经营者或其他任何人所有。一旦公司终止经营,可能的结果是公司内部没有哪一集团最终获得了利益。

所有权制度的崩解,使资本主义从工业领域撤离,退守最后一条防线——金融,从而进入康芒斯在《制度经济学》中所称的"金融资本主义"阶段。[①] 私有产权的形式被保留了下来,并且获得全新的内涵。它将在自身的流动性中需要新的剩余价值和利润空间。

6.2 流动性与金融资产

私有产权的存在,使股东的个人要求成为公司经营的负担。公司需要一套防护机制,以便在不打断生产过程的情况下,处理股东的诉求。公司制度所发展出来的解决方法,是形成了一种与生产相平行的财富体系。它充分利用了市场中信息不对称的缺陷,在已经被架空的所有权上构建起了供需关系,并且通过刺激所有权的流动,来维持一套价格机制。流动性并不取决于作为基础的财产,而取决于股份的转售。[②] 为了构建这一财富体系,金融中介机构功不可没。

中介机构类似于一场赌局中的坐庄者,它将股份的价格和公司业绩之间建立起了虚拟的联系,与其他的投机者进行对赌。本质上,流动性市场是一种裁判机制,通过新的游戏规则来转移股东与公司之间在财富分配问题上的矛盾。这与法庭上通过对

---

① 厉以宁著:《工业化和制度调整——西欧经济史研究》,商务印书馆2010年版,第5页。

② [美]阿道夫·A.伯利、加德纳·C.米恩斯著:《现代公司与私有产权》,甘华鸣等译,商务印书馆2007年版,导言第34页。

合同条款的文义解释与辩驳来分配交易风险责任的方法异曲同工。投机市场不过是用良性的调解机制，替代了司法裁判。证券交易法适时地承认并接受了这一机制，并且通过对游戏规则的规范来强化股票市场的效力。立法的配合，鼓励了股票迅速在大范围内分散。自1916年以来，产业所有权发生了从高收入者到中等收入者的转移。① 越来越多的普通人成为公司的所有者，但这并不意味着财富的分散化。因为这些分散的所有权根本没有直接的效用，它只具有象征性权力。甚至于，大多数的所有权人，不过是投机市场价格传导链条的成本终端。

流动性市场的建立与发达，更加强化了公司控制权的独立地位。一方面，因为所有权高度分散，弱化了其索要控制权的可能性。另一方面，所有权越容易转手，投资者与财产之间所建立的关系就越弱，由此增加了投资者介入资产管理的机会成本。在这种情况下，控制权对于小股东来说，成为了一种负担。与公司的管理相比，投资者会更关注那些可能影响市场报价的信息。在类似于趋势分析的技术中，投资者将上述哲学发挥到了淋漓尽致的地步，公司的全部经营行为都被排除了，而被抽象的数量关系所替代。如果公司运行平稳，那么价格的波动将在最大程度上与交易本身有关。毫无疑问，交易价格的形成，依赖于交易双方对未来发展趋势的预判。那么，价格的灵敏度以及交易的活跃度，将极大地依赖于信息的丰富程度。中介组织需要持续地向市场注入各种事实、数据、观点和信息，不断地改变价格曲

---

① ［美］阿道夫·A. 伯利、加德纳·C. 米恩斯著：《现代公司与私有产权》，甘华鸣等译，商务印书馆2007年版，第72页。

线的走向,并以此挑动投资者的神经,催使其因逐利或避险而增加交易次数。股票的交易越频繁,其流动性价值越大。

一般来说,现代金融的主要功能是使被锁定的财富运动起来。但这种锁定本来是公司制度的机制要求,即通过将个人的财富锁定在生产环节中,从而达到生产要素的最有效利用。现代金融的解锁功能,并不是将财富从公司的控制下解放出来,而是通过新的投资者解放其"前辈",进行的是类似于击鼓传花的游戏。当然,流动性市场鼓励了那些为公司提供初始资金的投资者,将他们的财产从中置换出来,以便其能够继续组织更多类似的公司。

当然,从公司的角度来看,流动性市场似乎还不够完善。它没有能够将公司与股东彻底切分,致使公司仍旧需要承受义务、负担成本。因为,归根结底流动性市场是建立在对公司未来收益分配预期的折现假设上。如果企业要增加新的资本并扩大其业务,就必须给予证券持有者以补偿,以确保他们愿意持续地提供资金。[①] 当然,对投资者的补偿如同付给工人的工资一样,只是资本的使用费。流动性价值能够为这种补偿提供必要的补充,但它毕竟只是附属性的。更严重的问题是,公司与流动性市场之间的影响是双向的。一方面,只要市场还依赖于公司提供的信息,那么公司就必然要背负信息管理和披露的成本,包括负担沉重的法律责任。另一方面,流动性市场也会向公司反馈信息。这些信息并不总是对公司产生正面的影响,比如引导公司

---

① [美]阿道夫·A. 伯利、加德纳·C. 米恩斯著:《现代公司与私有产权》,甘华鸣等译,商务印书馆2007年版,第349页。

做出无效的生产策略或者对经营者造成负面激励诱导其做出有损于公司的行为等。一些人将流动性市场对公司的影响理解为通过市场调配生产要素的有效案例。这是将流动性市场与一般的消费市场混淆了,忽略了其价格机制的虚拟性。由金融危机引发实体经济衰退的例子屡见不鲜。

在工业化早期阶段,私有产权主要是指个人对土地及生产工具等财产所享有的权利。当公司制度占据统治地位的今天,私有产权的内容绝大部分被置换成了金融资产,包括银行存款、债券、有价证券等。除此之外,个人所拥有的财富中,绝大部分是消费性的,如自用住宅、汽车和家用设施等。它们主要用于提供个人的生活便利,而不是用作资本或其他生产性用途。①

一方面,公司所有权的界线正在变得日益模糊。在经营者"掌权"的时代,进一步争论"私有"与"公有"的利弊问题,似乎已经失去了重要性。现代管理学知识的普及,迫使所有者必须遵守一系列严苛的规则,其中之一便是要求所有权保持节制,以服从公司发展的需要。越来越多的公司开始聘请职业经理人来负责日常经营管理。这些高级管理者,大多数毕业于各所大学的商学院,共享着同一套知识体系。另一方面,国家通过职业资格考试和认证的方式,更加强化了知识共同体的联系。而各种提供管理辅助服务的中介机构,如律师事务所、会计师事务所、咨询公司等,也开始倾向于提供标准化、产品化、可以进行量化考核的服务。所有这一切,都造成了公司运营趋于同质化的结

① ［美］阿道夫·A. 伯利、加德纳·C. 米恩斯著:《现代公司与私有产权》,甘华鸣等译,商务印书馆2007年版,导言第18页。

果。管理人员可以更便利地在各个公司之间转换职位,并迅速地融入新环境,就像为模块化生产的机器更换零件那样。

一家成熟的公司,基本上可以实现完全的独立。从资本到劳动力,其所需要的一切生产要素都是可以替换,并能够通过市场轻易地取得。它才能够彻底摆脱为人所有的地位,才能真正不遗余力地投入生产环节。

私有产权被逐出生产领域之后,在资本市场中找到了新的落脚点。在这里,私有产权所依赖的前提性假设和激励机制,都得到了更充分的发挥。这是一个比实体经济市场竞争更加激励、残酷、刺激的角斗场,它还原了那个所有人对所有人进行战争的远古时代的丛林规则。对人性的发展来说,这是否意味着重大的退步?无论如何,对于社会来说,它将这些横冲直撞的"野兽"圈禁在有限的范围内,从而保护了生产免遭其害,这至少可以算是一种进步。

6.3 法律障碍

经济学家所关心的是生产及其效率,而将财产权视为社会分配的结果。于是,他们想当然地认为法律应该提供便利,将财产权利配置给那些能够有效使用它们的、具有引导他们这样做的动力的人。① 但这完全不符合法律的内在逻辑,因为法律将权利视为考虑问题的最终目标,而非一个手段。

西方法律理论是建立在人的主体地位这一最根本假设之上的,法律关系被描述为主体之间的关系。法律制度的发展,基本

---

① [英]奥利弗·E.威廉姆森等著:《企业的性质——起源、演变和发展》,姚海鑫、邢源源译,商务印书馆2009年版,第305页。

上是沿着主体资格范围不断扩大的路径推进的,或者说人格的延伸。以罗马法为例,在市民法体系中最初只承认罗马自由公民的主体地位。其后,随着征服范围的扩大,逐渐崛起的万民法体系,将主体资格推展到包括外国自由民在内。最终,因经济的驱动废除奴隶制后,“自然人”才成为一个法律概念。

在以主体为核心的法律理论体系中,世界被截然划分为两种形态:人和物。与法律上认可之主体相对者,均为物。主体以人的形式予以表达,究其根源在于以自由意志为根基的哲学传统。自由意志被认为是存在的本源,构成了世界的原因和目的,物则只是过程、工具和手段,由此建立了在人与物之间的支配关系。这种支配关系是法律的预设前提,但不是法律的调整对象。法律的调整对象是平等主体之间的相互关系。因此,传统意义上的财产权,规定的是人与人之间就财产的分配关系,其主要的权能是使用权。物,不是因其本身的属性,而是因其使用价值,而被人所定义,并且加入到法律体系当中来。

在工业化时代,随着科学的发展,物的自身属性以客观知识的方式表达出来。这些知识所描述的是物理的本来面貌,而非仅为其满足人类意志需求的效用,即在使用价值之外的物的其他价值被发现了。甚至于,为了满足人之使用的效用,意志必须服从客观规律和自然知识。这一发展,使蕴涵在财产权背后的权力结构发生了变化——物本身的属性决定了人之发展的可能性。这是一个翻天覆地的变化,它动摇了自由意志的哲学基础,直接质问主体资格后面人与物之间的支配关系的合理性。传统的法律理论体系无法回答这个问题,它所能做的仍然是沿着旧有的逻辑前进,尝试通过扩大主体资格的范围来解决问题。由此衍生出的,诸如动物是否具有权利、河流是否具有权利、空气环境是否有权利等争论,都是这一法律变革的体现。

当人发现其不得不直面与物的关系问题时,出现两种可供选择的方案。第一种是将财产权强化为所有权的概念,即把物吸纳进所有者的人格中,通过所有者自身人格延伸的方式来赋予物以人格属性。但这一方法,实际上破坏了原有人格的属性,它将更多地以所有物的多寡而非以人的意志本身来决定其表现形态。社会将重新以财产的数额来定义个人的社会身份和社会地位。从该意义上讲,在所有权体系中,一旦人的意志被量化的财产所弱化甚至取代,都意味着人的非人格化现象的出现。自从资本主义诞生之日起,人文主义者就没有停止过谴责资本的肮脏与罪恶,或许其根源正在于此。

第二种方法是通过法律拟制的方法,授予物以人格,即法人制度。这个新主体被假设为有缺陷的人类,法律通过给它设定人性的基本假设,然后以代理或信托制度来补足它在意志上的缺陷。但代理人或受托人并不是以自己的意志来完成这项工作,而是在法定的人性假设下去推导被代理人或委托人的意志,其运用的是关于人性的客观知识。于是,客观性侵入并替代了法人被拟制的意志,同样造成了非人格化的结果。

不管是所有权还是法人制度,其最终指向的都是主体物化或者客观化的结果。从哲学上来说,就是要重新认识并安顿精神与物质的关系。随着科学的发展,人逐渐发现他不过是自然过程中的一个组成部分和环节。在自然中,存在诸多的规律和规则,它们不以人的意志为转移。反之,人的发展必须遵守、服从这些规则。基于这种认识,法律的基本要素将从权利转移到责任——人之所以为人，恰在于他能够通过反思和知识的积累，知晓自己的局限性。

但法学理论未能也不可能突破主体性的思维传统，它所能做的不过是老瓶装新酒，把新时代出现的新现象套入旧有的概念体系中去予以描述、解释、规范。这种方法曾经非常有用，使得法学成为最古老的学科之一，许多的概念从古罗马时代延续至今仍在使用。但在工业化时代，法学能否故技重施，可能要打一个大大的问号。

传统法学理论中，主体的基本预设是一个抽象的普通个人。比如普通法的最初目的，即在于保护每个个人的个体特征——他们对财产的权利、自由行动的权利，在于保护他们之间形成的个人关系。① 但在工业生产领域、公司制度、证券市场等新时代人类活动的主要场景中，人的形象被具体化为"知识人"，即具有专业知识并置身于规则包裹的责任体系之中的人。法律赋予了"知识人"更大的权力，同时也附加了更大的责任。但传统法学并不能够对法律实践发展的新动向给予足够的支持，因为作为其法理核心的主体是抽象的、平等的、不具有任何分别的。按照旧有的法学理论，难以推导出工业化组织和知识阶层有效运转所需要的权威结构。恰恰相反，它持续地为个人意志中的任性提供支持，使在经济生活中已经失去现实重要性的私有产权保有顽固不化的地位。

工业化时代以来，人类社会的组织结构和生活方式发生了

---

① ［美］阿道夫·A. 伯利、加德纳·C. 米恩斯著：《现代公司与私有产权》，甘华鸣等译，商务印书馆 2007 年版，第 344 页。

重大的变化,同时产生了被标榜为"现代性"的一系列问题。在应对现代性危机的过程中,两百多年来,近代法学没有创造出一个新的、有用的概念。法学家们所做的,仅仅是把新的社会现实归入越分越细的权利目录当中去,却很少反思"权利"概念本身的合理性。所以,当经济学家发现资源应该或者说必然要流向更有效率的生产者手中时,他们发现财产权制度并不能提供有效的分配机制;当经济学家从世界的机械化趋向中发现,一切的生产要素都可以被更换和赎买时,法学家则更关注人之永恒的、不可剥夺的主张。法学理论的严重的滞后,使得它无法反映并且配合时代精神的发展,甚至成为发展的阻碍。一些新兴的法律学科,诸如环境法、社会法等,从某种程度上来说已经脱离了传统法学的领域,而成为独立的学科。

今天,在符合时代发展意义之上的法学创新并不存在。在可以预见的未来,法律传统也不会发生翻天覆地的变化,它仍然会沿着旧有的逻辑演进。但我们也许会看到一系列异化的过程发生,使法学变成一个更加复杂的知识系统,以便用陈腐的概念结构出新的规则,达到一种"反者道之动"的效果。这种异化,有可能在以下几个方面发生。

首先,主体资格会进一步扩张,并且更加虚拟化。诸如动物、环境、非组织化社群等,可能获得主体资格,并且通过代理制度,将这些"新晋人类"变成客观知识的代言人。把人应该承担的自然责任和应该遵循的自然规则,通过代言人提出权利主张的方式,加诸那些传统的主体,从而达到限制个人意志中之任性的效果。

其次,权利将向更加虚拟化的方向发展。诸如衍生品、数字货币、资产证券化份额等，会成为财产性权利的主要内容。通过对权利的分割与重组，发展出多层次的权利组合，间接地达到切断个人与生产要素之间的直接联系，使任何一个个人都无法主张对生产环节中实体资产的控制权。个人所持有的虚拟化的权利，得到法律的强化与保障，维持了财产形式的稳定性，降低了个人对实体资产提出控制权主张的意愿与需求。同时，财产的虚拟化，使实体资产的控制权落入信托关系中。受托人将作为专业人员，依照立法预设和专业知识来管理资产，实现资源在生产环节中调配的客观化。

最后，契约将更加广泛地得到运用，成为调整人际关系的最主要，甚至是唯一方式。大部分的契约将发展成为格式化的标准文本，除了对价条款外，其他内容均为法定或遵循统一的市场惯例。一项交易或者法律行为，将被拆分成一系列的逻辑步骤，并用若干单一契约拼装成的合同体系来规定，单一的契约仅规定一项单纯的法律关系。在单一的契约中，自由意志几乎没有发挥的余地，缔约双方只能选择适用还是不适用，签约过程类似于表单操作。同时，对契约的解释也是标准化的，司法的自由裁量权亦将随之限缩。标准化契约的使用，将大大限缩合同条款的解释空间，增强合约的完整性，同时也就降低了交易成本。按照科斯的理论，交易成本降低将会影响企业规模的边际，由此导致以所有权为基础的纵向一体化程度降低。处在同一产业链条上的企业，有可能形成超所有权的复杂系统。它们将更多地以稳固联盟式的产业集群，任何一个企业越来越难以独领风骚。

7. 生产网络与新型伙伴关系

按照交易成本理论,一个交易时在企业内组织,还是由独立的签约者在市场中组织,取决于进行市场交易的成本与在企业内进行交易的成本的比较。[①] 当企业内部管理成本与市场交易成本相等时,企业的规模将达到临界点。科斯认为,在此临界点上,企业家将不断地尝试加强或减弱对交易的控制,以此保持均衡。[②] 这是一种静态的分析,希望找到企业规模的最精确边缘。但生产要维持动态的延续性,即在企业的规模接近边缘时,生产率提升的要求并没有因此停滞。企业家必须提供对策,降低企业内部管理成本,为规模的扩大提供更多的空间。如果他做不到这一点,就必须要面对一个现实,即企业在生产活动中的核心地位将被新的更有效的组织形式所取代。

企业是一个组织系统,它的规模与其所完成的职能是相对应的。当新的职能出现时,在企业内部会产生新的专门化的子系统来履行任务[③]。但管理成本并不完全等同于子系统自身运转的成本,它还应包括为协调子系统之间的关系而负担的成本。也就是说,企业系统自身是有成本的,且系统规模越庞大、层级越多,该成本将会越大。如果我们深入探索系统成本的本质,就

---

① [英]奥利弗·E.威廉姆森等著:《企业的性质——起源、演变和发展》,姚海鑫、邢源源译,商务印书馆2009年版,第58页。

② 同上书,第36页。

③ [美]丹尼尔·贝尔著:《后工业社会》,彭强译,科学普及出版社1985年版,第57页。

会发现它是由所有权产生的。资本主义制度下的生产指令是建立在所有权的法律假设之下的。企业必须成为生产要素的所有者，才能有效地发号指令。于是，公司间的合并收购是公司扩张的主要方式，通过所有权链条将一系列的公司串联起来形成一个企业集团，而将控制权交到少部分人手中。

但公司并购理论是充满矛盾的，一方面，收购方是希望通过赎买所有权的方式来取得控制权；另一方面，收购的真正标的并不是有形的资产，而是目标公司有效地运营这个事实所对应的整体，包括资产和管理这些资产的团队。如果收购方不能通过所有权对目标公司的经营者产生影响，使其偏向于自己，那么收购便失去了意义。实际上，从整个经济的角度来说，企业扩张所带来的系统成本，更多的是一种机会成本，收购活动可能使有效的控制权被所有权人的低效指令所替代，也就是说目标公司在被收购后生产效率下降、竞争能力削弱、价值衰减了。

当然，大公司通过并购进入战略性的新兴行业，通过其资金和市场优势，为目标公司提供支持，可以促进技术改进。但技术的发展，已经呈现出多元化、系统化的发展的趋势。正如德鲁克所指出的，在19世纪时，各种技术泾渭分明，互不相干，本业之外的技术对企业的影响微乎其微。但进入20世纪后半叶，技术的发展变得彼此交错，对一个企业产生革命性影响的技术，可能来自其领域之外。[①] 这一趋势，给企业带来了前所未有的挑战。任何一家企业，无论其实力多么雄厚，都无法承担整个技术系统

① Peter F. Drucker, *Management Challenges for the 21st Century*, Harper Collins Publishers, 2002, pp. 6 – 7.

的开发成本,也无法承担开发失败所带来的风险。

由此我们看到,一方面是企业规模的限制;另一方面是技术改进系统化的趋势,促使大型企业必须严肃地考虑自己的职能定位,并尝试建立一种更加社会化的伙伴关系。伙伴关系是一种新型的生产组织关系,既不同于市场的完全竞争关系,也非企业内部的指令关系,而是平等主体之间的合作关系。表面上,企业之间由合约所联系,但其背后存在一套特殊制度所塑造的权威予以支持。一条连接着生产环节中所有企业的经济链条,越来越呈现出它的实体形态。所有企业都将遵循该制度所确立的规则,不如此将不能在整个经济链条中占有一席之地。

对于大型企业来说,它必须将眼光突破其所有权的范围,而放宽到整个经济链:理解经济链的运作过程,并且与同一链条上的其他成员共同管理成本,以期把效益发挥到极致。[①] 这就要求,同一经济链上的企业必须建立高度和谐的协作机制,在管理上实现一体化的效果,包括减小资源流动的障碍、扩大信息共享、建立统一的会计制度等。而这种管理上的一体化,并不是以所有权或控制权的一体化为基础的。

一些大型公司可能会进一步将自己的职能限缩,而成为仅提供经济链管理服务的平台型公司,它们研究市场、进行行业发展规划,并协助链条上的其他成员整合资源。而实体生产,则主要由各种专业型中小企业、研究所、政府代理机构、学校等组织所承担。这一图景,实际上类似于将传统的、包罗万象的大公司

---

① Peter F. Drucker, *Management Challenges for the 21st Century*, Harper Collins Publishers, 2002, p. 24.

扩展为一个社会化的、由一系列企业各司其职而组成的生产网络。

这种新型伙伴关系，具有多种模式。一种典型的模式以英国玛莎公司（Marks & Spencer）为代表。玛莎公司改变了传统零售业的以成本决定价格的定价模式，而是反其道而行之。在售价固定的情况下，玛莎公司必须想办法降低生产成本以便赚取利润。这一转变，促使玛莎公司去思考如何提高生产率，不仅是提高自己的生产率，更重要的是把供应商纳入自己的管理系统。供应商在法律上的地位是独立的，通过契约与玛莎公司相联系。实际上在经济地位上，它们之间的合伙关系并不平等，供应商对玛莎公司具有依赖性。以至于供应商的生产策略，须与玛莎公司对市场的宏观规划相配合，并且分担市场风险。供应商之间保持了竞争关系，它们必须努力提升效率，以将自己维持在玛莎公司的合作名单上。由此，玛莎公司的市场交易成本降低了，同时又不用负担收购所带来的高额管理成本。20 世纪 60 年代，日本人在模仿玛莎公司的基础上，发展出了现代意义上的"财团"，即以经济链接，而非法律控制来综合管理系统的企业，把供应商、企业和主要客户结合成一个体系。据统计，财团在成本上可以带来 25% ~30% 的优势。①

另一种伙伴关系模式系以美国兰德公司为代表。1945 年，美国人基于第二次世界大战期间组织军工生产的成功经验，制定了"兰德计划"，后来独立成为兰德公司。兰德公司是一个非

---

① Peter F. Drucker, *Management Challenges for the 21st Century*, Harper Collins Publishers, 2002, p. 8.

营利的民办研究机构,由一个约 20 人所组成的监事会进行管理。任何一个监事都不拥有对兰德公司的所有权。兰德公司集合了政界和商界具有深厚背景的人脉资源,其所开展的一系列富有预见性和创造性的研究,使其常常引领时代的风潮,并影响到国家政策的制定,由此获得了极高的声誉和影响力。而兰德公司的非营利性,使得它在偿还债务以外,利润得以全部用于投资,为其快速发展奠定了基础。兰德公司如同一个产业集群的灵魂,它聚集了一国最优秀的智能,思考世界政治和经济的未来,然后通过政府的权威开启宏观计划,引导企业的生产方向。企业、政府和以兰德公司为代表的研究机构三者之间,没有供销方面的依赖关系。企业的独立性比玛莎公司控制下的供应商更强、更有自主性。但可以说,三者之间在产业战略上的联系更加紧密。它们的配合所能够组织的生产的规模和类型,也更加广泛。

第三章 自由贸易与生产网络构建

8. 传统的自由贸易

8.1 以货物为基础的自由贸易

工业革命所带来的一个直接后果是产量的大幅提升。企业需要将这些产品卖掉,收回成本并且赚取利润,以便进行新一轮的规模更大的生产。但在工业化早期,国内市场不具有足够的购买力以消化产品的爆发式增长,由此威胁到工业化进程的持续推进。在西欧国家,工业革命之前已经发生的"商业革命",已经建立了成熟的国际贸易渠道和海外市场。西欧国家从海外进口诸如咖啡、陶瓷、茶叶等新产品,以从美洲开采的白银进行支付。但在工业革命以后,这些国家可以通过输出工业品来替代白银的流出。海外市场的作用,对于西欧工业化进程至关重要。它不仅为工业品提供了销路,同时使得资本向工业国家回流,为工业革命提供了继续前行的动力。当然,如奇波拉所说的,商业革命还有一大重要贡献,在于培养了一个与传统级保守的学派相抗的企业家经营的学派。①

① 厉以宁著:《工业化和制度调整——西欧经济史研究》,商务印书馆2010年版,第9页。

当工业革命率先在英国展开时,西欧大陆国家和美国感到了这一浪潮所带来的威胁,并普遍地采取了对英国工业品征收高额进口税的方法限制其进口。尽管如此,英国仍然可以通过其遍布全球的殖民地和附属国,为其工业品提供销路。

反观德国,它不具有英国那样的贸易优势,故主要采取了政府采购的方式解决工业品市场的缺陷。政府大量向重工业订货,以便有关公共工程与重整军备的计划付诸实施。[①] 而政府用于支付订货款的资金,主要来源于银行的支持。

不管是海外贸易还是政府采购,都在于为工业品创造市场,而其最终的目的实际上是为继续生产积累资本。资本可以来自利润,也可以来自原始投入。特别是对于那些后发的工业国家来说,吸引境外投资是其维持工业化进程的一条捷径。外国投资不仅补充了资本,还带动了新技术的引进,并加速了本地技术队伍的成长。1947 年以后,意大利的经济奇迹,就与外国资本大量涌入有重要的关系。[②]

而外国投资的出现,本身也是工业化进程中的必然环节。前文我们已经提到过,在生产率不变的前提下,企业的利润率将因于竞争而持续降低并且趋于零。在这种趋势下,资本将尝试向那些后发国家流动,从更廉价的劳动力和生产资源上寻找利润空间。而这种输出基本上是资本设备的输出或者消费品的输出,输出消费品的目的在于购买劳动力或者交换可以用于购买

---

① 厉以宁著:《工业化和制度调整——西欧经济史研究》,商务印书馆 2010 年版,第 49 页。

② 同上书,第 56 页。

劳动力的东西。①

由此，我们看到在工业化早期阶段，国际贸易的主要内容是货物贸易，或者说是工业品的流通问题。工业品，是工业生产的产品，它由原材料和劳动力经机器的转化而成。而机器本身也是一项产品，除去原料部分，它实际上是由知识序列所组成的技术而已。政治经济学一般地认为，利润源于劳动之剩余价值。我们更关心的是利润率，它显然与技术相关。当一个国家拥有生产某种产品的最佳技术时，它在该产品的生产上就具有绝对优势。但这个优势并不一定在该国的生产中得到充分的发挥。按照李嘉图的比较优势理论，国家在组织生产的时候，不是将产品与国外的同类产品进行比较，而是将其与国内生产的其他产品的效率进行比较，并按照比较优势来决定生产力的分配比例。因此，决定一国在开放市场后的进出口产品目录的，不是技术上的对比，而是该国在无贸易条件下的相对价格，即由生产的机会成本来决定。于是，技术普遍较差的一国，也能够向技术优势国事先出口，主要因为优势国在生产上的“应接不暇”。当然，技术劣势一国也必须接受较低的出口价格，至少低于优势国生产同样产品的价格。这就意味着该出口国将不得不面临利润率上的损失，最终导致它在技术改进方面长期缺乏投入而难以改变贫困的地位。

根据李嘉图的思想，各个国家可以得益于国际贸易而无须运用关税和要求出口高于进口。今天实际上许多重要的国际机

① [美]约瑟夫·熊彼特著:《资本主义、社会主义与民主》，吴良健译，商务印书馆2011年版，第104页。

构,包括联合国、世界银行和世界贸易组织,至少是部分地基于这种思想建立起来的。①

8.2 国家间的自由贸易

传统的自由贸易理论建立在两个基本的假设上。其一为国家主权,它将财富按照类似于所有权的方式在国家之间进行划分,从而给予国家间的贫富分别以现实性,哪怕这种分别远小于国家内部各地区之间的分别。同时,任何一国的权威都是有限的,不得干涉另一国的生产活动,即使这种干涉对双方都是有利可图的。另一假设是劳动力不能跨境流动,这样才可以在给定人口的前提下进行静态分析。这两项假设描述了一个事实,即国家疆界是全球化生产的障碍。传统的自由贸易并不期望打破这一障碍,而是在承认事实的前提下追寻国家间资源分配的合理性。因此,传统的自由贸易不完全是一个经济问题,它很大程度上是国际政治的一种表达方式。这使国家对待贸易的行为在有些时候无法完全用经济理论来进行解释,而必须考虑超经济的意义。例如,在海外投资的问题上,强国对弱国进行投资,可能是为了控制该弱国的经济,或者获得某些特殊利益;又或者强国帮助弱国发展经济,只是为了缔结较有力的盟友关系等。②

迄今为止,几乎所有的自由贸易理论都建立在国家间的贸易之上。与贸易本身相比,国家的贸易政策处于更加核心的位置,其目的都在于通过贸易增进一国居民的福祉。国家政策的

---

① [美]罗伯特·C.芬斯特拉、[英]艾伦·M.泰勒著:《国际贸易》,张友仁等译,中国人民大学出版社2011年版,第36页。

② 厉以宁著:《工业化和制度调整——西欧经济史研究》,商务印书馆2010年版,第145页。

制定者，将国际贸易作为一项工具，来调节经济的发展。而经济学家则更倾向于将国际贸易视为一种独立的机制，能够通过国际市场调节资源在各国之间的调配。正如巴格瓦蒂所指出的，“自由贸易理论实际上是将市场配置资源的机制扩展到开放经济中去”。①

自由贸易理论建立在两个处于对立矛盾关系的基础假设之上：世界效率与国家福利。而在本质上，两者却是统一的，并构成了终极目标与诱导机制之间的嵌套关系。其实，这就是自由市场理论在国际贸易中的拓展运用，只不过用国家替换了作为市场主体的个人。由此，自由市场理论的一组命题，经过形式上的改造过后，同样可以运用于自由贸易领域，即追求国家福利有助于提高世界效率。同时，自由贸易也相信存在一只“看不见的手”，能够自动地调节国家之间的贸易关系，使资源得到合理的配置。

传统的自由贸易理论，假设在国家之间存在一个“国际市场”。这一假设的前提是承认国家是一个市场的参与者和经济主体，即国际市场的主体是以主权来划分的。在前文中，我们已经阐述过，完全竞争的市场机制，是由中小业主组成的。市场机制的有效性，需要以参与者的势力均衡为基础。那么，把市场机制扩展到国际贸易中时，难题随之产生，即以主权划分的市场主体，使一些“大国”在经济中占有畸重的地位，并在贸易方面具有垄断的力量，进而扭曲了国家之间的经济关系。为了对抗大

① ［美］贾格迪什·巴格瓦蒂著：《今日自由贸易》，海闻译，中国人民大学出版社 2004 年版，第 9 页。

国的过度贸易,小国采取适当的关税措施,对市场失灵进行必要的修正,这似乎是市场机制蕴含的应有之义。哈伯勒和哈根指出,对于存在市场扭曲的小国来说,自由贸易不一定是最佳政策选择。①

自由市场经济理论建立在理性人的基础上。理性人实际上是个体业主,或者与个人相距无几的小企业。随着工业化的发展,企业成为了市场的主体,并且击碎、吸纳、吞噬了个体业主的市场人格。但在国际贸易中,国家参与国家市场的主体资格是以主权为后盾的,其政治地位不可能被市场所整合。因此,在面临市场扭曲的情况下,小国采取关税或贸易壁垒的相关措施,更多的是基于政治上维护主权独立地位的要求,而非主要基于经济上的考量。

自由贸易理论的支持者主张自由贸易可以纠正国内的市场失灵。但国内的市场失灵只是一种表象,它有可能是国家用以对抗国际市场扭曲的工具。约翰·斯图尔特·穆勒在1848年提出了对幼稚产业施加保护型关税的理论。第二次世界大战以后,这一理论得到发展中国家的支持和贯彻。它们采取各种措施,限制外国工业品进口,促进本国有关工业品的生产,逐渐在本国市场上以本国产品替代进口品,为本国工业发展创造有利条件,实现工业化。20世纪60年代的一些贸易政策理论家把这种通过进口替代型策略推进工业化进程的做法称为追求"非

① [美]贾格迪什·巴格瓦蒂著:《今日自由贸易》,海闻译,中国人民大学出版社2004年版,第21页。

经济目标”。[①] 归根结底，还是对市场机制的定位问题：市场是一种手段还是一种独立的机制？

巴格瓦蒂曾用非常生动的比喻指出：“看不见的手”（市场）可能不太有力，而“看得见的手”（政策干预）却是残疾的。[②] 如果仅从经济的层面上将政策干预和市场的成本进行比较，这一对比固然非常犀利。但从国家主权的角度来看，“看得见的手”虽然残疾，却是自己的手，而“看不见的手”很可能是一只强有力、卡在自己脖子上的别人的手。政治主权显然不能与市场收益进行成本比较。

当然，巴格瓦蒂非常有洞见地看到：自由贸易支持者是以“大众利益”为着眼点，而大部分的主流贸易是保护主义者所关心的却是“特殊利益”。[③] 但什么是大众利益和特殊利益？其描述并不准确。如果说工业化是一个世界性的进程，那么各个国家都将被整合进一个世界性的工业链条，扮演不同的角色。但在国家主权背景下，工业化采取了多线并进的方式，每个国家独立地发展自己的工业体系，并且都主张在世界工业链条中的优势地位。自由贸易所带来的好处，如更显著的经济规模、竞争迫使企业提高资源利用率、促进技术扩散、增加生产性投资等，实际上是工业化生产发展到一定阶段的必然要求。在此之前，各国必须奠定工业化的基础条件，包括适应于工业化生产的社会组织结构、具备基本竞争力、具有技术消化能力、国民生活消费

---

① ［美］贾格迪什·巴格瓦蒂著：《今日自由贸易》，海闻译，中国人民大学出版社2004年版，第15页。

② 同上书，第24页。

③ 同上书，第50页。

问题基本解决等,以便工业化升级以后,不至于后继乏力。因此,自由贸易的发展程度,其实是与工业化发展的水平和阶段相关的,而不完全是政府决策的主观问题。另一方面,当我们考察自由贸易的效果时,应该是对世界范围内,或者说至少是在有效的自由贸易区内整个工业链条进行考察。主要的考察指标应建立在生产率提升的基础上。反之,对于具体的国家来说,自由贸易并不一定意味着会带来更高的经济增长率,甚至于可能因为竞争以及产业布局的变化,使一国处于相对不利的地位。

9. 新时代的自由贸易

9.1 以生产网络为基础的自由贸易

工业化的发展趋势必然指向全球网络化的生产体系,生产要素及工业品将按照最有效的方式在生产者之间流通。这就意味着自由贸易是大势所趋,生产将突破国家的界限,成为一个世界性的概念。但随着生产活动向网络化的方向发展,贸易活动发生了两方面的转变。首先,在网络化的工业链条中,由于国际分工的强化,各国原有的工业体系的独立性逐渐瓦解,从而必须面对全球化的挑战。其次,由于生产体系的整合程度加大,使得一国更有可能通过获取国际贸易上的优势地位而加大其对别国政治的影响力。这势必将加剧国家间在贸易领域的政治斗争,因此自由贸易概念本身可能被异化成为特殊的经济武器,作为大国争夺世界政治领导权的工具,并成为实现真正自由贸易目标的一大障碍。这一方面,最典型的例子莫过于美国的“301条款”。

“301 条款”是指美国《1974 年贸易法》第 301 条的规定。其大意是指当有任何利害关系人申诉外国的做法损害了美国在贸易协定下的利益或其他不公正、不合理或歧视性行为给美国商业造成负担或障碍时,美国贸易代表办公室可进行调查,决定采取撤销贸易减让或优惠条件等贸易措施。《1988 年综合贸易与竞争法》对“301 条款”进行了扩展,要求美国政府对外国的不平措施与知识产权保护问题、出口奖励措施、出口实绩要求、劳工保护法令、进口关税、非贸易壁垒等方面进行全面的调查和解决。

“301 条款”被认为是通过贸易报复作为威胁手段来要求外国政府和公司跟随美国的做法。[①] 而所谓的“不公正、不合理”情形,是由美国单方面认定的。所以,它可以被主动地用于配合加强美国与相关国家进行贸易磋商的谈判力量。

我们看到从 1962 年“301 条款”的雏形在《贸易扩展法》中初次出现至今,其范围和力量在不断地增加。虽然,通过贸易报复会使得双方的处境都变得更加糟糕,但大国通过贸易报复及其威慑,可以击溃其他国家工业体系的独立性,并趋使它们不得不加入到更加开放的经济链条中来,同时大国也可以在这一过程中建立自己的权威和在生产网络中的优势地位,获取政治上的额外回报。

当我们深刻考察并且理解了自由贸易的基本原理过后,就会发现它是工业化发展到特定阶段的必然要求。它会在经济上

---

① ［美］贾格迪什·巴格瓦蒂著:《今日自由贸易》,海闻译,中国人民大学出版社 2004 年版,第 54 页。

发动特定的机制,使贸易政策的使用变得不经济,而催促国家自愿或迫使其不得不采取自由贸易的方式。因此,自由贸易在本质上是全球工业化、生产网络化发展的结果,而与公平与合理等价值判断无关。自由贸易的反面是在工业化早期阶段采取的行之有效的贸易政策,而不是在道德上被抹黑的不公平贸易。相反,富于人道主义色彩的"公平贸易"运动则致力于挑战世界贸易组织框架下进行的国际贸易。这一运动的支持者认为自由贸易只会带来对自然环境的破坏、社会不稳定以及弱势民族的衰亡。一些经济学家则认为公平贸易是一种妨碍经济成长的补贴,因为它试图为产品建立一个高于市场价格的最低价格,由此可能造成资源的错配,保护了低生产率的生产者免于被市场所淘汰,同时也就阻碍了生产率的提升,从长远来看将会对经济造成负面的影响。

其实,诸如"301 条款"所宣称的只是一种政治上的意识形态,而非自由贸易本身的表达。国家之间以自由贸易之名相互指责,为本国施行的保护主义政策提供空间。保护主义的政策依然坚固,只能表明在现有的工业化程度下,对相关领域的生产活动尚未实现网络化生产的前提,或者说这一领域尚未发展出对贸易双方都有益的生产机制以提供解决方案。因此,在进行自由贸易化谈判中,如果谈判方只涉及少数几个国家,则它们需要解决的问题是在小范围内实现工业生产体系的整合。通过各方的妥协与交换,甚至于以损害范围之外第三方的利益为代价,形成协议的可能性相对较大。如果谈判的范围扩大到全球范围,则相当于要求建立一条全球化的工业生产链条,其难度可想而知。WTO 在乌拉圭回合后的停滞不前,即缘于此。

恰是全球化生产网络的形成于整合程度的加强,才使得一国试图控制世界经济的“帝国野心”有实现的可能性。对于大国来说,通过掌握生产网络中的关键节点,就能够达到提纲挈领的效果,对其他国家的生产活动产生巨大的影响力甚至控制力。在那些激进的批评者看来,自由贸易的后面暗藏的是一个没有硝烟的战场,是新型的侵略和征服行动。在此背景下,围绕贸易行为而展开的国际政治斗争势必前所未有的激烈。

而我们知道,国际政治归根结底是国内政治在国际范围的延伸和相互作用。例如,正是由于发达国家的工会担心与贫穷国家的贸易会压低其非熟练工人的实际工资,故工会将动用政治力量促使国家在国家贸易领域向外国竞争者提出高标准的要求,以提高外国产品的生产成本,从而达到缓和竞争的目的。美国和欧盟寻求在 WTO 中加入一个社会条款,希望在贸易条约和制度中把实现一系列社会目标作为市场准入的条件,①并试图以贸易制裁当作推进社会目标的手段。而 WTO 推行劳工标准的一个必然结果就是,发展中国家几乎一致认为富裕国家的公会和政府的真实目的是阻挠竞争。②

正是由于国内政治的复杂性,导致在一国的政治话语中,“自由贸易”概念的含义是具有多样性的,甚至是一个矛盾的综合体。它可以作为优势产业寻求对外扩张的工具,也可以作为劣势产业需求政治保护的借口。由此,自由贸易的谈判,实际上是国内政治力量的隔空喊话,能否达成最后的协议很大程度上

① [美]贾格迪什·巴格瓦蒂著:《今日自由贸易》,海闻译,中国人民大学出版社 2004 年版,第 69 页。

② 同上书,第 71 页。

取决于国内政治力量之间的博弈结果。

纯粹的自由贸易,要求一国无条件地消除并降低贸易壁垒,而不以互惠条件为前提;要求坚持通过举行多边贸易谈判的方式进行关税或非关税措施的削减,对等地向所有成员开放本国市场,以获得本国产品或服务进入其他成员市场的机会。一国的优势产业将从自由贸易中获利,并且积攒力量反过来改变国内政治格局。自由贸易的要义之一,就在于以开放倒逼改革,即通过引入强有力的竞争者,促使一国内部生产者的进化和生产率的持续提高。在完全自由贸易的条件下,没有给国内政治力量留下任何谈判的空间,这就意味着至少在经济的层面上,一国的主权无用武之地。因此,自由贸易所期望构建的,是一个世界大同的理想局面。那么,说服一国接受自由贸易的理由将近乎寥寥无几,而必待一国的政治发生一种扬弃自我的觉悟。这与其说是一种理想,不如说是一种幻想。实际上,任何一种带有超越性的建构,都会借助于诱逼机制,引导向前。

从诱导机制的角度出发,只有当自由贸易能够提供一幅建立帝国的蓝图,它才可能催发国家征服世界的雄心,并为之付出努力。在工业革命以前,生产的低效率及生产组织的松散,使得贸易不足以成为一项征服世界的工具或武器。随着工业化的深入,情况发生了巨大的转变。特别是在世界生产网络逐渐成型的过程中,通过掌控贸易权力来达到征服世界、建立新帝国的努力,愈发具有现实性。

现有的自由贸易体系,起源于1944年的布雷顿森林会议。布雷顿森林会议试图建立一个控制与协调战后世界经济的“货币—金融—贸易”三位一体的国际贸易组织。国际贸易组织被定位为一个全面处理国际贸易和经济合作事宜的国际组织，它是一个经济性的世界权威组织，亦可谓是一个世界帝国的雏形。1947 年 11 月至 1948 年 3 月召开的联合国贸易和就业会议审议并通过了《国际贸易组织宪章》，又称为《哈瓦那宪章》。但由于美国国会的反对，国际贸易组织最终夭折。美国国会的反对意见主要分为两派：一派认为《哈瓦那宪章》过于保守，其所倡导的自由贸易不够充分；另一派则担心国际贸易组织会削弱美国的主权。两种反对意见看似对立，但其实质都指向对战后新帝国的态度——一个帝国的崛起，不仅意味着对他国的征服，也将必然带来对本国原有政治格局的破坏与重塑，对于旧世界的所有国家来说，新的帝国带来的都是毁灭性的结果。如果说前者是诱使国家追求自由贸易的报酬，后者则是国家为自由贸易付出的代价。

其后，从关税及贸易总协定（General Agreement on Tariffs and Trade，GATT）到世界贸易组织（Wrold Trade Organization，WTO），都只能说是国际贸易组织的宏伟目标塌陷后，其中一个狭小碎片的延续。各主要参与国，希望通过 GATT 的不断修订，能够重塑世界贸易的新格局、新体系。GATT 的基础是互惠性贸易自由化，其作用机制是以一种完全直接和明显的方式来增加对出口商的激励，从而借出口商的帮助降低自己的贸易壁垒。[①] 显然，互惠性贸易自由化的基础是成员国之间谈判能力对等，或者说国家之间的优势产业存在互补性。而纯粹的自由

---

① ［美］贾格迪什·巴格瓦蒂著：《今日自由贸易》，海闻译，中国人民大学出版社 2004 年版，第 107 页。

贸易需要的是一个竞争性的环境,贸易作为一种进攻性的武器,被用以服务于经济强国征服世界的伟业。

国际贸易组织宪章所遵循的是霍布斯式的社会契约论来缔结新的国际政治权威,即由平等的主体达成协议,将自己的权利让渡给主权者,并赋予它至高无上的权力。为了实现这一目标,在第二次世界大战后新的国际权威形成之前,需要一个由主权国家组成的平等的"立法会议"。该会议将通过一次性授权,建立起超越国家的世界性的主权者。这个会议在政治上构成了新权威的法理和逻辑前提,它会产生某种临时性的、过渡性的规则,以便引导国家向新权威让渡主权。在国际贸易组织设立前,GATT 作为一项临时协议,扮演了这一过渡性的角色。GATT 的互惠性,正是其承认国家平等主权的必然结果,也是它为各国通过类似于社会契约的形式缔结新权威而奠定的前提与基础。GATT 的过渡性,体现在它必须以国际贸易组织这一新权威作为后盾,以便承接和消化它所集结的国家主权。然而,随着国际贸易组织的夭折,GATT 就陷入了一种尴尬的地位,它既须承认并且尊重各成员国主权,又要追求自由贸易所蕴涵的消解国家主权的目标。而 GATT 的过渡性角色定位,注定了它无法完成这一任务。这一两难的局面延续到了 WTO 中,将自由贸易的帝国图景弱化为多边贸易谈判机制,成为国家主权之间的讨价还价,使得市场机制无法越过主权界限击溃并改造国内生产者以实现世界效率的整体提升。

在互惠性的自由贸易大背景下,自由贸易的目标难以实现,其力量也就无法完全展现。国家很快会发现,单边降低自己的贸易壁垒所造成的不对等的高度开放,将难以使得一国获益。

为了追求真正完全的互惠,诸如美国之类享有贸易优势的大国会试图要求其他国家做出单方面让步,以纠正其付出的慷慨和不平衡的让步。[①] 经济学家从纯粹自由贸易理论的角度出发,指责这种行为,认为如此行为将使一国不仅会从贸易伙伴的壁垒中受损,而且会再一次从自己的贸易壁垒中受损。[②] 但对于贸易政策的制定者来看,这种理论是缺乏说服力的,因为在互惠性自由贸易的环境下,即使从长远来看不降低贸易壁垒会造成损失,但单方面无条件地降低本国的贸易壁垒也并不能获益,并且还会使得该国在贸易谈判中失去谈判筹码,缺少回旋的余地。

当互惠性自由贸易所主导的多边贸易谈判陷入僵局之时,一些国家开始采取逐个击破的方法来罗织一张具有差序格局的国际贸易网络,由此催生了21世纪以来蓬勃发展的特惠贸易协定。在通向自由贸易的道路上,与互惠贸易相比,特惠贸易是一种退步。特惠贸易协定使成员国在竞争中不是通过降低自己不经济的高生产成本,而是通过提高对那些更有效率的非成员国的贸易壁垒从而削减进口来达到成功的。[③] 特惠贸易可能同时对国家福利和世界效率都是不利的。

似乎很难理解,为什么以非歧视待遇为基本原则的GATT会在第24条中为特惠贸易协定留下突破口?自由贸易协定(Free Trade Agreement, FTA)的飞速发展,正在不断地侵蚀WTO体系的根基。经济学家试图用纳什均衡来解释特惠贸易

---

① [美]贾格迪什·巴格瓦蒂著:《今日自由贸易》,海闻译,中国人民大学出版社2004年版,第100页。

② 同上书,第105页。

③ 同上书,第112页。

协定的不断涌现,即在博弈中尽管参与者可以通过合作获得更大利益,但他们却以非合作的方式各自追求个人利益。[①] 看上去互惠贸易与特惠贸易背道而驰,实际上两者之间只有一步之遥。特惠贸易只不过是从进退两难的互惠贸易体系的基础上往更接近国家主权的位置退了一步而已。如果说互惠贸易协议试图打造的是一套具有权威性的贸易机制,特惠贸易协议则是国家之间一组的贸易条件而已。在特惠贸易协议中,国家主权的表达更加清晰和完整。正如巴格瓦蒂的观察,如今的很多双边自由贸易协定之间并没有多少共同之处:每一个都反映了签订国家具体的政治与经济状况。[②] 在特惠贸易协定所缔结的自由贸易区里,自由贸易的帝国图景被削弱了,它成为签约国国家主权在贸易领域的广泛投射。所以,我们看到在如同“面条碗”一般的 FTA 网络中,处于轴心国地位的往往是一些小国甚至于第三世界国家,如新加坡、墨西哥、智利等。

据统计,从 1948 年到 1994 年 46 年间,GATT 接受的与货物贸易有关的贸易协定通报数目为 124 个,到 2005 年已经有 330 个区域贸易协定通报 GATT/WTO。[③] 在 1982 年前,美国一直坚持多边贸易的立场,但在当年 11 月的关税与贸易总协定部长级会议上,由于欧洲拒绝开始新一轮降低贸易壁垒的谈判,致使美国国会保守主义力量迫使美国政府接受特惠贸易模式,其

① [美]贾格迪什·巴格瓦蒂著:《今日自由贸易》,海闻译,中国人民大学出版社 2004 年版,第 119 页。

② 同上书,第 121 页。

③ 孙玉红著:《论全球 FTA 网络化》,中国社会科学出版社 2008 年版,第 1 页。

结果是美国与加拿大签订了后来扩展为北美自由贸易区的北美自由贸易协定（North American Free Trade Agreement, NAFTA）。

9.2　区域经济一体化

自由贸易区，是指两个以上的国家或地区，通过签订自由贸易协定，以相互取消货物贸易的关税和非关税壁垒为核心，并就市场准入、跨境投资、资本与人员流动等生产要素自由流动等事项形成持续的合作发展关系。但通常来说，经济学家并不认为自由贸易区中所行的就是自由贸易。因为在双边贸易条件下，当成员国相互取消关税时，也就增加了对非成员国贸易的阻碍，使非成员国在贸易区市场上相对于成员国来说处于不利地位，这就相当于针对非成员国采取了保护主义措施。[①]

经济学上用于描述和分析自由贸易区的理论，主要是采取的维纳关于关税同盟的理论。维纳用贸易创造和贸易转移来这一对概念来分析区域自由贸易所产生的效果。所谓贸易创造，是指在自由贸易区内部实行自由贸易后，国内成本高的产品为伙伴国成本低的产品所代替，原来由本国生产的，现在从伙伴国进口，新的贸易得到创造。所谓贸易转移，是指由于自由贸易区内部实行自由贸易，导致先前的贸易伙伴关系发生改变，即一国把与自贸区外低成本的某个国家的相互贸易转变为与同盟内高成本成员国间的相互贸易。

根据维纳关税同盟理论中的次优理论，如果关税同盟产生

---

① ［美］贾格迪什·巴格瓦蒂著：《今日自由贸易》，海闻译，中国人民大学出版社 2004 年版，第 109 页。

的贸易创造效应大于贸易转移效应,则关税同盟的建立会导致成员国福利的增加。关税同盟的经济区域越大,成员越多,贸易创造超过贸易转移的量就越大。关税同盟的统一对外关税与各成员体此前的平均关税水平相比越低,贸易创造越大。成员体之间以前的贸易壁垒较高,一体化的建立将会带来更多的贸易创造。成员国与潜在伙伴之间的贸易和经济交往越多,一体化的成立所带来的贸易创造越大。成员体经济竞争性越大、互补性越少,形成贸易创造额机会就越大。①

实际上,贸易创造是实现了自贸区内总体生产效率的提升,而贸易转移则通过阻止区外高效生产者的介入而间接地造成了自贸区总体生产率下降的结果。显然,经济学家将总体生产率水平的变动与国家福利联系在一起。其基本原理是认为,如果建立自由贸易区能产生竞争效应,则将使成员方企业之间的竞争加强,提高生产专业化的程度,进而提高生产效率。自由贸易区的建立将会扩大自由市场规模,产生规模经济效应。② 但从现有的自由贸易区缔约情况来看,大量的 FTA 系在发达国家与发展中国家或者大国与小国之间签订,真正具有对等竞争力的国家之间签订的 FTA 相对较少。这种情况与经济学家所描述的自由贸易区的主要功能似乎正好背道而驰。

自由贸易区的经济理论,从本质上是与多边贸易体系所依赖的自由贸易理论相一致的,都是讲自由市场理论拓展到国际贸易领域,其核心在于竞争和生产率的提升。在这一理论框架

---

① 孙玉红著:《论全球 FTA 网络化》,中国社会科学出版社 2008 年版,第 5 页。

② 同上书,第 45 页。

下，是不支持发展中国家参与经济一体化的，因为发展中国家并未建立其完全市场经济体系，它们无力参与发达国家之间的竞争。由于发达国家已经完成了工业化的积累阶段，其产业结构能够跟随国际贸易的发展而适时地做出反应。但对于后发国家来说，由于工业化程度不够，它们还主要是以农产品和资源类产品的提供者的身份参加国际贸易，处于垂直的国际分工中，缺乏横向竞争的能力。如果过早地参与工业化生产的国际分工体系，可能会造成这些发展中国家的经济结构的单一性和出口生产的被动专业化，使其实际上成为专门为发达国家提供食品和原料的机器。①

自由贸易区的实践，与其经济理论有着巨大的差距。特别是进入21世纪后，发展中国家不仅积极参与自由贸易区谈判，它们还主动编织自己的FTA网络体系，使自由贸易的图景发生了巨大的改变，日益变得更加错综复杂，更加难以驾驭。

实际上，发展中国家试图通过自由贸易区来实现其工业化的目标。那么，由于各国工业化的阶段与程度不同，就造成了各自由贸易协定具有极强的个性，相互之间缺乏共通性与体系性。这就产生了自由贸易区的一个特殊问题——贸易偏转。所谓贸易偏转是指由于自由贸易区各成员国自行决定其关税税率，造成各成员国的关税水平各不相同，区外生产厂商可以利用各成员国之间的关税水平的高低差异，从关税税率最低的成员国进口商品，转而在其他成员国出售。为了防止贸易偏转，自由贸易

---

① 孙玉红著：《论全球FTA网络化》，中国社会科学出版社2008年版，第52页。

区发展出了复杂的原产地规则,以便各国维持其对贸易政策的控制力和有效性。而原产地规则所带来的程序上的要求,如认证和制单等,构成了自由贸易区的制度成本。

尽管自由贸易区实践与传统的自由贸易理论有诸多扞格,但对于发展中国家来说,积极编织自由贸易区网络仍旧是有利可图的。面对经济全球化和区域化的趋势,加入一体化组织,能够让发展中国家获得一种“一体化身份”,而其代价却是可控的,因为特惠协议使得任何一国做出的让步都是有限的。同时,自由贸易区的形成降低了区内企业的生产成本,人为地造成价格上的竞争优势,从而为成员国吸引境外投资带来了更大的新引力,产生投资创造效应。一国加入贸易集团的举动,也是为了给外国投资者一个信号,即该国政府表明自己是一个倾向于自由贸易政策的政府。[1] 而签署自由贸易协议通常也被看作发展中国家对开展持续的改革开放的外部承诺。

另外,发展中国家之间的区域经济一体化,不仅可以通过成员国之间的相互合作和开放市场来解决各国国内市场狭小的问题,满足其工业化的需求;同时,区域经济一体化还可以提升发展中国家的国际谈判能力。从多边贸易体制最近的谈判来看,美国、欧盟、日本和发展中国家已构成了四个主要的谈判方。[2] 发展中国家在国际贸易谈判中所获得的地位与力量的急剧提升,不得不说与近20年来全球范围内自由贸易区的遍地开花的局面有着密切的关系。

---

① 孙玉红著:《论全球FTA网络化》,中国社会科学出版社2008年版,第67页。

② 同上书,第71页。

对于大国来说，参与区域经济一体化在经济方面的收益并不大，所以在较早的时期，它们对自由贸易区的态度并不十分积极。但当多边贸易谈判陷入僵局时，自由贸易区的迅速发展超出了人们的预想，大国的态度发生了变化。一般的研究者认为，区域经济一体化能够带给大国来自传统经济收益之外的非经济收益，包括贸易报复能力及更强的国际谈判能力。[①] 实际情况是，大国的谈判成本更高，因为它无法通过多边体系"一揽子"地解决问题，而不得不陷入错综复杂的 FTA 网络中去与众多地小国打交道。近年来 FTA 呈现出网络化的发展趋势，形成了某种类似于轮轴和条幅的格局。但这些都是很表象的东西，FTA 网络的最大特点是无序生长，这足以阻碍它发展成为一个体系。这使 FTA 网络成为小国在国际政治、经济领域展开"游击战"的丛林，让大国的"机械化军团"在其中没有回旋的余地。大国的谈判能力在 FTA 网络中没有用武之地，因为就大国的经济体量来说，在任何一项自由贸易区谈判中其所取得的优势都是微不足道的，甚至与其付出的谈判成本不成比例。从总体上看，大国参与的自由贸易区谈判，至多只能是一种战略布局。通过与那些在区域政治上具有重要地位的小国订立 FTA，以经济上的让步换取对方在政策上的战略协同，并逐渐向该地区灌注新的游戏规则，便于未来建立新的区域经济体系。在大国与小国所缔结的自由贸易区中，关税与非关税比例的减让更多的是让小国表现出改革的决心和态度，以及预埋贸易制裁的条件，其重心主

---

① 孙玉红著：《论全球 FTA 网络化》，中国社会科学出版社 2008 年版，第 64 页。

要体现为要求小国的国内政治经济体制、法规、政策向大国靠拢。也就是说,在大国与小国的 FTA 中,小国所获得的收益从某种意义上说是要以放弃一定范围的主权为代价。[①]

全球化的生产网络正在逐步形成,这是正在发生的事实与未来的发展趋势。与此同时,与这一局面相衬的统一的国际贸易规则体系却尚未建立,即全球化经济时代的新世界格局还在孕育阶段。一些地区已经出现了区域贸易集团,并组建了相关组织机构。但总体上来说,现有的区域贸易集团所提供的仅仅是一种协商机制,而没有形成新的区域性权威。对于大国来说,它们更倾向于推进一份向多边贸易体制那样的贸易协议,对成员国产生足够的约束力,以增强大国的影响力。但在小国看来,其对区域贸易集团更多地抱有一种各取所需的态度。所以,它们热衷于建立自己的 FTA 网络,以便获得更多的选择权和主动性,并获取区域合作的外溢效应。

自 20 世纪 90 年代开始,欧洲统一市场、北美自由贸易区和亚太经合组织构成了当今世界的三大贸易区域。西欧国家的区域安排,实现了贸易创造的效果,并最后达到政治一体化。[②] 北美自由贸易区是由美国主导的自由贸易区,美国的经济运行在区域内占据主导和支配地位。而亚太经合组织则只是一个论坛性质的平台,其运作是通过非约束性的承诺与成员的自愿,强调开放对话及平等尊重各成员意见,距一体化的程度相距甚远。不仅如此,亚太经合组织甚至有意识地维持其开放性的特点,提

---

① 孙玉红著:《论全球 FTA 网络化》,中国社会科学出版社 2008 年版,第 65 页。

② 同上书,第 99 页。

出“开放的多边贸易体制”概念，力图避免该组织发展成为一个贸易集团。亚太经合组织的开放性，可以防止某些大国在该区域奖励单极化的权威体制。21 世纪以来，双边自由贸易协定在东亚地区蓬勃发展并充分酝酿，跟该地区的这种开放性和缺乏权威体制，有着密切的关系。但在经济全球化的大趋势下，如何缔结一种更紧密的合作关系以应对生产网络急剧发展的事实，是亚太经合组织面临的严峻课题。

9.3　新问题与新要求

据统计，在 1998 年东亚金融危机时，亚太地区仅有几个区域贸易协定，而到 2004 年年底，这一数目已经达到 66 个。[①] 但 FTA 的数量在经历了一次爆发性的增长过后，是否会持续的增长？有观点认为，FTA 的发展也存在规模边界，即当新的 FTA 的成本超过其收益时，FTA 激增的局面将会停止。实际上，与关注 FTA 在数量上的发展趋势相比，我们更应该关注其内容的变化。21 世纪以来，FTA 的内容发生了一些变化，赋予了它更加重要的意义。

多边贸易谈判陷入停滞状态，除了因为在传统的关税和非关税壁垒上不能形成一致意见以外，还因为在历次谈判中逐渐加入的一些新型谈判项目，如人力资源开发、科技发展、中小企业、竞争策略、政府采购等。这些新项目，一般地被称为“超 WTO 义务”或“WTO plus”。

WTO plus 所涉及的问题，已经远远超出了关于关税和非关

---

① 孙玉红著：《论全球 FTA 网络化》，中国社会科学出版社 2008 年版，第 112 页。

税壁垒的传统问题,而是开始在探讨一个关于全球化的更广泛话题,即生产活动如何能够更有效地在全球范围内进行组织。如果说传统的取消和削减关税与贸易壁垒的要求只是要求国家从消极的方面配合自由贸易的开展,WTO plus 则旨在激发各国内部组织的活力,以便更积极地支持自由贸易体制的生长。WTO plus 要求一国采取更加开放的姿态,是一体化要求对国家主权的深入渗透。

在一些新型的 FTA 中,WTO plus 条款已经被包含其中。欧盟与美国都认为应该集中关注经济增长的新领域,并积极地在自由贸易协定中推进知识产权、服务业、投资、公共采购和竞争政策等方面的谈判。因此,FTA 不仅仅是 GATT/WTO 通过例外条款所容许的通往贸易自由化的替代途径,它还可以成为超越 WTO 体系的突破口。

以美国为例,美国已经签订的 FTA 中真正能给美国带来贸易净顺差的寥寥无几,故美国积极参与签署 FTA 的主要驱动力主要是非传统收益或者说是对政治、安全和战略因素的考虑。①通过缔结 FTA,美国同意对来自小国的进口货物降低关税,同时给予小国相对宽松的时间表。除此之外,作为互惠的条件,小国还被要求实施一系列与国内政策有关的改革措施,很多涉及其公共产品的领域。这些改革措施涉及劳工标准、知识产权保护以及环境问题和投资问题等。这些项目在多边贸易谈判中很难被接受,但在特惠贸易中却比较容易达成协议。通过这种零

---

① 孙玉红著:《论全球 FTA 网络化》,中国社会科学出版社 2008 年版,第 144 页。

敲碎打的方式,这些“高标准”的条款被逐步地引入到国际贸易实践中,为越来越多的国家所接受,从侧面刺激多边自由化的进程。美国将这种积累扩大方式推进的自由贸易,称为竞争性自由化的路径。其基本的思路仍旧是相信自由贸易会加速社会进化的步伐,从而加速社会革命的来临。[①] 在美国新近与新加坡、韩国等发达经济体签订的 FTA 中,这种高标准已经有比较清晰的体现。实际上,美新、美韩 FTA 也被视作美国推行的新一代 FTA 的模板。其中蕴涵了美国对其意欲构建的新区域贸易集团的基本构架与制度设想,并试图在时机成熟时将其拓展到区域性的多边贸易协定中,如基于亚太经合组织的亚太自由贸易区(Free Trade Area of the Asia-Pacific, FTAAP)或跨太平洋伙伴关系协议(Trans-Pacific Partnership Agreement, TPP)。

从 WTO plus 的发展来看,自由贸易已经不再仅仅与贸易相关,而是指向一项更加宏大的世界图景——构建一体化的国际社会。对于发达国家来说,谁能够参与这个新国际社会的建立,并且在其中掌握主导权,谁就将赢得未来。在这方面,日本的实践比较典型。日本所签署的自由贸易协议包含了广泛协作内容,不仅限于贸易领域。这些协议被恰如其分地称为《经济伙伴协定》(Economic Partenership Agreement, EPA),其旨在通过消除关税、国内规定以及其他进出口限制,使各经济体之间的关系更加和谐,同时为区内自然人、商品和资本的自由流动创造便利;最终目的是建立制造业的供应网络,并使双向投资活动重

---

① [美]约瑟夫·熊彼特著:《资本主义、社会主义与民主》,吴良健译,商务印书馆 2011 年版,第 458 页。

新活跃起来。[①] FTA 仍然以国家边界为前提,EPA 的构想则试图抛弃并且消解这一前提。

另一方面,对于小国来说,FTA 所带来的效益也面临着重新的检视。特别是那些在地缘上缺乏紧密联系的国家之间所建立的 FTA,其意义可能被夸大了。以墨西哥为例,该国积极地编织了一套 FTA 网络,塑造了其轴心国的地位。但除了北美自由贸易协定外,墨西哥与世界其他地区签署的自由贸易协定在推动出口方面收效甚微,甚至进口激增所造成的贸易不平衡状况造成了墨西哥生产能力的下降,以至于墨西哥工商团体曾向福克斯总统提出该国的生产能力已经无法消化双边自由贸易协定提供的出口机会。[②]

9.4 以企业为主的自由贸易

一般公司理论将营利性看作企业的本质特征,然而根据科斯的理论,构成企业的更为核心的因素是成本。正是由于交易成本的存在,才使得生产要素聚集在企业中完成生产。同样,由于企业内部成本的递增,决定了以所有权界定的企业边界是有限的。由此可见,企业无时无刻不在关注成本,并在很大程度上参考成本的变化来调整自己的生产活动。只要在成本计算上是有利可图的,企业实体形态和活动范围会有相当大的灵活性。对于跨国企业来说,国家只是一个成本中心[③]。

---

① 孙玉红著:《论全球 FTA 网络化》,中国社会科学出版社 2008 年版,第 216 页。

② 同上书,第 193 页。

③ Peter F. Drucker, *Management Challenges for the 21st Century*, Harper Collins Publishers, 2002, p. 5.

当一家企业计划到国外开展业务时，除了支付原有生产要素的成本以外，它还必须考虑三方面的额外成本：建设成本、运输通信成本、关税支出。[①] 自由贸易的推行，削减了关税和贸易壁垒，也就相应地降低了生产活动在不同地区的成本结构，由此可能引导企业调整生产策略。随着全球化生产网络日益发展的时代，一家对成本足够敏感的企业，无疑会在全球范围内考虑其生产布局。这不仅仅是说，企业通过拓展海外市场来解决其产品的出路问题，更重要的是它将在全球范围内组织其生产活动。

当一家企业将其某些业务转移到国外时，它必须要确保对这些业务拥有持续的控制力。在外国具有足够安全稳定的所有权制度的前提下，这家企业可以考虑通过设立离岸公司的方式对这些业务继续拥有所有权。但在一些情况下，维持所有权是需要成本的。除了传统的公司规模扩大所造成的管理成本的上升，还有一国对市场准入的成本，如在外商投资产业限制条件下，企业为了规避相关政策，可能会采取一些迂回曲折的路径达成目的，这些动作会带来更多的成本和风险。

除了离岸的方式以外，企业更可能会采取外包的方式组织生产。通过订立契约的方式，企业将其一部分业务外包给海外公司，但对其没有进行任何形式的对外直接投资。例如，美国美泰玩具将芭比娃娃的生产活动安排在了几个不同的国家进行，并要求这些海外公司所购买的投入品（如芭比娃娃的头发、衣

---

① ［美］罗伯特·C.芬斯特拉、［英］艾伦·M.泰勒著：《国际贸易》，张友仁等译，中国人民大学出版社2011年版，第223页。

服等)必须是最经济的。[①] 外包生产增大了美泰公司的业务量,使其能够利用规模经济降低成本。但从所有权的角度来看,美泰公司的规模并没有扩大。它通过质量标准、成本比较来控制提供生产服务的海外公司,这样的方式与直接投资离岸公司的管理成本相比要小得多。当然,这里面存在类似于"敲竹杠"的风险,可能构成交易成本。如何管理这些市场风险和交易成本,显然是现代跨国企业的必修课。

在区域贸易一体化的背景下,企业将根据区域内成员国的不同优势对生产过程进行整合,形成少数的大工厂,充分利用经济规模和降低成本的可能性。[②] 特别是在一些技术密集型的行业,规模经济的收益相对于运输成本更为重要,更能突出这种生产在区位分布上的集中趋势。在规模经济存在的条件下,区域经济一体化会产生两个重要效应:生产从区外转移到区内,以及所有的生产集中在区内更有效率的国家内生产。[③] 这种效应是由企业对生产成本做出的反应,而非国家的意志所决定。对于国家来说,它所要思考的是其在这个国际化的产业链条中所处的地位,并且尝试通过贸易政策的调整去参与国际博弈,去实现并完成自己的定位。从企业的角度来看,工资成本的节约是决定将哪些活动转移到国外和哪些活动保留在母国的最为关键的

---

① [美]罗伯特·C.芬斯特拉、[英]艾伦·M.泰勒著:《国际贸易》,张友仁等译,中国人民大学出版社2011年版,第220页。

② 孙玉红著:《论全球FTA网络化》,中国社会科学出版社2008年版,第291页。

③ 同上书,第292页。

因素。[1] 因此一个高工资国家与一个低工资国家建立自由贸易区将是一个最理想的贸易政策，因为价值链上对熟练工人使用量相对较小的生产环节可以从高工资国家转移低工资国家。两国通过分工合作，各自专门从事不同生产环节上的活动，并使得两国企业都能生产出更多的最终产品，提升生产率。

从静态的方面来看，国际产业链条的布局在很大程度上也反映了国际政治的格局。一条产业链就如同一条国际政治的生态链，以工业化程度替代"进化"标准，决定一国在该生态链上的地位和势力优劣对比关系。从动态的方面来看，任何一个国家都有可能通过战略规划不断地提升自己的工业化程度，以实现在国际政治生态链上的进化，并改变自身的地位及推动相对势力的此消彼长。由此，我们看到，当一国当局采取了某种积极的产业政策时，除了降低关税壁垒，其甚至会采取外商补贴的方式，吸引企业聚集到该国，以期通过该产业的振兴，拉动其工业化进程的发展。从静态的视角来看，自由贸易是互补性的，那些尚未完成工业化国家的偶然劣势可能会变成永远的劣势，同时那些已经充分工业化的国家将居于不败之地的永远获益。[2] 但从动态的视角来看，在创造性毁灭的过程中，生产率不断提升的要求将会摧毁一切的既有格局，后发优势是可能的。战后亚洲国家的相续崛起，包括日本和四小龙的经济奇迹都是跳过漫长的技术研发阶段而专注于生产体系建设的结果。对于任何一个

---

① ［美］罗伯特·C. 芬斯特拉、［英］艾伦·M. 泰勒：《国际贸易》，张友仁等译，中国人民大学出版社 2011 年版，第 224 页。

② ［美］彼得·德鲁克著：《工业人的未来》，余向华、张珺译译，机械工业出版社 2009 年版，第 43 页。

国家和企业来说,优劣之辨都蕴涵在对世界生产网络未来发展的判断之上。故一些经济学家将区域一体化看作发展中国家分享生产全球化增长效益的一种手段。①

另外,在公司所有权与经营权相分离的大趋势下,跨境投资将会更多地运用金融工具来实现。当一家企业具备全球经营的视野和能力时,它会时刻跟踪全球主要金融市场的实时动态,并通过持续的交易行为实现其财富的增值。这种投资行为是一种资本运作的需求,完全从成本与收益的角度来进行计算。其与传统的 FDI 重在企业产业布局上的投资模式不同,资本运作追求的是在保持资本流动性的前提下实现收益的最大化。

如何实现资本的自由流动,是自由贸易所欲解决的课题之一。正如在第二章中已经讨论过的,金融资产实际上由一系列合同权利所构成,对法律制度的依赖性比较强。因此,即使一国对外放开其资本市场,各国法律制度和执法环境的差异,将成为资本跨境自由流动的成本、风险甚至障碍。当自由贸易谈判触及到金融领域时,必然会提出统一法律制度和执法规则的要求。而与关税和贸易壁垒相比,立法权是一国主权之更加核心的内容,故其谈判的难度也将更大。在新近签署的自由贸易协定中,特别是在那些涉及 WTO plus 的条款,更多的是在强调各国的制度协同,而非单纯地强调自由市场的竞争性。

基于同样的道理,当企业在境外进行扩展时,设立外商投资企业和公司并购并不一定是唯一或最佳的方案。在管理层掌握

① 孙玉红著:《论全球 FTA 网络化》,中国社会科学出版社 2008 年版,第 305 页。

经营权的情况下,对投资方来说获取所有权的收益并不大。很多时候,投资方会发现,保持被收购公司的独立性反而会更加有利。在生产呈现网络化发展的大背景下,企业必须通盘考虑整个产业链条。它要成为产业领导者,就必须成为这个产业的标准制定者,而不是也不可能通过所有权来实现控制力和影响力。对于那些巨型跨国公司来说,其企业帝国很可能建立在一个虚拟的权力网络中。但它不可能仅仅通过协议来缔结自己的权力网络。协议是平等主体之间的合意,而在一个生产网络中,双方的意思表示往往并不处于对等的地位,更多反映的是强势一方的意志。这极大地不同于市场交易所需要的自由契约理论,也不同于传统的自由贸易理论。

第四章 亚太地区的两种经济一体化模式

作为第二次世界大战以后的三大区域经济之一,亚太地区的一体化程度与欧盟和北美自由贸易区相比,更加松散。长期以来,在亚太经济合作组织的宗旨倡导下,本地区的区域经济合作奉行一种开放的模式,避免发展成为区域贸易集团。但这种格局正在持续地发生着变化,向着更加紧密联系的方向推进。

从现阶段来看,亚太地区的经济一体化进程的发展,有两种模式在相互竞争博弈:10 + X 模式与 FTAAP 模式。

10. 区域全面经济伙伴关系

10 + X 模式中的"10"是指东盟老六国加新四国组成的东盟十国集团,它们是 10 + X 模式的核心。以东盟为轴心,通过一系列的 FTA 协议,构造了一张错综复杂而又富有弹性的关系网,将中国、日本、韩国、澳大利亚、新西兰、印度等六国纳入一场充满合纵连横博弈的谈判中来。根据不同的谈判策略,10 + X 模式又可以被分为 10 + 1、10 + 3 和 10 + 6 三种代表类型。

10 + 1 是一种逐个击破的策略,从 2001 年起,由东盟分别与上述六国签订了五项 FTA 协议(其中澳大利亚和新西兰共同与东盟签署了一项 FTA)。10 + 3 模式源自马来西亚总理马哈蒂尔提出的“东亚经济共同体”的构想，旨在以东盟与中日韩三国为核心，共同建设东亚自由贸易区（EAFTA）。10+6模式看上去是10+3模式的变种，源自日本的建议将10+3扩大到吸纳澳大利亚、新西兰和印度。这一扩容，使得10+6突破了东亚的范畴，形成了所谓的“东亚紧密伙伴关系”（Closer Economic Partnership in East Asia, CEPEA）。2011年，东盟主导的10+6方案出炉，即“区域全面经济伙伴关系框架”（Regional Comprehensive Economic Partnership, RCEP），以替代EAFTA和CEPEA。

RCEP首轮谈判已于2013年5月在文莱展开，现被定位为一项“全面、高质量、互惠的区域自由贸易协定”。RCEP的目标比较广泛，除了涵盖传统的货物贸易、服务贸易和投资领域外，还将涉及知识产权保护、竞争政策、经济技术合作、争议解决等多个领域。

RCEP是以现有的五个10+1FTA协议为基础，力求进行整合和深化的努力，打造区域供应链，并且使成员国能更便利地加入并应用全球生产网络。更重要的是，RCEP和10+1FTA是共存的，即RCEP不会替代原有的FTA。

根据RCEP发布的指导原则（*Guiding Principles and Objectives for Negotiating the Regional Comprehensive Economic Partnership*），RECP将致力于在下述一些领域达成协议、建立规则：

（1）货物贸易。其重点仍然是循序渐进地削减关税和非关税壁垒，最终实现高水平的关税自由化。当然，这一目标的实现时间表，应与区域经济一体化的发展进程保持步调一致。

(2)服务贸易。其重点是削减准入限制和歧视性标准,以实现各成员国在 GATS 和 10 +1 协议中的自由化承诺。

(3)投资。其重点是在本区域建立自由、便捷、竞争的投资环境,涉及投资促进、保护、便捷和自由化四个领域。

(4)竞争。在充分承认各国制度差异性的基础上,通过促进竞争,以达到提高经济效率、保护消费者权益和减少反竞争实践的目标。

(5)争议解决。致力于创设一套有效力且有效率、程序透明的协商和争议解决机制。

上述项目,基本上是在原多边贸易体系的框架下,追求更符合区域经济一体化需求的自由贸易模式。RECP 成员国以新兴工业国家为主,其中发展中国家和不发达国家居多。因此,在多边贸易体系关涉的贸易和投资的"传统项目"外,RECP 的地区特色主要体现在其对于经济与技术合作的领域。

RECP 指导原则将"经济与技术合作"列在第四项,紧随货物贸易、服务贸易和投资三大项之后,足见其重要性。经济与技术合作的目标在于缩小成员国之间的发展差距,以实现共同利益的最大化。

经济与技术合作并非 RECP 所创设。在 10 +1 体系中已经存在相关的经济合作协议,RECP 所做的是巩固并且深化这类合作,将其拓展到更广泛的领域中去,如电子商务等。以《中国—东盟全面经济合作框架协议》为例,在货物贸易、服务贸易和投资条款之外,在第二部分第 7 条规定了"其他经济合作领域",包括五个优先加强合作领域:农业、信息及通讯技术、人力资源开发、投资、湄公河盆地的开发;以及扩展领域,包括但不限于银行、金融、旅游、工业合作、交通、电信、知识产权、中小企业、环境、生物技术、渔业、林业及林产品、矿业、能源及次区域开发等。

关键的问题在于什么是“合作”？根据《中国—东盟全面经济合作框架协议》第 7 条的规定，所谓合作是指：(1)推动和便利货物贸易、服务贸易及投资；(2)提高中小企业竞争力；(3)促进电子商务；(4)能力建设；(5)技术转让。除第(1)项外，其他合作项目与传统的自由贸易并无直接关系。各缔约方同意实施能力建设计划以及实行技术援助，特别是针对东盟新成员国，以调整它们的经济结构，扩大它们与中国的贸易与投资。这是通过合作，有计划地塑造新的区域经济格局。它要求各成员国政府协调一致，引导、调配资源，以推进预设的计划，达到合作目标。这是一个计划的过程，与传统自由贸易所尊崇的自由市场经济体制有着本质的区别，由此也构成 RECP 的最大特色。

在 10 +1 的框架下，中国与东盟有序地开展了一系列合作计划。其中，最值得我们关注的是中国—东盟科技伙伴计划。该计划由中国在 2011 年 11 月 19 日第十四次中国—东盟领导人会议暨中国—东盟建立对话关系 20 周年纪念峰会上提出倡议，并于 2012 年 9 月 22 日正式启动。该科技伙伴计划将紧密结合东盟及其各成员国国家科技发展规划与重点，重点合作领域既包括国家科技发展战略、重大科技计划的制订和管理、重点产业科技发展规划、科技园及孵化器建设方案、支持与鼓励创新创业与产学研合作、科技统计与科技评估等科技政策与创新管理方面的内容，也包括农业、食品、生命科学与健康、减灾防灾、水资源、环境与能源等与社会民生息息相关的内容，还包括装备制造、材料、信息技术、空间技术与应用等高新技术重点领域。在9月22日,科技伙伴计划启动当日,该计划首个项目“建设遥感卫星数据共享与服务平台”亦正式启动。该项目的目标是依托中国的遥感卫星数据资源,建立遥感卫星数据共享服务平台,实现中国遥感卫星数据在东盟国家的共享应用,使东盟各国可以将中国的遥感卫星数据,应用在东盟国家的农业估产、环境监测、灾害防治、城市管理等方面,推动经济和社会的发展。

正如我们已经在第二章中所提到的,新型伙伴关系的出现是工业化发展到一定程度以后的必然结果。传统的以所有权关系缔结的企业结构将让位于某种混合形式的伙伴关系,综合计划与市场的优势,既强调宏观战略的指导,又充分发挥市场机制的调配作用。这种新型伙伴关系,将单个的企业整合成为一条完整的产业链,以完成对长周期项目的持续投入并组织复杂产品的研发和生产活动。“建设遥感卫星数据共享与服务平台”项目就是一个典型的例子,这是一个庞大的系统工程,其所提供的卫星数据产品对诸多传统行业可能带来革命性的影响。但任何一家企业都无法独自承担产品的开发成本,也没有能力跨境协调多国相关单位组织生产。于是,国家扮演了产业链规划与整合者的角色,通过科技伙伴计划安排国际分工,将数据中心、数据接收站与数据应用终端整合起来,最终提供数据产品。为了完成最终的产品,需要各国企业、研究机构、政府部门的通力合作,其中涉及大量的工业品和服务贸易以及跨境投资。因此,传统的自由贸易将发挥基础性的作用。而在科技伙伴计划启动之前,2004年11月中国与东盟签订的《货物贸易协议》、2007年1月签订的《服务贸易协议》、2009年8月签订的《投资协议》,

已经为“全面经济合作”中“其他经济领域”的合作奠定了基础。

建立在10+1体系基础上的RECP将如何看待自由贸易？很显然，它将延续“全面合作”的概念，成员国之间优势互补、提携互进，强调互利共荣，而不是单纯地通过市场调配来确定国际分工。东亚区域内各国在自然资源、资金、劳动力等基本生产要素上的互补性非常突出，区域内贸易极其活跃。东亚区域内已形成一个成熟的国际生产网络，从而使东亚地区产品能充分利用区内各国的比较优势，生产成本大大降低，具有明显的国际竞争力。[①] 在区域一体化的普遍愿望支持下，对于竞争性的诉求主要是加强成员国在世界范围内的竞争力，而不是一味地增强成员国之间的市场竞争。由此，在RECP的框架下，自由贸易虽然具有基础性的作用，但它只是作为一项有力的工具或手段被运用，并不构成根本机制。因此，在RECP框架下，自由贸易不是一套能够自动运转的体系，也难以如传统自由贸易理论所期待的那样对国内政治体制改革起到决定性的推动作用。尤其是对于发展中国家来说，自由贸易是一把“双刃剑”，使用时必须小心谨慎，以防止它发生“链式反应”，使发展中国家在一败涂地后长期陷入国际分工中的劣势地位不能自拔。

在这种情况下，RECP需要的其实是一个经过“扬弃”的，或者说是“阉割版”自由贸易体系，它被期望既发挥市场机制的优势，又维持一国政府对政治和经济发展进程的控制力。政府的保守立场和对经济权力的集中控制，被认为是一种政治优势。

---

① 孙玉红著：《论全球FTA网络化》，中国社会科学出版社2008年版，第242页。

这种政治优势体现为能够集中力量办大事,而不完全受制于市场调配。这在科技领域是尤其重要的,如我们在前文所提到的,企业通过垄断来为持续的技术改进融资。对于科技落后的发展中国家来说,其企业缺乏国际竞争力,为了打破靠资源供给参与国际分工的单一模式,一国需要持续推进工业化进程,通过行政手段为技术改进融资,是必行之路。

综上所述,RECP 的特色可以用一个词来概括——共荣(mutually beneficial economic partnership)。所谓共荣,实际上指的是一个相对平衡的区域政治经济格局:国家之间经济发展差距缩小、拥有相对平等的话语权和相互平衡的竞争优势、产业链条均衡分布等。如中国的区域合作政策不唯经济利益为重,而是综合考虑国家的利益。[①] 但这种理想格局必然意味着 RECP 框架下的组织结构是松散的,它不会也不期望发展成为一个区域性的小 WTO。对于未来的图景仿佛只是在安于现状的基础上附加了人人都不会反对的、空洞的美好期望。为了消除 RECP 体系的这种内生的惰性,只能依靠外来的压力,如美国近期试图在亚太地区推行的 TPP 体系的竞争。

11. 跨太平洋伙伴关系

跨太平洋伙伴关系协议(Trans-Pacific Partnership Agreement,TPP)与建立 FTAAP 的构想一脉相承,旨在于亚太区域内建立

---

① 孙玉红著:《论全球 FTA 网络化》,中国社会科学出版社 2008 年版,第 243 页。

小型世界贸易组织组织。TPP 谈判由美国主导,十二国参与谈判:文莱、智利、新西兰、新加坡、美国、马来西亚、越南、秘鲁、澳大利亚、墨西哥、加拿大、日本。

TPP 被认为是美国全面介入东亚区域一体化进程,确保其地缘政治、经济和安全利益的举措。美国将 TPP 的目标定位为一个全面的、高标准的区域自由贸易协议,其将消除或削减贸易壁垒并增加美国的贸易和投资机会,并由美国主导在诸多贸易相关领域,如规则的一致性、供应链管理、国有企业、中小企业等方面建立新的规则。

TPP 由 30 个章节组成,涉及货物市场准入、服务贸易、投资、知识产权、政府采购、原产地规则、竞争、劳工和环境标准等领域。大多数条款的谈判标准高于 WTO 的目标。诸如国有企业、规则一致性、供应链竞争等方面,则已经超出了 WTO 的范围,而在美国新近签署的一些 FTA 中也有所体现。这些都体现了 TPP"全面"和"高标准"的特点。TPP 不仅是美国为 21 世纪的亚太自由贸易量身定做的建筑蓝图,还被进一步拔高为 WTO 未来发展的参考模板。

在市场准入方面,TPP 各成员国的关注点不尽相同。诸如越南等发展中国家更关注劳动密集型产品的准入条件,如纺织品、服装和鞋类产品等。它们希望能够通过 TPP 获得准入优势,提升对区外同类产品生产国的竞争力。而发达国家,特别是美国,则把谈判的重心放在服务贸易上,包括法律服务、私人教育服务、电信服务、快递服务和电子商务等。持续的技术改进是工业革命的发动机,具有技术优势的国家通过服务贸易和生产外包,可以在更大的范围内完成其产业布局。为了完成这些规模庞大的产业链,并使它们有效地运转起来,发达国家亟须将自由市场机制拓展到世界范围之类,通过充分地竞争压低制造环节的成本,同时也就实现了利润的全球分配。在这一过程中,任何国家的产业保护政策,都如同在国家之间筑起一道水坝,将利润截留在其境内,由此也就意味着竞争的不充分和制造成本的上升。

因此,TPP 所要构建的自由贸易体系是一个充分的自由市场机制。从其最终目的来说,它不考虑任何国家的个别利益,它只是将创造性毁灭的过程从一国的范围拓展到全球,为持续技术改进筹集巨量的资金。其结果是造成一种金字塔式的生产格局,即技术将愈发集中到少数具有绝对优势的国家,形成垄断地位,而其他国家则在劳动密集型和资源密集型产业中通过白热化的竞争获取自己的一席之地。从工业化进程的发展规律来说,TPP 所望塑造的确为一幅理想的世界图景。但对于个别国家来说,特别是那些处于金字塔底端的国家,由主权意识而催生的民族的振兴与崛起的需求,会使它们反抗这种关于世界的权力与财富的分配格局。这类型的反抗可能分为两种类型,一种是在不改变金字塔结构的前提下谋求改变自身的地位,一种则是根本地反对工业化发展的前进逻辑。但不管一国采取的是哪一种类型,它必然都是通过贸易政策来为国内企业截留利润,区别只在于前者用截留的利润完成技术积累以期提升竞争力改变其在国际分工中的地位,后者则可能致力于在国际范围内寻求盟友以抑制新技术发展的方式来维持势力均衡。故提供一套压制反抗的机制,既是金字塔顶端技术优势国自利的需求,也是获取技术改进之持续动力的保障。从多边谈判到 TPP 都在努力建造这个机制,即自由贸易。这实际上就是第二次世界大战以后美国试图描绘的工业社会的未来组织结构图。自由贸易就像一部大机器,一旦启动就将拉动传送带,将传统的、富有英雄情结的主体意识,包括个人的人格、企业的人格和国家的人格都一一绞碎,化作原料铸成一个新的利维坦。而任何一个个人、企业和国家,不管其是否赞成自由贸易,都将不得不卷入到这张不断扩大的全球化的网络之中,自愿或者被迫与世界的其他部分紧密地联系在一起。

除了在市场准入这类传统问题上,TPP 强调了高标准的主张。我们还应该注意到,TPP 开始关注的很多具有创新性的领域,更能够体现出关于“未来”的概念。如果说自由贸易的理论所体现的仅仅是关于未来之工业社会的抽象原则的话,那么这些新领域将更多地显现出这一工业社会的具体表现形态。TPP 谈判中已经提出的新领域,值得注意的有以下一些问题:

(1)规则的一致性(Regulatory Coherence)。该条款的目标看上去是为了推动规则的实践、削减不必要的壁垒、减少相关标准的地区差异、提高透明度等。为了达成该目的,需要各成员国调整国内立法,并使其趋于一致。作为样板的立法体系是美国的行政管理和预算局(Office of Management and Budget,OMB)下设的信息与规则事务办公室。该机构负责审查规则提案是否符合国内法律和政策,以及审查其是否符合国际条约和协议。该机构的审查是一种实质性审查,它可以进行规则影响评估,对规则的必要性、合理性进行分析,并进行取舍。这种实质性的审查,实际上是行使了部分立法的职能,使规则一致性审查机构不仅仅是一个事务性的部门。它所具有的审查权使其有机会利用国际权威攫取国内政治权力,因而为自由贸易体系突破主权围墙向国内渗透提供了一条管道。

TPP进而建议在成员国之间设立一个专门的委员会来处理规则一致性问题。这就使TPP所构筑的国际权威更加具象化,一方面赋予一致性审查机构更大的独立性,另一方面也防止该机构完全异化为国内政治斗争的工具。

(2)国有企业(State-Owned Enterprises,SOEs)。国有企业是指直接或间接地为一国政府所有或实际控制的企业。考虑到一国政府可能给予国有企业优待,从而引发反竞争和限制交易的行为,故国有企业条款被引入自由贸易协议。在NAFTA和美国与澳大利亚、智利、哥伦比亚、秘鲁、韩国和新加坡签订的FTA中,都已经采用了SOEs条款。SOEs条款旨在确保国有企业不享有超越私有企业的特权和优势,以创造一种公平竞争的环境。对政府可能赋予国有企业优势从而产生限制竞争之结果的设想是具有现实性的,但反之希望通过限制性措施以扭转这种局面的构想确缺乏合理性。实际上,自由贸易机制本身对企业的所有制形态并不加以区分。但国有企业在某种程度上被认为是一种政策工具,并被推测其并不按照市场规律调配资源和组织生产,因此可能导致自由贸易机制的失效。在现代企业所有权与经营权相分离的大背景、大趋势下,企业的所有制形式并不一定影响企业的经营策略。如新加坡的淡马锡公司就是一个较为典型的例子,国有企业同样可以遵循市场机制进行经营。当然,从实际情况来看,国有企业中政企不分的情况确实存在。包括中国在内的一些国家引进淡马锡模式推进国有企业改革的努力还没有取得明显的效果。究其原因,并不完全归因于所有制问题,而应该从流动性缺失上找原因。国有资产缺乏流动性,使得所有权与经营权之间的纽带过于牢固,进而造成国家与公司人格的混同。这就是伯利和米恩斯所说的“非流动性财产通过自身的非灵活性使得所有者也变得不灵活了”。[①] 出现这种情况,显然与这些国家资本市场不够发达有直接的关系。

在资本市场不成熟的情况下,那些低利润率、长开发周期的行业将难以筹集资金,政府通过补贴和在融资上的便利,实际上是在扶植产业。如果没有这些扶持政策,相关产业的国有企业亦无法存活,国内私有资本更不会涉足这些领域。故 TPP 提出的国有企业条款实际上是和开放市场的要求一脉相承的,通过自由贸易机制击溃国内的反抗,强迫一国服从国际分工并接受其国际地位。

(3)竞争与供应链(Competitiveness and Supply Chains)。从原材料到最终的消费品的生产过程被细分成众多的环节,由不同国家的不同企业分步完成,形成一条产业链。一方面是因为工业产品本身的复杂性,另一方面也是企业基于成本考量调整生产布局的必然选择。产品在生产的过程中,其中间品、半成品和配件可能在不同的国家生产和组装,因而会多次穿越国境,除了产生运输成本以外,还会因关税和非关税壁垒的问题影响生产的成本。自由贸易机制如果能够削减关税成本,就意味着产业链能够更充分地细分,提高生产效率,并扩大生产规模。

在货物贸易条款之外单列一条供应链条款,说明供应链问

---

① [美]阿道夫·A. 伯利、加德纳·C. 米恩斯著:《现代公司与私有产权》,甘华鸣等译,商务印书馆 2007 年版,第 289 页。

题不仅关于关税与非关税壁垒问题,还涉及供应链控制问题。正如我们在第二章中提到的,当企业扩大到规模边界时,所有权的规模将会停止扩张,并发展出新型伙伴关系。供应链的概念是从扩大的生产概念发展来的,它将企业的生产活动进行前伸和后延,通过计划、获得、存储、分销、服务等一系列活动来完成。供应链管理的特点是把所有节点企业看作一个整体,实现全过程的战略管理,其中最重要的是控制各个环节的成本。由于供应链不是靠所有权关系缔结的,成本管理不可能依照企业内部指令的方式来完成,而必须应对交易成本。在市场经济条件下,控制交易成本的方法就是靠充分竞争。竞争能够促进节点企业压低价格并且提高生产效率。但由于自由贸易区存在贸易偏转问题,即区外企业利用成员国之间的关税差异,从关税最低的国家进口商品以便在其他成员国销售。为了防止贸易偏转的发生,需要有较为严格的原产地规则(Rule of Origin,ROO)作为保障。但问题是供应链并不一定总是局限在 TPP 成员国之间,一些供应链涉及从区外国家获得中间品。如果原产地规则过于严格,则可能影响到竞争和成本效率;如果原产地规则过于松懈,则可能供区外企业渔利。因此,如何度量原产地规则的平衡性,对于供应链条款来说至关重要。

(4)中小企业(Small- and Medium-Sized Enterprises)。中小企业在国际贸易中所占份额并不大,但从整个供应链上来看,它们却是间接供应商的主力。TPP 以单独一章来规定中小企业条款,目的是希望中小企业利用自由贸易协议提升其贸易机会。但谈判各方也注意到,在已有的 FTA 实践中,中小企业的利用率是比较低的。原因是与国内贸易相比,国际贸易的贸易流程更加复杂，由此会产生贸易成本。单个中小企业的交易规模不大，负担这种贸易成本和其通过国际贸易获得的收益相比较，可能产生不经济的结论。大多数国家都有专门机构，致力于向中小企业宣传普及关于自由贸易区的知识和实践技术，但是并未显著提升中小企业利用 FTA 的比例。其实，这完全是一个成本计算的问题，国际贸易更适合于一定的经济规模条件下开展。但对中小企业的关注，很可能是自由贸易理论的一种情结，即传统的自由市场理论是建立在中小业主为主体的假设之上的。因此，始终都有一种观念固执地认为企业的规模与竞争的程度是反向相关的。对中小企业的关注，或许也是基于这种理论传统开出的刺激竞争的药方。

中小企业的问题从本质上是供应链的问题，大企业遭遇规模瓶颈后必然需要与大量的中小企业通过各种合作关系发展成为有组织性的企业集群。在此集群中，大企业扮演基础性的、平台性的角色，并对供应链进行统一的战略管理。生产环节中那些专业化的职能将分化出来由中小企业完成。所以，中小企业应该定位为供应链上专业化的中间品供应商。重要的是整个供应链在国际贸易中的表现，而不应该单纯地强调中小企业在国际贸易中直接贸易量的增加。

(5)电子商务(E-Commerce)。电子商务是指在互联网上以电子交易的方式进行交易活动和相关服务活动。传统的国际贸易可以借助互联网平台来完成销售、议价、交易结算等环节，但货物的跨境运输，仍旧与货物贸易相关。TPP 所关注的电子商务，注重的则是新型数据产品的交易，属于服务贸易的一个部分。电子商务的运用与日俱增，并在全球经济中占有越来越重要的地位。国际间的电子商务,大量依赖跨境数据流动。电子商务条款旨在确保成员国不会在数据产品方面设置新的壁垒,以免限制自由贸易的未来发展。这些新的壁垒可能对数据存储和服务器地址提出本地化要求,以促进本地互联网服务和云计算的发展。本地化要求通常是与隐私保护和审查制度相关,一些国家已经将这些要求体现在国内法律当中,如澳大利亚和新西兰。

跨境数据自由流动,将直接带来信息传播和知识扩散的结果。而这正是工业化发展的必然要求。在信息的传播上设置壁垒,不论其出于何种目的,都将增加获取信息的难度,从而增加工业化生产的成本。TPP 致力于削弱这种壁垒,可以说是顺势而为。但 TPP 将电子商务理解为服务贸易的一个部分,可能存在一定的偏差。服务贸易和电子商务具有紧密的共生关系,但两者并不相同。实际上,从信息服务的发展趋势来看,在信息传播上附加对价以及知识产权,同样会加大传播成本。信息是由用户所产生的,它不是一种产品。从客户端来看,信息服务商的主要工作不是在提供服务,而是在进行信息采集。那么跨境信息自由流动的主要发展趋势是让信息服务商能够在全球范围内自由地采集数据,而不是向原始信息的提供者征收服务费用。通过信息的收集、汇总、分析,再引发和促进货物贸易、服务贸易的开展。因此,单纯从信息传播与扩散本身来说,它与传统的自由市场经济和自由贸易理论没有直接的关系,它是一个全新的时代的产物。随着最近出现的比特币等事件,我们可以预想在这个全新的时代来临时,很多既有的观念和概念都将发生颠覆性的变化。

12. 两种经济一体化模式的比较

在亚太地区,RECP 与 TPP 呈现出齐头并进的发展趋势。现阶段的一体化更多地采取点菜单的做法,各国直接选取与自身存在利益关系的贸易伙伴,或者与自身存在直接利益关系的部门实现自由化。[①] RECP 和 TPP 的出现,体现了一个向区域贸易集团转折的意愿。问题的关键在于区域贸易集团将采取何种形态和模式。从历史来看,东亚国家历来将 FTA 视作一种贸易政策工具。FTA 可以被看作深化由全球跨国公司和新兴东亚企业组成的生产网络和供应链的支持性政策框架的一部分。[②] 这一点更接近 RECP 的态度,故从实践的角度来看,在现有 FTA 网络的基础上整合 RCEP 的可能性更大。但如果把范围拓展到亚太区域,加入更多的发达经济体,则自由贸易机制将获得更多的支持,发展中国家可能因为担心被边缘化而不得不加入 TPP。

RECP 和 TPP 在某种程度上可以看作中国、美国和东盟三方的博弈。中国是具有极端比较优势的国家,通过 RECP 的建立,对中国来说将主要是带来贸易转移,即对于一些资本密集型产品的进口将从低成本的区外国家转移到相对高成本的东盟国家,将进一步导致优势产业在东盟的聚集,因而将进一步加大中

---

① 孙玉红著:《论全球 FTA 网络化》,中国社会科学出版社 2008 年版,第 274 页。

② [日]河合正弘、[英]加乃山·维格那拉加主编:《亚洲的自由贸易协定——企业如何应对》,王震宇等译,社会科学文献出版社 2012 年版,第 8 页。

国在高新技术领域的贸易逆差。[①] 故 RECP 的成败,在很大程度上取决于中国的态度和自身定位。RECP 谈判的基调是承认东盟的主导地位,但这种主导地位只有在东盟的产业结构优化上取得重大成果的前提下才能落到实处。否则,东盟和中国在产品结构和出口市场结构上存在高度相似性,必然导致双方在出口市场上的激烈竞争。如果这种局面维持不变,则 TPP 模式将很容易击溃 RECP 试图形成联盟关系。反之,如果中国在产业机构优化速度上领先于东盟,则东盟的作用将被弱化。同时,中国在高新技术产品上的比较优势又不足以对抗美国,东盟瓦解以投诚 TPP 未免不在意料之中。一旦如此,对于中国来说,必将唇亡齿寒。这对中国和东盟来说是一个“双输”的局面。由此,RECP 框架下的科技伙伴计划的重要性将更加凸显。它可能成为推动东盟完成产业结构转型的重要举措,真正提升东盟的凝聚力和在经济上的议价能力,同时将动摇日韩等发达国家的态度和取向,推动东亚地区的一体化进程,以打破美国在亚太地区规划的战略地图。

从表面上看,TPP 的目标是一个区域内的多边协议,旨在打造亚太地区的小 WTO。但 TPP 的谈判过程本身似乎比协议的达成更加重要。TPP 的“好高骛远”不仅提高了传统的市场准入条款的标准,还加入了大量 WTO plus 及全新的内容。并且 TPP 强调其成员国须一致同意,且奉行统一标准,就更减少了协议在各成员国之间通过例外条款进行灵活安排的空间,加大了

---

① 孙玉红著:《论全球 FTA 网络化》,中国社会科学出版社 2008 年版,第 247 页。

谈判难度。但对于 TPP 的主导国来说,高标准的目的实际上是展示一种高姿态,维持一种较高的压力,并且表明毫不退让的决心。这种展示期望能够增加该地区其他国家,特别是发展中小国家的紧迫感,打消其试图通过在不同的阵营之间左右游移来讨价还价的企图。在 TPP 所维持的高压之后,美国可以借助 FTA 与各成员国单独达成条件各异的协议。因此,TPP 看似采取的是“一揽子”解决的战略,实际上更可能是声东击西,走逐个击破的路子。美国突入亚太地区,特别是突入东盟的门径——新加坡。新加坡对美国依赖性的增强将使东盟经济的波动性增加,并影响东盟政治经济的稳定。[①] 最典型的例子是,在美国与新加坡签订自由贸易协定后,菲律宾与马来西亚也表示要与美国达成类似的协定。

在 RECP 谈判中,成员国的选择是非常谨慎且富含战略博弈的。从 10 +3 扩展到 10 +6 的过程充分地展现了这种博弈。RECP 的目标是在可预见的期限内达成协议,构建一个自由贸易区,开启区域经济一体化的进程。该目标的完成,将使得大东亚地区真正成为继欧盟、北美自由贸易区之后的第三大自由贸易区。东亚国家的国际地位和议价能力都将大大提高。而 TPP 在接受成员国方面则随意得多。成员国之间不具有地缘上的紧密联系,各国经济发展程度差异跨度较大,在政治体制和社会发展水平方面也大相径庭。而且 TPP 定位为一个开放的协议,即一旦有新的成员国加入,该成员国如果不接受已有的协议条款,

---

① 孙玉红著:《论全球 FTA 网络化》,中国社会科学出版社 2008 年版,第 208 页。

则全部成员国须就该条款进行重新协商。TPP 谈判更像是一个包围圈,把“狩猎区”划定,好在其中分化瓦解、围追堵截。

从工业化发展的逻辑来看,TPP 所描绘的图景更符合工业社会的发展趋势,RECP 则只能作为一个权宜之计,缺乏长远规划。但任何事物的发展,都有其节奏,时机把握得不准,有可能会揠苗助长。RECP 如果能够成功,则可以通过提升标准以逐步“进化”至更高的形态。而 TPP 如果不能成功而选择降低标准以谋苟合,则必定一败涂地。那么,如果 TPP 只是个幌子,美国在 TPP 大旗之下,通过 FTA 暗度陈仓,最终将构建怎样的国际格局,似乎也没有长远规划。因此,可以说在亚太区域贸易一体化进程开局之时,RCEP 和 TPP 都只是试探性的举措。随着博弈的深入,大的格局、阵营、规划或许还存变数。我们拭目以待。

下　篇

亚太地区的自由贸易体系

第五章　世界贸易组织

世界贸易组织成立于 1995 年 1 月 1 日,取代了在 1948 年成立的 GATT,是一个负责监督成员经济体之间各种贸易协议的国际组织,为当代最重要的国际经济组织之一,旨在降低关税、减少贸易壁垒以推行简化、统一的国际贸易自由化平台。

第二次世界大战后,全球经济发展停滞,各国对第二次世界大战前 30 年代因贸易保护主义而导致的经济大萧条进行反省,并在 1944 年于美国布雷顿森林举行的国际货币与金融会议协定的框架上,建议建立国际货币基金组织、国际复兴开发银行(即世界银行)及国际贸易组织的三个机构,以协助全球经济复苏发展并推动国际贸易自由化,关贸总协议则是当时所组建并在 1948 年成立的国际贸易组织。

关贸总协定明确规定其宗旨:通过达成互惠互利协议,大幅度地削减关税和其他贸易障碍,取消国际贸易中的歧视待遇等措施,以提高生活水平、保证充分就业、保证实际收入和有效需求的巨大持续增长、扩大世界资源的充分利用以及发展商品生产与交换。

在被世界贸易组织取代前,关贸总协定一共举行了八个回合的贸易谈判,谈判内容和形式随着成员国数量的增多而不断扩大范围及完善化。协定在第六轮肯尼迪回合谈判中首次进行全面关税降低并纳入反倾销政策为讨论议题;在第七轮东京回合谈判中加入非关税壁垒为谈判议题;在第八轮乌拉圭回合谈判中,协定除了将多项议题,包括服务、知识产权、争端解决谅解等议题列入讨论范围外,该轮谈判更是决定成立世界贸易组织,一个在法律上具备国际组织独立法人人格的永远机构取代关贸总协定,以彰显了组织机构的务实性及长远推动全球贸易自由化的决心。据世界贸易组织统据,八回合的贸易谈判实现了超过 3500 亿美元的关税下调,对全球贸易自由化产生了极为正面的积极影响。

世界贸易组织于 1995 年 1 月 1 日正式取代关贸总协定,组织成员同意各成员的贸易部长将至少每两年需要进行一次部长级别的谈判,并在 1996 年 12 月于新加坡举行了首次世界贸易组织部长级会议。会议在原有的乌拉圭谈判议题的基础上加入了贸易与投资的关系、贸易与竞争政策的相互作用、政府采购透明度及贸易便利化的四个发展中国家最为敏感且不愿意深入探讨的议题,因议题在此轮新加坡部长会议首次加入讨论范围而统称为"新加坡议题"。所谓的"新加坡议题",都并不甚与贸易议题相关,实质上四个议题都是发达国家成员国围绕发展中国家成员的市场准入规则而进行探讨:贸易与投资议题讨论的意图是使国外投资者能享受国民待遇而自由地进行投资;贸易与竞争议题讨论的在于争取外国企业在发展中国家与当地企业能够平等竞争的待遇;政府采购透明度议题谈判目的是消除发展中国家在公共用途商品、参与公共服务和承包政府工程等项目上给予本国企业优先权的权力;在贸易便利化议题重要是通过手续及程序上的简化,以创造一个透明、方便及协调的贸易环境,发展中国家成员对此议题的争议较少。① 尽管议题受到了大部分发展中国家成员的反对,世界贸易组织仍然将“新加坡议题”加入到最新一轮多哈多边贸易谈判议程中。第一次部长级会议后,各成员在金融服务和信息技术上达成共识,并签订了《金融服务协议》和《信息技术协议》。

各成员在世界贸易组织第二次部长级会议中在电子商务的高速增长势头表示了关注,并通过了《全球电子商务宣言》。而于美国西雅图举行的第三次部长级会议,主要谈判内容为现有协议实施、谈判方式、既定议程及新议题问题探讨。谈判因南北发展差距扩大,发展中国家无法从贸易自由化拉近与发达国家之间的关系,而导致各成员国对新一轮谈判持消极的态度,使该轮谈判最终无果告终。

13. 多哈谈判

多哈回合贸易谈判,因世界贸易组织在谈判中以发展中国家的利益及发展需要为主要谈判核心,因此又称为多哈发展议程,是世界贸易组织当前一轮的全球多边贸易谈判。多哈回合谈判启动于2001年11月在卡塔尔举行的世界贸易组织第四次部长级会议。当时全球政经环境受到美国“9·11”恐怖袭击而严重影响,休闲旅游、商务出差及商品贸易量均呈现放量下降,各国政府也担心被恐怖分子袭击。各世界贸易组织成员此时放

① 何帆、肖莹莹:“WTO多哈回合谈判的前景”,载《财经问题研究》2004年第1期。

弃了 1999 年西雅图会议时对国家贸易保护主义坚持的消极态度。在此经济环境极其波动、不稳定的情况下,协商并通过了《多哈部长宣言》,开始以强调发展问题为核心的新一轮多边贸易谈判,并规定谈判结束时期为 2005 年 1 月 1 日。

多哈发展回合谈判的目标主要有包括:抑制贸易保护主义在全球经济减缓环境下的孵化,促进成员削减贸易壁垒,处理最不发达国家边缘化及发展中国家发展问题,简化并建立更公平的贸易制度平台以加大成员之间的多边贸易互动以促进经济可持续发展及解除贫困问题,约束政府"有形之手"行为以优化政府职能,并希望通过梳理世界贸易组织自贸条约与区域贸易协定之间的关系以改善世界贸易组织的外部形象,最终实现《建立世界贸易组织协定》的原则和目标。

多哈回合谈判的主要议题有(1)农业;(2)服务;(3)非农产品市场准入;(4)与贸易有关的知识产权;(5)贸易与投资的关系;(6)贸易与竞争政策的相互作用;(7)政府采购透明度;(8)贸易便利化;(9)世界贸易组织规则;(10)争端解决谅解;(11)贸易与环境;(12)电子商务;(13)小经济体;(14)贸易、债务和财政;(15)贸易与技术转让;(16)技术合作和能力建设;(17)最不发达国家;(18)特殊与差别待遇及(19)工作计划的组织和管理,一共十九个议题,其中以农业议题、非农产品市场准入议题及服务贸易为讨论的核心重点。

为了加快谈判议程,世界贸易组织决定于 2002 年 1 月设立贸易谈判委员会,将所有谈判议题分为(1)农业;(2)服务;(3)非农产品市场准入;(4)与贸易有关的知识产权;(5)贸易与环境;(6)世界贸易组织规则;(7)争端解决及(8)贸易与发展

(包括余下十个未提及的讨论议题)的八大敏感问题上进行讨论,并希望通过以每2~3个月定期进行谈判的形式推进谈判进程,以达到多哈发展议程能在2004年年底顺利完成谈判的意愿。

多哈发展谈判主要涉及三方面的问题:第一,规则制定和修改问题,包括对区域自贸条约安排、世界贸易组织结构及贸易条件完善及对政府行政透明度上有所要求的"新加坡议题"规则制定。第二,发展中国家成员的发展需要,如通过技术和资源上的帮助,以解决发展中国家社会经济可持续发展问题。第三,市场准入问题,包括农产品、非农产品及服务贸易上的市场开放和税收及非税收贸易壁垒上的制度制定等。

14. 多哈回合谈判的历程及其主要内容[①]

2001年11月世界贸易组织第四次部长级会议在卡塔尔首都多哈举行。会议正式通过中国加入世界贸易组织的决定并启动多哈发展议程多边贸易谈判,并计划新一轮谈判于2004年年底达成协议。

2002年1月世界贸易组织贸易谈判委员会第一次会议在日内瓦举行。3月多哈回合谈判知识产权议题和判规则议题都正式启动。4月启动非农减让模式谈判。11月小型部长级会议未能就农业与非农问题达成协议。

2003年9月在墨西哥坎昆举行的世界贸易组织第五次部长级

---

① "多哈回合谈判大事记",资料来源:http://finance.sina.com.cn/g/20061111/09401037621.shtml,最后访问日期:2006年11月11日。

会议上,各国在"知识产权和公共健康问题"上率先达成协议。各成员同意修改世界贸易组织有关法律规则,允许发展中成员在遭遇重大疾病危机和公共财政赤字时,能以低价进口及进行仿制,以对发展中国家遇到疾病危机时提供医疗援助,但在其他议题上,如新加坡议题、棉花问题及农业谈判模式上无法达成共识,使谈判陷入僵局,意味着多哈谈判不能按最初计划在2005年1月1日前结束。

2004年8月各成员在世界贸易组织总理事会议上就多哈回合谈判达成框架并协议达成《多哈发展议程框架协议》,明确会议主要谈判范畴,将"新加坡议题"中除了贸易便利化外的其他三个议题从谈判中删去。协议规定美国及欧盟将逐步取消农产品出口补贴及降低进口关税,并同意将多哈发展回合谈判结束时间推迟至2006年年底。美国及欧盟在农产品问题上的让步,使谈判取得阶段性进展,为协议全面的达成迈出了重要一步。

2005年1月世界贸易组织小型部长会议在瑞士达沃斯举行,会议就该年的谈判任务及第六次部长级会议的目标进行了探讨,并明确希望多哈回合谈判能于2006年年底最后期限前结束。5月,在肯尼亚蒙巴萨(Mombasa)举行的小型部长会议对农产品非从价税转换问题达成一致。12月世界贸易组织总理事会通过修改TRIPs的决定。同月,世界贸易组织第六次部长级会议在中国香港举行,此谈判中取得了一些实质性进展,如发达国家将在2013年全面取消农产品出口补贴;落实加速解决发展中国家棉花问题;给予最不发达国家出口免配额、免关税等市场准入待遇,使香港部长级会议成为了世界贸易组织历史上至今最为成功的会议。但在削减农业补贴、降低非农产品关税和开放服务业等关键领域,香港会议谈判仍未取得突破性进展。

2006 年 7 月,各成员经过多次正式及非正式的贸易谈判委员会谈判后,仍无法达成共识,世界贸易组织 6 个关键成员——美国、欧盟、日本、澳大利亚、巴西和印度在农产品贸易自由化问题上存在无法协调的分歧,而导致谈判破裂,并最终无期限终止多哈回合谈判。

2007 年 1 月,多哈回合多边贸易谈判再次以非正式贸易谈判委员会形式恢复进行,谈判目标依然希望就农产品补贴问题达成共识,但巴西和印度与欧盟和美国方面仍然存在很大分歧,使最终谈判依然无果而终。同年 6 月,欧盟、美国、印度和巴西四大经济体系举行了新一轮谈判,目标仍然希望就多哈回合谈判中的农产品补贴及非农产品准入等问题达成共识,谈判分歧存在于以巴西和印度为首的发展中国家、欧盟及美国彼此之间让步的空间,使谈判最终破裂。

2008 年 7 月,世界贸易组织在日内瓦举行了持续一周的多哈回合贸易谈判委员会谈判,希望针对农业补贴、农业关税和工业品关税的削减方式及削减额度等问题上取得突破。但多天的谈判仍难以取得进展,原定一周的会期被迫延长,尽管世界贸易组织总干事拉米针对农产品及非农产品领域上问题上,推出了一套具体的妥协方案,并尝试以不同形式与各成员进行反复谈判,最终仍未能达成妥协。会议主要分歧产生于农产品"特别防卫机制"上美国与印度之间的争议。印度不同意美国对特别防卫机制的触发点设定在 40%(即某农产品进口量突然增加 40% 时,该国能对农产品征收更高的税率),并强烈要求将触发点设在 10%。双方无法在此达成协议,拉米宣布拯救多哈回合的谈判以失败结束,多哈谈判就此搁置,这是世贸会议在农业谈判上距离达成结果最为接近的一次谈判。

2009 年 11 月在世界贸易组织第七届部长级会议瑞士日内瓦拉开序幕,这是继 2005 年香港会议之后世界贸易组织所有最高贸易官员的首次聚首。年内,多哈谈判重新启动并举行了多次非正式谈判会议,内容仍然主要围绕农业问题。但在四年来首次的部长级会议上,世界贸易组织却避免了多哈回合的内容,并将会议重点放在自身审视上,以"世界贸易组织、多边贸易体系和当前全球经济形势"为会议主题。使历时 8 年但仍无结论的多哈回合谈判显得异常尴尬。

2010 年 5 月世界贸易组织总干事拉米向总理事会提交了一份报告,并建议采用"鸡尾酒法"推进多哈回合的谈判进程。"鸡尾酒法"形式包括:结合利用不同谈判小组主席组织的会议;贸易部长间的初步接触;以及拉米与各代表团在一般议题上的磋商。以密集的谈判尝试推动会议进程。

2011 年多哈回合谈判仍然着手处理工业品的市场准入和农业议题上,但分歧依然较大。多哈谈判实际自 2008 年以来,已陷入"瓶颈"并基本停滞,[①]尽管各形式上的会议仍然持续开展。

表 5-1 世界贸易组织历届部长级会议

届数	时间	地点	内容
1	1996 年 12 月	新加坡	通过了《新加坡部长宣言》,并签订了《金融服务协议》和《信息技术协议》
2	1998 年 5 月	瑞士日内瓦	通过了《全球电子商务宣言》

① 屠新泉等:"多哈回合 路在何方?",资料来源:http://intl.ce.cn/sjjj/qy/201112/23/t20111223_22943446.shtml,最后访问日期:2011 年 12 月 23 日。

续表

届数	时间	地点	内容
3	1999 年 11 月	美国西雅图	会议受到场外示威造成混乱及各成员在一系列议题意见分歧下而并未达成任何协议
4	2001 年 11 月	卡塔尔多哈	通过了《多哈部长宣言》及《与贸易有关的知识产权协定》,启动了新一轮多哈发展议程谈判
5	2003 年 9 月	墨西哥坎昆	发表了《部长会议声明》,但在各谈判议题上,包括削减农业补贴和农产品关税问题上,仍未能达成共识,导致谈判无果而终
6	2005 年 12 月	中国香港	通过了《香港部长宣言》,规定发达成员和部分发展中成员 2008 年前向最不发达国家所有产品提供免关税、免配额的市场准入;发达成员 2006 年取消棉花的出口补贴,2013 年年底前取消所有形式农产品出口补贴
7	2009 年 11 月	瑞士日内瓦	会议围绕“世界贸易组织、多边贸易体系和当前全球经济形势”回顾和审议了世界贸易组织的工作,会议并没有计对多哈议程展开谈判
8	2011 年 12 月	瑞士日内瓦	会议除了呼吁抵制贸易保护主义外,在多哈回合谈判多边贸易机制未来的方向性问题上存在明显分歧,谈判仍然没有实际进展

15. 多哈回合主要谈判领域

(1)农业问题

农业问题属多哈谈判中遇到最多分歧与障碍的议题,其复杂性及敏感性来自农业自身行业属于国计民生的基础产业,各国政府均出自对国家经济安全及防止粮食危机的考虑,对农产品行业进行高度保护和支持。其次,农业发展对于发展中国家的经济及社会发展所起的作用及重要性要远比农业对发达国家的作用要高得多,但发展中国家往往因为生产技术落后、政府补贴不足等内在因素,加上发达国家的严重保护及高额补贴的外在因素,严重扭曲国际农产品价格,使发展中国家农产品在国际市场处于竞争劣势,农产品出口受到极大限制。由关贸总协定至乌拉圭谈判,农业问题均以例外条款使其能免受关税及其相关条款的约束。世界贸易组织成立后,随着更多的发展中国家加入成为成员,原本由发达成员为主导的制度建设过程,首次遇到了发展中国家成员的联合抵制,使发展中国家最为关注的农业谈判问题,成为影响多哈回合发展的讨论核心。农业谈判包括出口竞争的出口补贴、国内实质性削减贸易扭曲支持和市场准入三个方面。农业问题上有三大主要利益集团:以没有对国内进行补贴的农产品出口国为首的凯恩斯集团、对内进行大量补贴的美国及对外征收高额关税的农产品进口国集团。

(2)非农产品市场准入

非农产品市场准入问题针对讨论的是关于削减非农产品的关税和非关税措施,并以关税税收问题为重点。谈判主要涉及的范围在削减税率公式的确定、发展中国家的特殊和差别待遇等问题。在此议题上,分歧仍然存在于发展中国家和发达国家之间。一方面,发达国家希望能通过谈判,对发展中国家的非农产品税率进行削减,以减少发达国家成员在非农产品出口上受到的贸易壁垒,并创造市场准入机会;另一方面,对于发展中国家,他们通过形成不同形式的利益集团保护自国利益,并借助特殊和差别待遇的规定,以维护本国新生工业的发展。

(3)服务

服务贸易主要包括金融服务、基础电信、海运服务、专家服务、自然人移动等,涉及范围包括163个行业。欧盟要求发展中成员开放139个行业,而发展中成员只愿意开放当中的93个行业。除了在开放行业数目之外,服务贸易的讨论还在自主开放措施的奖励模式、《服务贸易总协定》规则制定、最不发达国家特殊待遇模式及市场准入等议题上产生分歧。

(4)世贸规则谈判

主要在反倾销、补贴与反补贴及区域贸易协定等有关现有协定条款进行谈判,以改善世界贸易组织机制的公正性及透明度。

(5)争端解决

争端解决是针对世界贸易组织在争端解决时,谈判机构的设立、谈判形式改进、补偿及诉讼费用等各项机制建设进行商讨。

(6)知识产权

知识产权谈判包括公共健康、与贸易有关的产品知识产权与生物多样性公约关系、传统知识和民俗保护及红酒商品地理标识保护等问题,现有药品的获得和对新药的研究与开发,地理标识及传统知识等。

(7)贸易与环境

贸易便利化是指简化和统一国际贸易程序,包括提交、申报及处理国际贸易中的商品流动所涉及的活动、惯例和手续。

(8)贸易与发展

贸易与发展包括了小经济体、贸易债务和金融、贸易与技术转让、技术合作与能力建设、最不发达国家,以及特殊与差别待遇等十个多哈回合谈判的议题。多个议题的讨论焦点均聚焦于一个问题:开放市场与解决发展问题之间的妥协和选择。发展中国家认为它们的发展问题需要依赖发达国家开放市场并减少贸易壁垒,让其出口能因此而受惠,从而促进社会经济发展。而发达国家却认为,发展中国家的发展问题必须强化自身市场准入,使发达国家的产品及服务进入以进行解决。如何灵活地针对不同发展中国家的需要提供优惠条款及特殊安排贸易,以更有效、更可操作的形式去解决发展问题,是解决此问题的主要分歧。

16. 多哈谈判现状

多哈回合的谈判现处于会议不断,但进展停滞的阶段。世界贸易组织总干事拉米努力通过各种渠道,包括提供谈判妥协方案、推出“鸡尾酒式”谈判模式、提倡密集谈判周期等一系列手段,希望能尽早结束此轮长达十余年的贸易谈判。但无奈各成员在各自利益立场上的坚持及互不让步,以致在农业问题、非农产品市场准入及服务贸易三大谈判领域上,迟迟未能获得结果。在漫长的谈判过程中,大致上形成了美国、欧盟及以发展中国家为主的G20的三大利益集团。而所有议题都是围绕着市场准入、国内支持和出口竞争三大核心内容进行谈判和博弈。而目前谈判所遇到的核心问题在于:各成员担心利益分配不公及彼此缺乏信任问题。美国在不愿意削减国内农业补贴的情况下,要求欧盟降低农产品关税,并希望发展中国家开放非农产品及服务贸易市场;发展中国家集团要求欧盟降低农产品关税,要求美国削减国内农产品补贴的同时却不愿意开放其非农产品及服务贸易市场;欧盟在拒绝削减农产品关税和补贴的情况下要求发展中国家开放非农产品及服务贸易市场。① 各国(地区)在不愿意放弃自身利益的情况下,要求谈判方进行无偿让步,如此缺乏主动性的谈判态度大大局限了多哈回合的进度和高度,使谈判迟迟未能得出实质性成果。

谈判停滞在世界贸易组织及以往关税总协定谈判中,并不少见。但与以往不同的是,此轮的多哈谈判,发展中国家成员已经形成了一股有明确立场的利益联盟与发达国家抗衡,使发展中国家所关注的问题无法在此轮谈判中轻易地达成协议。多哈谈判实际进程基本停滞,尽管各形式上的会议仍然持续开展。

---

① 李丽官、桓刚:"多哈回合谈判还要多少回合?WTO小型部长会议评析",资料来源:http://www.sccom.gov.cn/xxfb/priManager.do?behavior=pri&id=25772&page=/page/gzyj/pri.jsp,最后访问日期:2008年8月5日。

17. 多哈谈判议题的特点

此轮的世界贸易组织的多边贸易谈判呈现如下三大特点:第一,议题涉及面广泛及新议题多;第二,成员数量比往届要多;第三,发展中国家的利益受到了组织空前的关注。

(1)议题广泛

此次会议所包括的议题涉及面非常广泛。谈判充分考虑到未来全球经贸发展相关的议题,如电子商务、贸易与环境、及贸易与竞争等问题。而且组织所关注的焦点不再局限于发达国家成员,此次谈判的内容更是对发展中国家所关注的议题,包括技术转让、小经济体、最不发达国家等新议题进行了讨论,讨论议题的范围和数量更是大大超越了上一轮的乌拉圭谈判。但由于发展国家与发展中国家之间包括文化、体制、经济、社会状况等发展要素差异较大,各利益集团之间的利益冲突较为明显,使此次贸易谈判内容的跨越幅度和整体谈判的难度有所加大。

(2)成员数量多

有 159 个国家及地区参与了此轮多哈贸易谈判,参与国家的数量是史无前例的。上一轮的乌拉圭谈判,只有 123 个国家和地区参与。会议谈判的难度会随着成员数量的增多而显得更为艰难。

(3)发展中国家的利益受到了关注

随着发展中国家成员占据组织的比例越来越大,在此次的贸易谈判中,有多个议题专门针对发展中成员及最不发达成员,使过往以发达国家为主导的世界贸易组织的关注重点必须转移到新兴市场和第三世界身上，使解决发展问题成为此轮多哈谈判的核心，成为多轮谈判以来，首次平衡了发达国家成员和发展中国家成员不同需要的一次谈判。各发展中国家成员参照发达国家之间组织集团的建立，也以经济发展状况、地域凝聚、经济规模及产业凝聚等形式，建立了属于发展中国家的利益团体。至今已有近25个利益集团，当中有近一半的利益集团并没有发达国家成员的参与。各成员为了各自的利益，以联盟的形式在世界贸易组织的平台上进行交流谈判和利益角逐。

18. 引起谈判困境和停滞的主要问题

目前，有三大主要问题引起了多哈谈判停滞的困境：第一，议题过分广泛复杂且成员准备不足；第二，世界贸易组织结构缺陷及权力转移；第三，区域主义及双边自由贸易条约的流行。

(1)议题过分广泛复杂且成员准备不足

多哈谈判议题广泛的特点，同时也是此回合谈判的弱点之一。在谈判议题的制定上，世界贸易组织将各成员所关注的发展及合作议题都一并放入此轮的谈判中，显示出世界贸易组织为了启动更全面、更完善的统一贸易平台的坚定决心。

但是，议题的广泛性影响了谈判的执行力度。此轮谈判的议题包括了知识产权保护及技术转让、组织及贸易架构完善化、政府行政透明化等多项不同范畴的讨论议题，组织管辖的范围扩大至成员国国内的政治经济制度规则、法律、伦理问题及文化偏好等一系列与贸易并不相关却异常敏感的讨论话题，大大加深了多哈会议谈判的复杂性。[①] 加上发展中国家与发达国家在经济实力、产业规划及社会发展等方面均有所不同,使成员在不同的议题上皆因各自利益及发展阶段的不同,难免产生谈判利益诉求多元化的现象,并增加会议谈判难度及复杂性。[②]

议题的复杂性和敏感性,也显示出各成员谈判时的矛盾心态:世界贸易组织以贸易自由化作为其谈判的基础及核心,但在具体议题的谈判上,如最为敏感的农业问题,发达国家对农产品的补贴金额占了大部分全球补贴总额,高额补贴使无能力提供等价补贴的农产品出口国处于竞争劣势,此充满保护主义色彩的行动与世界贸易组织贸易自由化及多哈谈判以发展为核心的宗旨有所违背;有多个受到"特殊与差别待遇"优惠而受到税率优惠保护的非洲及加勒比海成员,因美国在服装及纺织品商品关税上的下调,使它们出口美国的服装纺织品竞争力下降,从而要求美国延缓降税时期、减少降税幅度,以确保它们的产品在短时期内对其他出口国的竞争优势。[③] 在议题的含混性上,如"特殊与差别待遇"议题,到底是以独立议题对此进行讨论,还是在每个谈判中各成员都必须遵守的谈判原则?如何保障及平衡各方的权利和利益,通过公平的机制以取得共赢的可能?议题的

---

① 陈松洲:"多哈回合谈判屡陷困境的原因及其前景探析",载《对外经贸实务》2009年第6期。

② 沈大勇、王火灿:"多哈回合的进展、困境及其原因探析",载《世界经济研究》2008年第11期。

③ 陈松洲:"多哈回合谈判屡陷困境的原因及其前景探析",载《对外经贸实务》2009年第6期。

模糊性,为本身复杂的谈判内容,增添了许多不确定性。[①]

(2)世界贸易组织结构缺陷及权力转移

世界贸易组织内各成员之间的发展差距,并没有在乌拉圭谈判后得到缩减。[②] 但随着更多的发展中国家成员加入,世界贸易组织开展了以发展问题、消除两极分化为谈判核心的多哈回合谈判,并试图改变目前仍然对发达国家倾斜的贸易制度平台。但谈判目前所遇到困境,正是发达国家与发展中国家在争夺国际贸易规则制定权的斗争的结果。一方面,发展中国家希望能在制度规划的设计落实上,如谈判文本及部长宣言起草、"绿屋会议"及会议协调人任命等方面,获得更大的重视及改变其制度上的不公平性;[③]但另一方面,发达国家却不肯放弃它们现有的谈判主导权优势。在谈判议题的安排上,"先易后难"的形式也导致了谈判后期难以达成共识的现象。[④]

世界贸易组织内发达国家的强势地位已经产生了明显的转变。经过多轮的多边贸易谈判后,通过实践获取经验,发展中国家成员逐渐对谈判技巧及规则的使用有了更深入的了解,也更清楚了如何通过谈判平台对各自自身利益诉求进行更好的表达及维护。加上近年多个发展中国家成员的加入,大大削减了发达国家在组织内的整体谈判实力。如"新加坡议题"在发展中

① 沈大勇、王火灿:"多哈回合的进展、困境及其原因探析",载《世界经济研究》2008 年第 11 期。

② 同上。

③ 何帆、肖莹莹:"WTO 多哈回合谈判的前景",载《财经问题研究》2004 年第 1 期。

④ 屠新泉等:"多哈回合 路在何方?",资料来源:http://intl. ce. cn/sjjj/qy/201112/23/t20111223_22943446. shtml,最后访问日期:2011 年 12 月 23 日。

国家的强烈要求之下,暂时排除在多哈议程之外;而极其重要的农业问题谈判上,因印度和美国在农产品“特别防卫机制”问题上,无法达到一致,使2008年7月历时长达8天的小型部长级会议无果而终,该谈判属历次多哈议程关于农业问题的谈判中,距离达成共识最为接近的一次。此轮多哈回合的谈判,因发展中国家实力的不断壮大,而首次出现发展中国家对发达国家说“不”的情况,表达了发展中成员的声音,改变了发展中国家屡被忽视的局面,打破了欧美发达国家垄断决策权的传统,呈现了世界贸易组织架构权力上的转移及随着发展中国家的崛起而出现的组织复杂性,并努力改变以西方国家为主导的国际贸易体系的态势。①

多哈谈判的“一揽子”协议原则,要求谈判各方在所有议题上获取综合利益平衡点。而在谈判决策的机制上,协商、投票及“绿屋会议”的3个决策方法,均有其缺陷所在:协商耗时长效率低,难以使100多名成员对同一议题在短时间内消除矛盾并达成共识;以每个成员一票的投票机制无法体现不同议题对各成员利益的重要性;而以少数主要国家组成的“绿屋会议”,即小型部长会议,更是对无法参与谈判的其他成员的一种歧视。②世界贸易组织的有限法律约束力及缺乏惩罚性退出壁垒的贸易谈判,使成员在谈判不能满足自身期望利益时,能随时选择退出

---

① 沈大勇、王火灿:“多哈回合的进展、困境及其原因探析”,载《世界经济研究》2008年第11期。

② 陈松洲:“多哈回合谈判屡陷困境的原因及其前景探析”,载《对外经贸实务》2009年第6期。

谈判,影响各成员参与谈判的积极性,同时也降低了组织的严肃性。①

近年来,随着更多成员的加入使发展中国家在世界贸易组织整体力量的崛起,发展中国家成员之间也以不同形式的组合,形成了各自的利益联盟,以团体形式上进行商讨。理论上,以团体形式出现的多方博弈会较以个体形式出现的谈判,更能对多哈回合的谈判产生正面影响。但实际上,以“联盟化”的博弈形式,带来的却是成员减少对组织的依赖、加强组织内部互动、形成区域贸易主义、减少世界贸易组织长期影响力等对世界贸易组织的一系列打击。除了以发展阶段为联系纽带的G8、G33及G90联盟外,各成员在不同的讨论议题上均以利益取向形成了各自的团队,如服务贸易谈判上的集团A、集团B、集团C;农业问题上形成了以农产品出口国为首的凯恩斯集团,以反对削减农产品关税的欧盟和日本,以及不愿削减农产品补贴的美国;以产业聚集为重的棉花四国、热带产品集团、小岛发展中国家等以不同形式上存在的利益同盟。② 上述复杂利益格局基本上使各成员在不同议题上,均游离于不同的利益组织之间,使以“一揽子”表决形式的世界贸易组织谈判会议,更难以得出统一性的结论。

(3)双边/区域自由贸易协议的流行

区域经济一体化/区域自由贸易协议的签订,是指世界区域

① 陈松洲:“多哈回合谈判屡陷困境的原因及其前景探析”,载《对外经贸实务》2009年第6期。

② 沈大勇、王火灿:“多哈回合的进展、困境及其原因探析”,载《世界经济研究》2008年第11期。

性的国家和地区,为了各自及共同发展利益,在经济联系愈益紧密的基础上,互相采取比较区域外的国家更为开放、更为自由的政策,并在体制框架、调节机制上结合成经济联合组织或国家经济集团。

据世界贸易组织官方数据指出,截至2013年1月,向世界贸易组织通报的区域贸易协议已从2006年年初的340个,增加至546个。协议的特色也从最初的区域内的北北合作、南北合作,转移至跨区域性的南南合作,显示出世界经济力量的不断变化和区域主义流行及深入发展。

区域自由贸易协议的谈判宗旨及目的,除了地域性的限制外,与世贸所组织推动的全球贸易自由化,优化资源分配等理念相符。但由于双边/区域谈判的所耗资源,包括时间、财力及人力——较少且灵活性远较世界贸易组织所安排的多边谈判会议要高。因此在谈判区域自由贸易条约时,各国可对各自的需求进行针对性诉求,在不同方面与不同国家进行合作,并能够使合作安排中能够避免世界贸易组织所关注的困难议题,延伸至对各谈判成员的产品质量及教育教学制度的承认肯定等其他相关议题上的合作,以强化彼此商贸往来所带动的互补性和方便性,并能更容易取得明显短期利益。① 区域经济一体化的建立所牵动的联盟内聚力及排他性,加上区域自由贸易谈判与多哈发展议程之间高重叠性及低互补性的特征,影响了世界贸易组织成员回到多哈谈判桌的政治意愿,也将间接削弱了世界贸易组织的影响力。

---

① 孔庆峰、公维丽:“多哈回合谈判何去何从”,载《东岳论丛》2009年第10期。

在谈判形式上，双边/区域贸易协议双边会议形式，通过减少成员数量和谈判的范围降低协商难度，大幅度减少了谈判博弈上的不确定性及消极性，使谈判各方能更高效的在彼此利益和妥协之间进行沟通及商讨，以增加谈判框架的可塑造性；并基于合作框架上的特色与优势，逐步吸引其他区域外国家的兴趣及参与。与区域性协商由下至上谈判形式不同的是，世界贸易组织所推动的全球性自由贸易协定是以由上至下的谈判形式进行，使谈判国同时需要与近 160 位谈判成员在议题上进行博弈性的利益取决、让步妥协的谈判，以达成统一贸易平台为最终结果。世界贸易组织一步到位与区域性谈判循序渐进方式的差异，使较为简单易行、更能符合每个国家根本利益的双边/区域性贸易谈判的发展进度远比多哈谈判更为成熟和深入，解决了世界贸易组织“一刀切”的平台没法调解因各成员发展差距所衍生的利益诉求不一的问题，减轻了各国对全球性多边自由贸易谈判的需要性及依赖性，也对此轮多哈谈判的进程造成巨大冲击。

19. 对区域贸易一体化的豁免

19.1 法律依据

在世界贸易组织 1994 年 GATT 及服务贸易总协定(General Agreement on Trade in Services, GATS)中，各自有一章节针对区域贸易谈判豁免的共识进行了解释，且无条件的最惠国待遇原则在区域贸易一体化中得到了豁免。在 GATT 第三篇第 24 条对关税同盟及自由贸易区进行了定义；在协定中规定不得阻止任何以扩大贸易自由化,不提高壁垒为基础的区域贸易协议或关税同盟,并对相关措施上的安排、履行上明确说明;条例规定每个参与协定的缔约国需维持对未参加贸易区或临时协定的缔约各国贸易所适用的关税和其他贸易规章;而在GATS 第二篇第 5 条中,也对服务贸易自由区及关税同盟在相关的条约规定上进行了详细说明。GATT 和 GATS 的协定,说明了世界贸易组织对区域经济一体化发展与全球贸易一体化发展的相互不排斥性。

19.2 区域贸易一体化的形式

区域贸易一体化存在的模式,以合作的深度及层次可细分为特惠关税区、自由贸易区、关税同盟、共同市场及经济联盟,共五种形态,各形态特征如下:

特惠关税区——指的是协议国之间相互提供关税减让优惠政策制度,为区域经济一体化的初始形式。洛美协定(Lome Convention)为目前世界上免税程度最大的特惠关税区。

自由贸易区——指的是协议国之间相互取消贸易关税及其他非关税贸易壁垒,至 2013 年,有近 550 个区域贸易协议已向世界贸易组织通报。目前较为成熟的自贸区有东盟(Association of Southeast Asian Nations,ASEAN)和北美自由贸易协定(NAFTA)。

关税同盟——指的是拥有共同对外关税的自由贸易区。目前较为成熟的关税同盟有欧盟—土耳其关税同盟(EU-Turkey Customs Union)及欧盟—圣马力诺关税同盟(EU-San Marino Customs Union)。

共同市场——指的是协议国在建立关税同盟的基础上,允许彼此之间生产要素的自由流动(但在人才流动上仍存在一定限制)的单一市场。目前成熟的共同市场有欧盟区(European Union)及南美南方共同市场(MERCOSUR)。

经济联盟——指的是在共同市场的基础上,保持财政货币政策协调上一致性的一个共同经济联盟,为区域贸易一体化中合作深度较为紧密的模式。目前欧元区(Eurozone)为唯一以单一货币国家组合而成的区域。

第六章　APEC 框架下的自由贸易协定

20. APEC 概述

20.1　APEC 的成立及构成

亚太经济合作组织(Asia-Pacific Economic Cooperation, APEC),诞生于全球"冷战"结束的初期。1989 年 11 月,在时任澳大利亚总理霍克提议下,澳大利亚、美国、日本、韩国、新西兰、加拿大及当时的东盟六国在澳大利亚首都堪培拉举行了亚太经合组织首届部长级会议,标志着这一组织正式成立。在其成立初期(1989 ~ 1992 年),APEC 的组织结构不断建立和完善,在此期间共召开四届部长级会议。自 1993 年起 APEC 在新加坡设立秘书处,为各级活动提供支持和服务。首届领导人非正式会议也于 1993 年在美国西雅图举行,此次会议奠定了 APEC 的基本组织框架。

APEC 的组织机构主要包括领导人非正式会议、部长级会议、高官会、委员会和专题工作组以及秘书处等五个层次。其中,领导人非正式会议是亚太经合组织最高级别的会议,自 1993 年以来每年举行一次。部长级会议包括外交、外贸双部长会议以及专业部长会议。双部长会议每年在领导人会议前举行一次。专业部长会议不定期举行。高官会每年举行 3 至 4 次会议,一般由各成员司局级或大使级官员组成。高官会的主要任务是负责执行领导人和部长会议的决定,并为下次领导人和部长会议作准备。委员会和工作组下设于高官会,负责高官会交办的相关事项,目前设有贸易和投资委员会(Committee on Trade and Investment,CTI),经济委员会(Economic Committee,EC)、经济技术合作高官指导委员会(SOM Committee on Economic and Technical Cooperation,SCE)和预算管理委员会(Budget and Management Committee,BMC)等 4 个委员会。秘书处常设于新加坡,为 APEC 各层次的活动提供支持与服务。

截至目前,APEC 共有 21 个成员,包括澳大利亚、文莱、加拿大、智利、中国、中国香港、中华台北、印度尼西亚、日本、马来西亚、墨西哥、新西兰、巴布亚新几内亚、秘鲁、菲律宾、俄罗斯、新加坡、韩国、泰国、美国以及越南。其中,在 1991 年 11 月,中国以主权国家身份,中华台北和香港(1997 年 7 月 1 日起改为“中国香港”)以地区经济体名义正式加入 APEC;1993 年 11 月,墨西哥、巴布亚新几内亚加入;1994 年智利加入;1998 年 11 月,秘鲁、俄罗斯、越南加入。此外,东盟秘书处、太平洋经济合作理事会和太平洋岛国论坛为该组织观察员,可参加亚太经合组织部长级及其以下各层次的会议和活动。APEC 接纳新成员需全部成员的协商一致。由于在是否吸纳新成员的问题上不能达成协商一致,APEC 成员暂时并未扩容。

与其他经由条约确立的政府间组织不同的是,APEC 的运作依赖于非约束性的承诺与成员的自愿,强调开放对话及平等尊重各成员意见。在决策方式上,APEC 采取自主自愿、协商一致的合作原则,所作决定必须经各成员一致同意认可。但是,会议文件不具法律约束力,但各成员在政治上和道义上有责任尽力予以实施。经过27年的发展,APEC已发展成为亚太地区层级最高、影响最大的政府间经济合作论坛。其在推动亚太地区贸易投资自由化,加强成员间经济技术合作等方面发挥了不可替代的作用。

20.2 APEC对贸易投资自由化的推动

在APEC成立之初,世界经济区域化、集团化及国际贸易保护主义不断加剧。在此背景下,APEC明确以推动区域和全球范围的贸易投资自由化和便利化(trade and investment liberalization and facilitation)为目标,希望通过加强亚太地区经济合作,从而在该地区乃至全球范围内实现自由与开放的贸易及投资(free and open trade and investment)。

1994年在印度尼西亚茂物召开的第二届APEC领导人会议上,APEC各成员领导人通过《亚太经合组织经济领导人共同决心宣言》(亦称《茂物宣言》)将推动贸易投资自由化确立为APEC的目标。《茂物宣言》强调建立完善多边贸易机制的重要性,并对亚太地区实现贸易和投资自由化提出了时间表,其要求APEC中的发达成员在2010年前,而发展中成员在2020年前实现贸易和投资自由化。这一目标也被称为"茂物目标"(APEC's Bogor Goals),其在此后的历届APEC成员领导人会议中都得到了重申。值得强调的是,与同时期其他约束性自由贸易协定不同的是,《茂物宣言》秉持开放性原则,其反对建立背离全球自由贸易的内向型贸易集团,追求自由和开放的贸易和投资。[①] APEC 所倡导的开放性原则、非歧视性原则成为其区别于其他区域贸易组织或集团的主要特征。

为了切实推动“茂物目标”,APEC 成员在 1995 年的第三届领导人会议上通过了《执行茂物目标的大阪行动议程》(The Osaka Action Agenda: Implementation of the Bogor Declaration,亦称《大阪行动议程》)。《大阪行动议程》提出了实施贸易和投资自由化和便利化目标的若干项原则以及需要执行茂物目标的具体领域,包括关税、非关税措施、服务、投资、标准和一致化、海关程序、知识产权、竞争政策、政府采购、放宽管制、原产地规则、争端调解、商业人员流动、乌拉圭回合结果的执行、信息收集与分析(基础工作)等 15 个具体领域。为了落实各成员对贸易投资自由化目标的承诺,《大阪行动议程》确立了三种实施机制,包括:(1)单个 APEC 成员自主的单边行动;(2)APEC 成员的集体行动,包括 APEC 论坛及有关多边论坛的行动;(3)对单边行动和集体行动的评审。

根据《大阪行动议程》的阐述,APEC 合作方式将遵循全面性、与 WTO 协定一致性、可比性、非歧视性、透明性、稳定性、灵

---

① 《茂物宣言》中的相关原文表述如下:“We wish to emphasize our strong opposition to the creation of an inward-looking trading bloc that would divert from the pursuit of global free trade. We are determined to pursue free and open trade and investment in the Asia-Pacific in a manner that will encourage and strengthen trade and investment liberalization in the world as a whole. Thus, the outcome of trade and investment liberalization in the Asia-Pacific will not only be the actual reduction of barriers among APEC economies but also between APEC economies and non-APEC economies. In this respect we will give particular attention to our trade with non-APEC developing countries to ensure that they will also benefit from our trade and investment liberalization, in conformity with GATT/WTO provisions.”

活性等原则。其中,全面性表现为 APEC 自由化和便利化进程的全面性,其涉及实现自由和开放的贸易与投资长远目标的所有障碍。与 WTO 协定一致性表明 APEC 行动议程范围内的自由化和便利化措施将与 WTO 协定相一致。可比性要求 APEC 经济体努力确保其贸易与投资自由化和便利化的总体可比性,并兼顾每一个 APEC 成员已达到的自由化和便利化总体水平。非歧视性是 APEC 区别于其他区域经济组织的重要特征。根据这一原则,亚太地区贸易与投资自由化的实现既切实减少 APEC 成员间的贸易与投资障碍,也切实减少 APEC 经济体与非 APEC 经济体之间的贸易与投资障碍。

自 APEC 确立"茂物目标"并通过《大阪行动议程》以来,APEC 成员的平均关税水平已经有了较大幅度的降低,同时在削减非关税壁垒、放宽服务和投资准入等领域都取得了显著的成果。[①] 但是,由于"茂物目标"中所设置的时间表不具有法律的约束力,而且实施"茂物目标"也主要依赖 APEC 各成员"自主自愿"的单方行动,导致贸易投资自由化进程比预想的缓慢。APEC 所倡导的贸易投资自由化其最终目标是将所有或绝大多数产品的关税降为零,并对外国投资者开放所有或绝大多数产业部门。而《茂物宣言》中要求 APEC 中的发达成员不迟于 2010 年前实现贸易投资自由化的时间表很显然操之过急,未能得到实现。尽管 APEC 中发达成员的关税水平普遍较低,但是各发达成员仍然保持一定的非关税壁垒,而且对其部分敏感产

① 官占奎、刘晨阳主编:《APEC 走向亚太自由贸易区问题研究》,南开大学出版社 2009 年版,第 19 ~ 38 页。

业仍实行高保护措施。而且,根据《大阪行动议程》中的非歧视性原则,APEC 中发达成员一旦对 APEC 成员完全开放国内市场以单方实现贸易投资自由化,这一福利将自动适用于其他非 APEC 国家。客观而言,还没有哪个发达国家愿意以如此高的代价作出超越 WTO 下的承诺,希望以单方行动推动贸易投资自由化是不现实的政治口号。总体而言,APEC 自 1994 年确定贸易投资自由化长远目标以来,其推动了贸易投资自由化的进程,但是实际效果仍以信息交流和政策对话为主。尽管如此,APEC 成员总体上仍然认同自由化的长远目标。

表 6-1　APEC 历届领导人会议

届数	时间	地点	内容
1	1993 年 11 月	美国西雅图	发表《亚太经合组织领导人经济展望声明》
2	1994 年 11 月	印度尼西亚茂物	通过了《亚太经合组织经济领导人共同决心宣言》(亦称《茂物宣言》),确立了在亚太地区实现贸易和投资自由化的目标,提出发达成员和发展中成员分别不迟于 2010 年和 2020 年实现这一目标的时间表
3	1995 年 11 月	日本大阪	发表了《亚太经合组织经济领导人行动宣言》(亦称《大阪宣言》),通过了旨在顺利实施《茂物宣言》的《大阪行动议程》
4	1996 年 11 月	菲律宾苏比克	通过了《马尼拉行动计划》和《亚太经合组织经济领导人宣言:从憧憬到行动》,批准了《亚太经合组织经济技术合作原则框架宣言》

续表

届数	时间	地点	内容
5	1997 年 11 月	加拿大温哥华	通过了《亚太经合组织经济领导人宣言:将亚太经合组织大家庭联合起来》
6	1998 年 11 月	马来西亚吉隆坡	发表了《亚太经合组织经济领导人宣言:加强增长的基础》,通过了《走向21 世纪的亚太经合组织科技产业合作议程》和《吉隆坡技能开发行动计划》
7	1999 年 9 月	新西兰奥克兰	发表了《亚太经合组织经济领导人宣言:奥克兰挑战》,批准了《亚太经合组织加强竞争和法规改革的原则》和《妇女融入亚太经合组织框架》等
8	2000 年 11 月	文莱首都斯里巴加湾	通过《亚太经合组织经济领导人宣言:造福社会》和《新经济行动议程》
9	2001 年 10 月	中国上海	会议通过并发表了《领导人宣言:迎接新世纪的新挑战》《上海共识》和《数字亚太经合组织战略》等
10	2002 年 10 月	墨西哥洛斯卡沃斯	通过了《亚太经合组织经济领导人宣言》等文件
11	2003 年 10 月	泰国曼谷	通过了《领导人宣言》,决定加强伙伴关系,推动贸易投资自由化与便利化,保障民众和社会免受安全威胁,并能从自由开放的贸易中充分受益
12	2004 年 11 月	智利圣地亚哥	会议通过了《圣地亚哥宣言》,重申通过贸易和投资自由化促进发展

续表

届数	时间	地点	内容
13	2005 年 11 月	韩国釜山	发表《釜山宣言》《亚太经合组织领导人关于世界贸易组织多哈发展议程谈判的声明》《亚太经合组织流感大流行防控倡议》等,通过了实现“茂物目标”的“釜山路线图”
14	2006 年 11 月	越南河内	通过了旨在实现“茂物目标”的《河内行动计划》,签署《河内宣言》
15	2007 年 9 月	澳大利亚悉尼	发表《亚太经合组织领导人关于气候变化、能源安全和清洁发展的宣言》
16	2008 年 11 月	秘鲁利马	发表《利马宣言》和关于全球经济的声明,重点阐述了各成员就世界经济金融形势、多哈回合谈判、粮食安全、能源安全、区域经济一体化、企业社会责任、气候变化、防灾减灾等问题达成的共识
17	2009 年 11 月	新加坡	发表了《新加坡宣言》
18	2010 年 11 月	日本横滨	发表了《横滨宣言》旨在推进 APEC 地域经济的均衡发展,以及成员体之间贸易和投资更加自由化和开放;推进世界贸易机构(WTO)多边贸易的交涉;继续反对保护主义,将反保护主义措施条约延续到 2013 年。发表了《成长战略》《2010 茂物目标评价》《亚太自由贸易区(FTAAP)的可能途径》三份声明

续表

届数	时间	地点	内容
19	2011 年 11 月	美国檀香山	发表了《檀香山宣言——迈向紧密联系的区域经济》及 4 个附件,分别涉及创新政策、中小企业、环境产品和服务、规制合作等
20	2012 年 9 月	俄罗斯符拉迪沃斯托克	发表了《融合谋发展,创新促繁荣——亚太经合组织第二十届领导人非正式会议宣言》,重申推动贸易投资自由化和便利化、深化区域经济一体化的意愿,在保障粮食安全、建设可靠供应链、创新发展等方面达成系列重要共识
21	2013 年 10 月	印度巴厘岛	发表了《活力亚太,全球引擎——亚太经合组织第二十一次领导人非正式会议宣言》和《支持多边贸易体制和世界贸易组织第九届部长级会议声明》,承诺加强政策协调和多边贸易体制,推进区域一体化进程,深化互联互通等领域合作,共同维护和发展开放型世界经济
22	2014 年 11 月	中国北京	发表了《构建融合、创新、互联的亚太——亚太经合组织第二十二次领导人非正式会议宣言》和《亚太经合组织推动实现亚太自贸区北京路线图》,在推动区域经济一体化、促进经济创新发展、改革与增长、加强全方位基础设施与互联互通建设等方面达成系列重要共识

续表

届数	时间	地点	内容
23	2015 年 11 月	菲律宾马尼拉	发表了《打造包容性经济,建设更美好世界:亚太大家庭愿景——亚太经合组织第二十三次领导人非正式会议宣言》,议题包括区域经济一体化、中小企业、人力资源开发和可持续增长等。宣言再次肯定以世界贸易组织为核心的多边贸易体制的价值,及其在国际贸易中的中心和首要地位。会议致力于加强基于规则、透明、非歧视、开放和包容性的多边贸易体制

20.3 APEC 与 EU、NAFTA 的比较

APEC、欧盟与北美自由贸易区(North American Free Trade Agreement,NAFTA)代表了当前世界经济区域化的三种主要形式。APEC 作为论坛性质的区域经济合作组织,在组织机制仍然较为松散,尚未形成为一体化的区域经济集团。而欧盟、北美自由贸易区则具有约束性的制度安排,成员国之间的经济关系高度一体化,是区域经济一体化的典型代表。

区域经济一体化(Regional Economic Integration),是指区域内若干国家之间进行不同程度经济整合和市场一体化的统称,具体而言主要包括自由贸易区,关税同盟,共同市场,经济联盟等四种形态。其中,自由贸易区是经济一体化水平最低的一种形态。自由贸易区成员国之间相互减免关税,尽最大可能消除贸易壁垒,但是各自保持对成员国以外国家的独立关税政策和贸易壁垒。NAFTA 即为典型的自由贸易区形态。关税同盟相比自由贸易区更进一步,除了在同盟成员国之间削减关税、消

除贸易壁垒之外,还实行统一的对外关税政策。共同市场是区域经济一体化的第三种形态,共同市场成员国在实现共同对内对外关税政策的基础上,还致力实现各成员之间商品、资本、人员和劳务等生产要素的自由流动。经济联盟是区域经济一体化的更高形态,其在共同市场的基础上,还要求成员在经济、财政、货币、福利等领域实行统一的政策。EU 即属于高度一体化的经济同盟。

欧盟区域经济一体化经历了不断发展的历程。欧洲一体化从一开始即选择了高层次的关税同盟形式。此后从关税同盟过渡到共同市场,又从共同市场发展为高度一体化的经济同盟。欧盟的前身是欧洲经济共同体,于 1958 年依据《罗马条约》而成立。1991 年 12 月 11 日,欧共体马斯特里赫特首脑会议通过了建立欧洲经济货币联盟和欧洲政治联盟的《欧洲联盟条约》(通称《马斯特里赫特条约》)。经欧共体各成员国批准,《马斯特里赫特条约》于 1993 年 11 月 1 日正式生效,欧共体开始向欧洲联盟过渡。

北美自由贸易区由美国、加拿大和墨西哥组成,是在原美国、加拿大自由贸易区基础上的扩大和延伸。作为北美自由贸易区的法律基础,《北美自由贸易区协定》于 1992 年 8 月 12 日达成,并于 1994 年 1 月 1 日正式生效。北美自由贸易区是世界上第一个由发达国家和发展中国家组成的区域经济集团,其宗旨在于取消贸易壁垒、创造公平的条件、增加投资机会、保护知识产权、建立执行协定和解决贸易争端的有效机制同时促进三边和多边合作。协定生效后,三国间约 65% 的制成品关税立即取消,各成员国在 15 年的过渡期内逐步取消所有产品的关税及其他非关税壁垒。而且《北美自由贸易区协定》还规定了严格的原产地规则(Rules of Origin),以防止北美自由贸易区以外国家的产品享受该协定项下的贸易投资自由化福利。

从欧盟和北美自由贸易区的特征来看,其共同点在于以具有约束力的国际条约为基础,而且所形成的区域性经济集团具有对内自由、对外保护的封闭性。欧盟、北美自由贸易区所推行的贸易投资自由化仅限于其成员国之间,非成员国并不能享受其贸易投资自由化的福利。从二者的形成背景来看,区域经济一体化的顺利推进离不开一个或若干个强有力的主导国。[①] 欧洲和美洲的区域经济一体化之所以取得令人瞩目的进展是由于北美自由贸易区有美国为主导,欧盟则是以法德为轴心。而亚洲的经济区域化由于缺乏区域化强劲的推动者,亚洲区域经济整合进展不大。与欧盟、北美自由贸易区相比,APEC 在制度性和约束性上明显不足,其经济合作并非以成员国间的有效国际条约为基础,而是通过会议等形式在自主自愿的基础上通过没有约束力的"承诺"予以推进。APEC 区别于欧盟、北美自由贸易区的另一个重要特点在于其所秉持的"开放性原则",各成员在 APEC 框架下所作出的贸易投资自由化承诺也将非歧视性地适用于非成员国。这一开放性要求在实践中也成为 APEC 成员进一步作出单方自由化承诺的阻碍。[②]

---

① 胡庆江著:《东亚自由贸易区(EAFTA)路径选择研究》,北京大学出版社 2013 年版,第 174 页。

② Saman Kelegama, "Open Regionalism and APEC: Rhetoric and Reality", *Economic and Political Weekly*, Vol. 35, No. 51, 2000, pp. 4525 – 4533; Alan Oxley, "Achieving Effective Trade Liberalization in APEC: The limitations of 'Open Regionalism'", *Journal of Philippine Development*, Vol. 23, 1996, pp. 179 – 195.

20.4 APEC与"开放的地区主义"(Open Regionalism)

"开放的地区主义"是APEC所坚持的一项基本原则,其意在解决当前区域贸易政策的一个核心问题,即如何在数量激增的区域自由贸易协定与WTO所要求的多边贸易体制之间寻求兼容。① "开放的地区主义"试图在推进地区贸易投资自由化的同时,维护和加强多边贸易体制以最终实现全球贸易投资自由化。

但是,APEC在坚持"开放的地区主义"政策的同时并未对其予以明确定义。总体而言,至少可以整理出四种解释立场。第一,将"开放"解读为地区经济组织或集团成员的开放,即任何接受该地区经济组织规则的国家都有可能获得成员资格。这一解读似乎与APEC的自身定位并不相符,APEC成员目前仅限于亚太国家或地区,而且各成员在是否接纳新成员的问题上并未能达成一致。尽管APEC的名称本身允许将任何亚洲及环太平洋国家接纳为其成员,但是就目前而言APEC成员数量仍长期维持为21个。第二,将"开放的地区主义"解读为无条件的最惠国待遇原则。根据这一解释立场,APEC成员作出的任何贸易投资自由化承诺都将无条件的适用于其他成员和非成员国。这一解读得到了多数APEC成员的认同。但是,其存在一个难以逾越的政策风险,即非成员方的"搭便车"问题。由于对非成员方"搭便车"的担忧,APEC成员在贸易投资自由化方面的承诺较少超出其在WTO协定下的承诺,即使是超出WTO协

---

① C. Fred Bergsten, *Open Regionalism*, Peterson Institute for International Economics Working Paper 97 - 3, http://www.iie.com/publications/wp/wp.cfm?ResearchID = 152.

定的承诺,也只不过是就特定领域稍作提前而已。第三,将“开放的地区主义”解读为有条件的最惠国待遇原则。无条件的最惠国待遇原则下所隐含的“搭便车”风险,使得美国等部分 APEC 成员建议将 APEC 自由化成果有条件地适用于非 APEC 成员。只有当非 APEC 成员对等地作出与 APEC 成员相对应的自由化承诺时,其才可享受 APEC 成员的自由化福利。但是,这与 WTO 协定下各 WTO 成员所承担的无条件最惠国待遇义务相违背,除非 APEC 成员之间达成《关贸总协定》第 24 条项下的关税同盟或自由贸易区才可例外地不承担无条件最惠国待遇义务。而 APEC 成员同时也是 WTO 成员,而且 APEC 成员之间尚未达成 WTO 协定项下的自由贸易协定,因此一旦某 APEC 成员作出降低关税或减少非关税壁垒的承诺,该承诺将无条件适用于任何 WTO 成员。第四,在强调“开放的”同时弱化“地区主义”。该解释立场认为 APEC 应当以实现全球贸易投资自由化为首要目标,在 WTO 框架下推进全球自由化进程的同时即可实现亚太地区经济的一体化。但这一立场将难以解释 APEC 为何不直接倡导全球自由化而是坚持“开放的地区主义”这一全新概念。

在 APEC 名人小组(Eminent Persons Group)1994 年的报告中,名人小组建议可以采取四种“互不排斥的”模式来履行 APEC 成员对“开放的地区主义”的承诺。其中包括:(1)尽最大限度地推行单边自由化;(2)在依据最惠国待遇原则实施区内自由化的同时,致力于减少对区外成员的壁垒;(3)愿意在互惠的基础上将区内自由化措施扩展适用于区外非成员;(4)承认在有条件或无条件的基础上,任何单个 APEC 成员有权将其在 APEC 框架下的自由化措施扩展适用于区外非成员。[①] 可见,名人小组并不认为无条件的最惠国待遇原则是推行“开放的地区主义”的唯一途径,互惠原则或者有条件的最惠国待遇原则也被认为是可以同时采用的自由化模式。当然,为了与 WTO 协议相一致,APEC 成员可依据《关贸总协定》第 24 条在互惠的基础上与其他 APEC 成员或非 APEC 成员缔结自由贸易协定从而排除其无条件最惠国待遇义务。因此,在名人小组看来,APEC 成员之间的贸易投资自由化进程可以比 APEC 成员与非 APEC 成员之间的自由化进程更为超前,也可以同步同质进行。“开放的地区主义”反对将贸易投资自由化措施仅局限于区域内成员之间,但也并不意味着必须要将该自由化福利完全无条件地向区域外国家予以开放。“开放性”体现在 APEC 各成员方有志于将亚太区域内的自由化成果延伸到区外国家,但各成员方可依据自主自愿的原则采取无条件最惠国待遇或者有条件最惠国待遇的方式扩展其自由化适用对象。[②] 可以说,“开放的地区主义”其概念本身并不完全排除互惠原则。

事实上,APEC 也允许各成员国通过缔结区域自由贸易协定的方式在协定成员国之间互惠对等地推进贸易投资自由化。

---

① 名人小组报告中的相关原文表述如下:“We recommend that APEC adopt a nonmutually exclusive four-part formula to implement its commitment to open regionalism: the maximum possible extent of unilateral liberalization; a commitment to continue reducing its barriers to nonmember countries while it liberalizes internally on an MFN basis; a willingness to extend its regional liberalization to nonmembers on a mutually reciprocal basis; and recognition that any individual APEC member can unilaterally extend its APEC liberalization to nonmembers on a conditional or unconditional basis.”

② 周涛:“‘开放的地区主义’释义”,载《国际商务研究》1998 年第 5 期。

根据《大阪行动议程》的安排，APEC 成员可通过单独行动、集体行动以落实其对贸易投资自由化目标的承诺。自 1996 年起，APEC 成员开始通过定期提交单独行动计划（individual action plans）的方式来推进单方自由化进程。而所谓的"单独行动"，包括该成员为推动贸易投资自由化自行作出的单边、双边或多边安排。例如，在 2011 年中国单独行动计划中，中国列举了其在关税、非关税措施、服务、投资、标准和一致化、关税程序、知识产权、竞争政策、政府采购、透明度等领域所要进行的单边自由化计划或已完成的单边行动，此外还列举了其已达成的区域自由贸易协定及正在商谈的区域自由贸易协定。① 此外，在 2005 年第 13 届领导人会议通过的"釜山路线图"中，促进 APEC 各成员缔结高水平的区域贸易协定和自由贸易协定也被纳入实现"茂物目标"的路线图范畴当中。高水平的区域贸易协定和自由贸易协定被认为是实现自由与开放的贸易及投资的重要途径。

21. 单独行动：APEC 成员自行参与 FTA 的战略

21.1　APEC 成员自行参与 FTA 的背景及动力

尽管 APEC 作为整体至今未形成一项有约束力的法律文件，但是 APEC 成员在双边或多边自由贸易协定的谈判和缔结方面却表现出了极大的积极性。根据 APEC 官方的统计数据，

① *Individual Action Plan Update for China for* 2011，http://www. apec. org/About-Us/About-APEC/Achievements-and-Benefits/2012-Bogor-Goals. aspx.

截至 2011 年 12 月,APEC 成员缔结的自由贸易协定数量达到 129 个,其中 110 个自由贸易协定生效实施。在 129 个已缔结的自由贸易协定中,有 49 个是在 APEC 成员之间缔结的;而在 110 个已生效实施的自由贸易协定中,有 44 个是在 APEC 成员之间的自由贸易协定。[①] 而且,多数自由贸易协定在涵盖内容上并不局限于货物贸易这一传统议题,而是同时包含货物贸易、服务贸易、投资、知识产权、政府采购、劳工标准等多个议题。

APEC 成员对自由贸易协定的青睐,与 APEC 在推动贸易投资自由化上的止步不前和 WTO 多哈回合谈判的无功而返息息相关。由于 APEC 对贸易投资自由化的推动依赖于各成员自主自愿的单方行动,而且开放性原则所存在的"搭便车"风险也使得各成员不太愿意主动做出单方的自由化承诺。其结果是 APEC 作为整体在推动贸易投资自由化上进程缓慢,各成员仍把多边自由化谈判焦点放在 WTO 框架中。然而,WTO 框架下的多哈回合谈判并未取得实质性进展。在这一背景下,部分 APEC 成员开始将其焦点转向次区域的自由贸易协定(Free Trade Agreements,FTAs),通过在部分国家之间缔结有约束性的自由贸易协定,从而在更小的区域范围内率先推动贸易投资的自由化。

自由贸易协定的日益盛行,受到来自经济层面和政治层面两股力量的驱动。自由贸易协定不仅仅是成员国在相互之间推

① *APEC's Bogor Goals Progress Report*, *Accessed* 13 *August* 2012. http://www.apec.org/About-Us/About-APEC/Achievements-and-Benefits/~/media/Files/AboutUs/AchievementsBenefits/2012_BG_Reports/APEC_BogorGoalsProgressReport_13Aug2012.ashx.

动贸易投资自由化的经济工具,也是成员国强化自身国际地位、参与甚至主导国际经济规则制定的外交工具。自由贸易协定可能带来的贸易创造(trade creation)和贸易转移效应(trade diversion)是不同经济体(包括国家和作为独立经济体的地区)之间争先缔结自由贸易协定的主要经济激励。其中,贸易创造效应指的是自由贸易协定成员之间由于贸易投资自由化而带来的贸易投资规模的扩大,而贸易转移效应指的是自由贸易协定成员之间的贸易投资往来逐渐替代协定成员与非成员之间的贸易投资往来,从而造成的贸易投资方向的转移。贸易创造被认为是对全球贸易自由化的正面效应,而贸易转移则被认为是对协定非成员国的负面效应。只有当贸易创造大于贸易转移时,一项自由贸易才被认为是对全球贸易自由化的正面推动。然而,一项双边或区域自由贸易协定的达成,通常同时具有贸易创造和贸易转移的效果,二者在何为主要何为次要并无定论。而且,成员国之间的贸易创造以及由非成员国到成员国的贸易转移事实上都是一国缔结自由贸易协定的主要经济动力。贸易创造和贸易转移对于成员国而言都是有利可图的。进一步而言,一项自由贸易协定对非成员国的贸易转移效应也可以成为非成员国寻求与成员国达成新的自由贸易协定的负面激励,因为任何一国都不愿意被边缘化并遭受可能的贸易转移的损失。①

此外,非经济因素在自由贸易协定的谈判与缔结中也发挥着重要作用。自由贸易协定的谈判与缔结,不仅可以加强成员

---

① 李荣林等:《APEC 内部 FTA 的发展及其对 APEC 的影响》,天津大学出版社 2011 年版,第 15 页。

国之间的政治联系,而且可以加强成员国对国际经济规则制度的"话语权"。对于经济实力弱小、在国际层面欠缺讨价还价能力的国家或地区而言,也可通过缔结自由贸易协定形成区域贸易组织,并依靠该区域贸易组织的集体力量在全球多边谈判中"发出声音",从而维护自身的政治经济利益。由印度尼西亚、马来西亚、菲律宾、新加坡、泰国、文莱、越南、老挝、缅甸、柬埔寨等十国组成的东南亚国家联盟(简称东盟)即为典型的次区域组织。东盟十国不仅在相互之间缔结了《东盟自由贸易协定》,而且还以东盟作为谈判主体与中国、日本、韩国、印度、澳大利亚、新西兰等国分别签订了自由贸易协定,[①]这一联合战略在维护东盟十国的贸易投资利益方面发挥了关键作用。

21.2 FTA 数量的扩张与竞争性自由化

竞争性自由化(competitive liberalization 或 competition in liberalization),最早由美国学者伯格斯坦(C. Fred Bergsten)在1996年提出,指的是部分国家之间缔结自由贸易协定对其他国家所形成的示范效应和竞争效应。[②] 这一主张随后为美国政府所接受和倡导。[③] 竞争性自由化概念的提出,很好地阐释了各国在缔结自由贸易协定上的竞争性关系。

---

① 关于东盟与中国、日本、韩国、印度、澳大利亚、新西兰等国分别签订的自由贸易协定,参见东盟的官方网址:http://www.asean.org/communities/asean-economic-community/category/free-trade-agreements-with-dialogue-partners。

② C. Fred Bergsten, *Competitive Liberalization and Global Free Trade: A Vision for the Early 21st Century*, Peterson Institute for International Economics Working Paper 96-15, http://www.iie.com/publications/wp/wp.cfm? ResearchID=171.

③ William H. Cooper, *Free Trade Agreements: Impact on U.S. Trade and Implications for U.S. Trade Policy*, Congressional Research Service Report for Congress, 2012.

各国争相对外缔结自由贸易协定，导致自由贸易协定的数量扩张和范围重叠，从而形成了所谓的“轮轴—辐条”（hub and spoke）结构。[①] 一个“轮轴国”可能会同时与多个“辐条国”分别签订不同的自由贸易协定。与“辐条国”相比，“轮轴国”将处于更为优势的经济地位。[②] 例如，在货物贸易方面，“轮轴国”的产品可以通过自由贸易协定进入所有“辐条国”的市场，但是各“辐条国”的产品只能依据相应的自由贸易协定进入“轮轴国”的市场，而不能在彼此市场之间相互进入。因此，“辐条国”要改变其不利地位，一种战略是在彼此之间签订自由贸易协定，以打破现有的“轮轴—辐条”格局，从而发展成为一个新的“二级轴心”甚至是“一级轴心”。可见，为了获得更大的国外市场，各国都主动或被动地与其他国家缔结众多自由贸易协定，以改变本国的“辐条国”地位或者加强本国的“轮轴国”地位。各国在自由贸易协定上的竞争，其结果必然是多个“轴心”的形成，而各“轴心”之间存在势力范围的竞争。

一旦有关国家缔结了自由贸易协定，就会在与其关系密切的国家之间产生连锁反应和攀比效应。为了避免贸易转移和处于“辐条国”地位给本国经济带来损失，各国都争相与贸易联系密切的国家和同处于辐条地位的国家组建自由贸易区，由此导

---

① Ronald J. Wonnacott, *US Hub-and-Spoke Bilateral and the Multilateral Trading System*, Toronto: C. D. Howe Institute, 1990; Richard G. Lipsey, *Canada and the US-Mexico Free Trade Dance: Wallflower or Partner*, Toronto: C. D. Howe Institute, 1990.

② 宋玉华、李锋：“亚太区域内自由贸易协定的‘轴心—辐条’格局解析”，载《世界经济与政治》2008 年第 2 期；东艳：“区域经济一体化新模式——‘轮轴—辐条’双边主义的理论与实证分析”，载《财经研究》2006 年第 9 期。

致了自由贸易协定的竞争性发展。[①] 自由贸易协定数量的迅速扩张,其结果是形成一个错综复杂的自由贸易协定网络,这一网络也被学者称为"意大利面条碗"结构(spaghetti bowl)。[②] 在这样的面条碗结构下,数量众多的自由贸易协定相互交错、重叠,各自规范着其双边或多边成员之间的贸易投资关系。而不同自由贸易协定在贸易投资自由化的程度上参差不齐,由于自由贸易协定所具有的歧视性自由化特征,同种商品可能会面临不同的关税税率、降税步骤以及原产地规则。[③]

21.3 FTA:全球贸易投资自由化的垫脚石抑或绊脚石?

从全球贸易投资自由化的进程来看,实现自由化的途径主要包括三种,即单边自由化、双边互惠自由化、多边自由化。其中,多边自由化的谈判是实现全球贸易投资自由化的理想途径,WTO 一系列多边贸易规则的达成对于推进全球贸易自由化发挥了重要作用。但是,近年来 WTO 多哈回合谈判的失败却使得多边自由化这一路径陷入僵局。在多边自由化谈判难以深入的情形下,APEC 所倡导的单边自由化不失为一个替代途径。然而,这种不要求其他国家给予自由化回报的单边自由化方式在实践中并未得到多数国家的坚持。在多边自由化、单边自由

---

① 李荣林等:《APEC 内部 FTA 的发展及其对 APEC 的影响》,天津大学出版社 2011 年版,第 72 页。

② Jagdish Bhagwati, "U. S. Trade Policy: The Infatuation with Free Trade Agreements", in Jagdish Bhagwati and Anne O. Krueger(eds.), *The Dangerous Drift to Preferential Trade Agreements*, AEI Press, 1995; Jagdish Bhagwati, *Free Trade Today*, Princeton University Press, 2001; Jagdish Bhagwati, *Termites in the Trading System: How Preferential Agreements Undermine Free Trade*, Oxford University Press, 2008.

③ 沈铭辉:"应对'意大利面条碗'效应——兼论东盟在东亚合作中的作用",载《亚太经济》2011 年第 2 期。

化都难以取得实效的情况下，双边互惠的自由贸易协定便成为多数国家为推进双边或区域贸易投资自由化所推崇的实用主义路径。

问题在于，双边互惠的自由贸易协定是推进多边贸易投资自由化的"垫脚石"（building block）还是"绊脚石"（stumbling block）。对此，在理论上有不同的观点。主张双边自由贸易协定有助于多边贸易投资自由化的观点强调其正面效应，而主张双边自由贸易协定阻碍多边贸易投资自由化的观点则强调其负面效应。前者认为在 WTO 多哈回合受阻的情况下，数量庞大的双边自由贸易协定网络是实现多边贸易自由化的"垫脚石"。[①] 在全球性的全面自由化难以实现的情况下，在特定成员之间就部分领域达成自由化的约定更易于实现。而且，作为自由化的"次优方案"，双边自由贸易协定还能发挥"先自由化带动后自由化"的示范效应和竞争效应。事实上，积极参与自由贸易协定谈判的国家也以此为依据将自身定位为贸易投资自由化的"探路者"或"先行者"。

但是，双边自由贸易协定可以促进多边贸易投资自由化的主张仅限于理论探讨，并无充分说服力的客观数据予以支撑。自由贸易协定的特征即在于对内自由、对外保护，协定成员国并不会轻易地将区域内的自由化成果无条件地延伸适用于区域之外。错综复杂的自由贸易协定网络并不能完全涵盖所有国家的双边关系，自由贸易协定的扩张能否促成一项统一的多边贸易

① Richard E. Baldwin, "Multilateralising Regionalism: Spaghetti Bowls as Building Blocks on the Path to Global Free Trade," *The World Economy*, Vol. 29, No. 11, 2006, pp. 1451 – 1518.

协定还存有疑问,而且还可能造成贸易规则的"碎片化"和不同贸易规则之间的对抗。有学者因此认为,自由贸易协定的扩展及其竞争性自由化效应并不会自动导致全球贸易自由化,相反却可能导致贸易集团之间的抗衡。①

尽管上述两个主张针锋相对,但却存在着一个共识,即双边自由贸易协定对于多边贸易自由化的正面效应和负面效应可能是同时存在的,其分歧在于何种效应居于主要地位。因此,在客观数据难以充分论证自由贸易协定的准确作用之前,一个适中的结论是双边自由贸易协定网络既可能发挥"垫脚石"作用,也可能是多边贸易投资自由化进程中的"绊脚石"。②

22. 集体行动的裹足不前:APEC 框架下的 FTAAP 方案

22.1 FTAAP 方案的缘起及进展

APEC 的自主自愿式非约束机制很难激励成员在关键性领域作出更多的承诺,这使得其在推动贸易投资自由化上进程缓慢。在多边贸易投资自由化难以取得实质成效的情况下,越来越多的 APEC 成员将其政策重心转向双边自由贸易协定。而双边自由贸易协定由于其封闭性自由化特征,并不必然能推进多边贸易投资的自由化。在这一背景下,在 APEC 成员之间缔结

---

① 刘彬:"区域贸易协定'竞争性自由化'辨析",载《河北法学》2011 年第 10 期。

② 孟夏:"次区域贸易安排与 APEC 目标的实现",载《南开经济研究》2004 年第 3 期。

约束性的亚太自由贸易区协定以实现 APEC 制度化的主张开始被提上议程。

亚太自由贸易区的倡议最早于 2004 年由新西兰学者 Robert Scollay 在向 APEC 工商咨询理事会(APEC Business Advisory Council,ABAC)提交的一份报告中提出。该份报告名为《FTAAP 方案的初步评估:向 ABAC 提交的一份文件》,共分为七个部分。[①] 报告建议将 APEC 逐步过渡到 FTAAP,并指出 FTAAP 方案有别于 APEC 下的“开放的地区主义”概念,它是以约束性的互惠承诺为基础的“高质量”自由贸易区,其并不妨碍相反可以有效促进“茂物目标”的实现。在这位学者看来,由 APEC 的非约束性机制转变为约束性的自由化承诺同时不使该承诺适用于非成员方,在 WTO 体系下其唯一的合法形式只能是在 APEC 成员之间缔结一项广泛参与的自由贸易区协定。如果所有 APEC 成员都能参与到 FTAAP 中来,则 APEC 成员作为个体将没有必要再缔结双边自由贸易协定。当然,Scollay 也清楚地意识到 APEC 成员的政治意愿是 FTAAP 方案能否达成的关键因素,其认为 FTAAP 方案的谈判至少要获得中、美、日三国的支持,最好是获得北美洲的美、加、墨和东北亚的中、日、韩六个国家的支持。

该份报告随后被 APEC 工商咨询理事会提交给 2004 年在智利圣地亚哥举行的第十二届 APEC 领导人非正式会议。尽管会议所达成的联合声明《圣地亚哥宣言》对这一报告表示“欢

---

① Robert Scollay, *Preliminary Assessment of the Proposal for A Free Trade Area of the Asia-Pacific(FTAAP):An Issues Paper for the APEC Business Advisory Council (ABAC)*, 2004, http://www.apec.org.au/docs/koreapapers2/SX-RS-Paper.pdf.

迎",但是由于包括中国、日本和美国在内的主要成员均未对此明确表态,所以该报告并未得到 APEC 成员的积极回应。但 APEC 工商咨询理事会并未就此停止其对 FTAAP 方案的可行性研究。2005 年 10 月 APEC 工商咨询理事会决定在 FTAAP 方案未获 APEC 领导人正面回应的情况下自行发起可行性研究,并联合太平洋经济合作理事会(Pacific Economic Cooperation Council,PECC)邀请来自美国、日本、中国、新西兰、新加坡和印尼的 9 名专家组成工作小组分别撰写报告,并将该研究报告予以公开。[①] 在这份研究报告中,多数学者对 FTAAP 方案予以肯定。

在 2006 年召开的第十四届 APEC 领导人非正式会议上,美国总统布什开始明确表示支持并呼吁成立亚太自由贸易区,使该议题迅速成为 APEC 新的工作议程,不少大国或随声附和,或抛出相似的提法。其后,在 2007 年召开的第十五届 APEC 领导人非正式会议上,各成员领导人在联合声明中表示,"将通过一系列务实和渐进的步骤,对 FTAAP 模式的选择和前景进行研究。"[②]在 2008 年秘鲁举行的第十六届 APEC 领导人非正式会议上,FTAAP 方案更是高调地出现在议程中。在会议达成的联合声明中,APEC 各成员领导人明确将对 FTAAP 模式的选择和前景的研究作为长期目标,并注意到 FTAAP 既可能对亚太地

---

① The Pacific Economic Cooperation Council & The APEC Business Advisory Council, *An APEC Trade Agenda? The Political Economy of a Free Trade Area of the Asia Pacific*, 2006, http://www.apec.org.au/docs/061120_FTAAP.pdf.

② Fifteenth APEC Economic Leaders' Meeting, *Sydney Declaration-Strengthening Our Community, Building a Sustainable Future*, 2007, http://www.apec.org/Meeting-Papers/Leaders-Declarations/2007/2007_aelm.aspx.

区带来福利,也可能在筹建过程中遇到挑战。因此,APEC 各成员领导人要求对 FTAAP 模式的选择和前景作进一步研究,包括 FTAAP 可能的经济影响以及 FTAAP 谈判所必备的相关条件。[①]

FTAAP 方案在 2010 年日本横滨举行的第十八届 APEC 领导人非正式会议上得到了进一步的支持。在这次会议中,与会领导人不仅表示要采取具体措施以实现 FTAAP,而且还通过了名为《亚太自由贸易区的可能途径》的文件。在会后发表的《横滨宣言》中,FTAAP 被认为是进一步推动亚太地区经济一体化进程的主要载体,而且 FTAAP 协议不应过于狭义,其涵盖领域必须广泛深入,且应充分涉及"下一代"贸易和投资议题。[②] 与会领导人认为,FTAAP 可在现有的区域自由贸易区平台的基础上予以发展和巩固,其中包括"东盟 +3"谈判、"东盟 +6"谈判以及 TPP 谈判等多种平台。而且,FTAAP 谈判必须充分考虑到亚太地区双边和区域自由贸易协定数量的扩张、在 2020 年实现自由开放的贸易投资这一"茂物目标"、APEC 的非约束及自愿特征、"下一代"贸易投资议题的重要性以及 APEC 对多边贸易体制的长期支持。[③]

---

① Sixteenth APEC Economic Leaders' Meeting, *Lima Declaration-A New Commitment to Asia-Pacific Development*, 2008, http://www. apec. org/Meeting-Papers/Leaders-Declarations/2008/2008_aelm. aspx.

② Eighteenth APEC Economic Leaders' Meeting, *Yokohama Declaration-The Yokohama Vision-Bogor and Beyond*, 2010, http://www. apec. org/Meeting-Papers/Leaders-Declarations/2010/2010_aelm. aspx.

③ Eighteenth APEC Economic Leaders' Meeting, *Pathways to FTAAP*, 2010, http://www. apec. org/Meeting-Papers/Leaders-Declarations/2010/2010 _ aelm/pathways-to-ftaap. aspx.

2014 年 11 月,APEC 第二十二次领导人非正式会议发表《亚太经合组织推动实现亚太自贸区北京路线图》,决定启动实现亚太自贸区有关问题的联合战略研究,全面系统地推进亚太自贸区进程。北京线路图指出,亚太自贸区不仅仅是狭义范畴的自由化,它将是全面的、高质量的,并且涵盖下一代贸易投资议题。亚太自贸区不会取代茂物目标,相反,它将成为整合和促进贸易投资自由化的重要驱动力。在建设亚太自贸区过程中,亚太经合组织应保持非约束性和自愿原则。亚太自贸区应使区域和双边贸易安排带来的负面影响最小化,并建立在已有和正在谈判中的区域贸易安排基础之上。

尽管 APEC 成员已经原则上认可了 FTAAP 作为 APEC 推进贸易投资自由化的远期目标,并将 FTAAP 定位为一个涵盖领域宽泛、综合性的"高质量"亚太自由贸易区,但是在 FTAAP 的具体涵盖领域、是否涵盖农业等敏感部门、自由化水平、各成员是否同步自由化、建成时间表等基础性问题上并未达成共识。正因如此,FTAAP 方案目前仍然处于倡议及可行性研究阶段,尚未进入实质性谈判阶段。

22.2 APEC 主要成员对 FTAAP 方案的立场

(1)美国立场

在对外贸易政策上,美国一直奉行所谓的"三轨道"政策。第一条轨道为多边主义,通过多边贸易谈判建立健全以贸易规则为基础的多边机制。第二条轨道为单边主义,以贸易救济、制裁作为威胁以确保美国产品进入他国市场,而第三条轨道为双边或区域自由贸易协定谈判。[①]其中,区域或双边自由贸易协定谈判近年来成为美国推行贸易自由化的主要对外政策。[②] APEC 是美国与亚太国家进行多边谈判的一个主要途径,参与并主导 APEC 区域经济合作是美国维护其在亚太地区霸权地位、打开亚太市场的重要途径。因此,APEC 是否以及如何走向亚太自由贸易区关乎美国的核心政治经济利益。

自 APEC 成立之初,美国始终强调逐步推进 APEC 机制化,但由于多数发展中成员的坚持,APEC 至今仍保持着较低的机制化程度。在 APEC 内部双边 FTA 数量不断增加、APEC 面临发展困境的背景下,美国一贯以亚太地区贸易投资自由化为目标,试图主导 APEC 向亚太自由贸易区的转变。在亚太地区进行全方位、高质量、具有强制约束力的 FTAAP 谈判,符合美国主导亚太区域经济一体化、维持其在亚太地区核心利益的战略诉求。[③] 但是,由于 FTAAP 方案并未能获得多数 APEC 成员的积极响应,FTAAP 谈判始终未能得到正式启动。

(2)日本立场

日本作为亚太地区的经济大国,参与并主导亚太地区经济一体化进程也是其重要战略。2001 年,日本通产省发表的《国际贸易白皮书》首次阐明了多边贸易体制的不足以及推进双边

---

① William H. Cooper, *Free Trade Agreements: Impact on U. S. Trade and Implications for U. S. Trade Policy*, Congressional Research Service Report for Congress,2012.

② 朱颖著:《美国全球自由贸易协定战略》,华东理工大学出版社 2012 年版,第 47 页。

③ 官占奎、刘晨阳主编:《APEC 走向亚太自由贸易区问题研究》,南开大学出版社 2009 年版,第 124 页。

FTA 的必要性,以避免因不参与双边 FTA 而在国际贸易格局中处于劣势地位。2002 年 10 月,日本外务省制定了《日本 FTA 战略》,正式提出日本对谈判和签署双边 FTA 的基本立场、基本原则、谈判对象选择的标准等。自 2002 年与新加坡缔结第一个双边自由贸易协定以来,日本目前已经与新加坡、墨西哥、马来西亚、智利、泰国、印度尼西亚、文莱、东盟、菲律宾、瑞士、越南、印度和秘鲁等国家和地区缔结了共 13 项双边自由贸易协定。① 这些协定都以全面性"经济合作协定"为名,而且在内容上均覆盖了广泛的领域,但却都强调农产品例外。

尽管参与 FTAAP 谈判将为日本带来可观的政治经济利益,符合其主导亚太地区经济一体化进程的基本战略,但是日本参与 FTAAP 谈判也将面临着巨大的挑战,其困难之一在于农产品贸易自由化问题。日本早稻田大学教授 Shujiro Urata 在其向 APEC 工商咨询理事会和太平洋经济合作理事会提交的研究报告中指出,日本在是否支持启动 FTAAP 谈判进程上仍处于进退两难的尴尬境地,其缺乏率先启动并主导 FTAAP 谈判的内在动力,因而只能采取相对保守的防守型战略。② 在未来的 FTAAP 谈判中,日本不可能轻易地在农产品贸易自由化方面作出较大让步,在农产品贸易自由化问题没有得到妥善解决的情

① The website of Ministry of Foreign Affairs of Japan, http://www.mofa.go.jp/policy/economy/fta/.

② Shujiro Urata, Japan's FTA Strategy and a Free Trade Area of Asia Pacific, in The Pacific Economic Cooperation Council & The APEC Business Advisory Council (eds.), *An APEC Trade Agenda? The Political Economy of A Free Trade Area of the Asia Pacific*, 2006, pp. 71 – 90, http://www.apec.org.au/docs/061120_FTAAP.pdf.

况下,日本不太可能会积极地启动和主导在 FTAAP 谈判。①

(3)东盟立场

东盟作为发展中成员联盟,利用集体的力量在 APEC 框架中扮演着重要角色。自 APEC 成立至今,东盟始终坚持其"大国制衡"战略,反对 APEC 的机制化,从而强化东盟在亚太地区经济合作中的主导权。具体而言,"大国制衡"战略即平衡美国、日本、中国等 APEC 重要成员在 APEC 中的力量对比,以防止 APEC 被部分核心成员或成员集团所主导,并进而提升东盟在亚太地区中的影响力和议价能力。此外,坚持 APEC 的弱机制形式、强调协商一致、自主自愿的非约束机制,也是东盟维持其在 APEC 中的核心地位、避免任何大国在亚太地区过度膨胀的重要政策。②

在推进亚太地区经济一体化方面,东盟对内成功建立了高度一体化的东盟自由贸易区,对外仍然以缔结双边自由贸易协定为主,目前已与中国、韩国、日本、印度、澳大利亚、新西兰等国分别缔结了双边自由贸易协定。但是在东盟构筑其"东盟 +1" FTA 网络时,为了保证其"轮轴"地位不动摇,东盟在不同的 FTA 协定中对贸易开放领域、降税步骤、原产地规则、商品例外等内容作出了不同承诺,因而不可避免地强化了亚太地区贸易自由化的"意大利面条碗"效应。③ 而所谓的"东盟 +3"谈判以

---

① 李文韬:"日本针对亚太自由贸易区构想的策略选择与立场",载《现代日本经济》2009 年第 1 期。

② 尹宗华、李文韬:"东盟 FTAAP 战略构想的政治经济分析",载《国际经济合作》2008 年第 11 期。

③ 沈铭辉:"应对'意大利面条碗'效应——兼论东盟在东亚合作中的作用",载《亚太经济》2011 年第 2 期。

及“东盟 +6”谈判至今尚未取得实质性进展。此外,在东盟作为整体与非东盟国家开展经济一体化合作的同时,以新加坡、泰国为代表的一些东盟成员也积极以单独身份与非东盟国家展开双边或区域自由贸易协定谈判。

而在 FTAAP 谈判方面,东盟由于其“大国制衡”战略而表现得较为谨慎。一方面,多数东盟成员还没有对加入一个规模如此加大的自由贸易区做好准备;①另一方面,东盟能否在未来的 FTAAP 谈判中发挥主导作用仍然存有疑问。正因如此,在推进亚太地区经济一体化方面,东盟仍然强调“东盟 + X”模式以试图维持东盟的核心地位。

22.3 FTAAP 方案的困境

FTAAP 方案的核心在于以约束性的贸易投资自由化承诺代替 APEC 框架下自主自愿的非约束性政治承诺。尽管美国、澳大利亚、新加坡等国对 FTAAP 方案予以正面支持,但是日本、中国、东盟等国家或国家集团并未正面回应。由于 APEC 不同成员在贸易自由化目标的“高”与“低”以及其进程的“急”与“缓”之间存在着战略差异,因而使 FTAAP 方案面临进退两难的困境。②

首先,APEC 成员之间对是否启动 FTAAP 谈判尚未形成统

---

① Chia Siow Yue and Hadi Soesastro, ASEAN Perspectives on Promoting Regional and Global Freer Trade, in The Pacific Economic Cooperation Council & The APEC Business Advisory Council (eds.), *An APEC Trade Agenda? The Political Economy of A Free Trade Area of the Asia Pacific*, 2006, pp. 133 - 164, http://www.apec.org.au/docs/061120_FTAAP.pdf.

② 盛斌:“亚太区域合作的新动向:来自竞争性构想的洞察”,载《国际经济评论》2010 年第 3 期。

一共识。而且,由于APEC成员之间经济发展水平的高度差异,各成员所关注的议题可能并不相同。在这样的情况下,试图建立一个囊括21个APEC成员的自由贸易区安排,将是一个旷日持久的讨价还价的过程。而且,由于涵盖领域的数量众多及所涉敏感部门的复杂性,达成一项全面且高质量自由贸易区协定的可能性微乎其微。如此,一个部门覆盖面有限且包含大量例外的低质量的FTAAP无非仅成为"碗中又一根新的意大利面条",这种状况对WTO和APEC本身都不会产生积极的贡献。①

FTAAP方案还将面临亚太地区领导权问题。美国、日本、中国、东盟等国家或国家集团都希望加强其在亚太地区的影响力。在现有的协商一致、自主自愿的APEC模式下,各APEC成员之间彼此对等、互不约束,因此在这一模式下不会产生领导权的争夺问题。而在FTAAP方案下,各成员必须对各项贸易规则进行讨价还价,如此将出现谁来主导贸易规则制定的问题。在APEC主要成员互不相让、争夺规则制定主导权的情况下,FTAAP谈判将很难取得实质性进展。

此外,FTAAP方案还将面临如何处理其与APEC机制间关系的技术性障碍。尽管近年来APEC在推进贸易投资自由化、实现"茂物目标"方面进展缓慢,但是APEC机制的"协调的单边主义"和"开放的地区主义"原则一直为APEC各成员所普遍认同。启动FTAAP谈判,将意味着以约束性互惠机制取代当前的非约束性APEC机制。这将使现有APEC机制的存在基础

① 盛斌:"亚太区域合作的新动向:来自竞争性构想的洞察",载《国际经济评论》2010年第3期。

面临根本性的动摇。因此,是对现有 APEC 机制进行根本性的改革还是在 APEC 机制之外另辟平台推进 FTAAP 谈判,将是未来 FTAAP 谈判需要解决的技术性问题。

23. FTA 网络下碎片化规则的协调

FTAAP 方案的提出,其目的在于打破当前各 APEC 成员双边或区域自由贸易区林立的"意大利面条碗"格局,建立一个包括 APEC 所有成员的高质量亚太自由贸易区。但是,FTAAP 方案的曲高和寡也侧面反映了 APEC 成员对双边或区域 FTA 的热衷。因此,在一个包含所有 APEC 成员的亚太自由贸易区还难以建立的情况下,如何协调各成员间错综复杂的 FTA 网络便成为 APEC 成员所面临的共同议题。

23.1 协调 FTA 规则的必要性及意义

APEC 成员间双边或区域 FTA 数量的不断增长,势必导致亚太地区贸易环境的复杂化。同一成员所参与的不同双边或区域 FTA 可能采纳不同的原产地规则、不同的贸易优惠承诺、不同的投资保护措施及知识产权保护标准以及不同的争端解决机制等。这使得外贸企业和投资者不得不面临不同目标市场所存在的差异化贸易投资规则,提高了外贸企业和投资者的贸易投资成本。对 APEC 成员而言,不同 FTA 规则的存在也将增加成员的行政管理成本。随着 APEC 成员间双边或区域 FTA 数量的继续扩张,这种差异性规则所带来的交易成本和负面影响将越来越明显。[①]

与 APEC 所倡导的“开放的地区主义”原则不同的是，双边或区域 FTA 的贸易自由化规则是封闭的、排他的。每一项双边或区域 FTA 的贸易投资自由化承诺将只适用于该协定成员之间，而不适用于协定以外的其他 APEC 成员。如果这些双边或区域 FTA 不加以协调与整合，将可能导致 APEC 框架下不同贸易集团之间的分割与对立。而且，那些未能参加或较少参加双边或区域 FTA 谈判的少数 APEC 成员也将因此面临边缘化的风险，不利于亚太地区贸易投资自由化的整体推进。

23.2 APEC 框架下协调 FTA 规则的努力

APEC 对成员间双边或区域 FTA 规则的协调进行了较大的努力。2004 年 5 月，在 APEC 关于双边或区域 FTA 的高官会议上，各 APEC 成员代表制定了针对双边或区域 FTA 的《最佳范例》。2005 年 6 月，APEC 贸易部长会议在《最佳范例》的基础上提出制定《示范条款》，以帮助各成员执行《最佳范例》。2006 年 11 月，在越南河内举行的第十四届 APEC 领导人非正式会议上，APEC 各成员通过了《落实釜山路线图以实现“茂物目标”的河内行动计划》(Ha-Noi Action Plan to Implement the Busan Roadmap Towards the Bogor Goals)，将“倡导高质量的双边或区域 FTA”作为落实釜山路线图的行动计划之一，呼吁各成员致力于缔结高质量的、全面的、透明的、广泛一致的和全面

① 李荣林等著:《APEC 内部 FTA 的发展及其对 APEC 的影响》，天津大学出版社 2011 年版，第 241 页。

的双边或区域 FTA。[①]

(1)《最佳范例》[②]

在这份名为《最佳范例》的文件中,APEC 成员一致认为,为助于实现 APEC“茂物目标”,APEC 成员间双边或区域 FTA 应满足以下特征。

第一,与 APEC 的基本原则与目标保持一致。APEC 成员间双边或区域 FTA 的发展须强调《大阪行动议程》第一部分关于贸易自由化和贸易便利化的相关内容,并与其基本原则保持一致。只有如此才能有助于 APEC 实现 1994 年《茂物宣言》中设定的贸易投资自由化的目标。同时,APEC 成员间的双边或区域 FTA 还应通过实施透明、开放和非歧视的规制框架和政策制定以推进 APEC 各成员间的结构改革。

第二,与 WTO 保持一致。APEC 成员间双边或区域 FTA 的发展须与 WTO 的基本原则相符,尤其是与 GATT 第 24 条、GATS 第 5 条中的要求相一致。

第三,超出 WTO 承诺。在 WTO 已经涵盖的领域,APEC 成员间双边或区域 FTA 可在 WTO 义务基础上建立。与此同时,APEC 成员间双边或区域 FTA 还将涉及 WTO 未涵盖或部

---

① Fourteenth APEC Economic Leaders' Meeting, *Ha-Noi Action Plan to Implement the Busan Roadmap Towards the Bogor Goals*, 2006, http://www.apec.org/Press/News-Releases/2006/~/media/Files/Press/NewsRelease/2006/06_VN_Hanoi-ActionPlan.ashx.

② SOM Chair, *Best Practice For RTAs/FTAs In APEC*, the 16th APEC Minister Meeting, Santiago, Chile, 17 – 18 November 2004, available at: http://www.apec.org/Home/Groups/Other-Groups/~/media/D3CEA02503D04FB49D9859EA10D29520.ashx.

分涵盖的贸易和投资领域。这一涵盖领域的扩展将保证 APEC 成员在未来 WTO 相关领域的谈判中居于优势地位。

第四,坚持全面性。通过在所有领域的全面开放,APEC 成员间双边或区域 FTA 将为 APEC 成员带来最大的经济福利。因此,APEC 成员间双边或区域 FTA 将消除成员间的贸易和投资壁垒,其中包括关税和非关税措施以及服务贸易壁垒。此外,在考虑到各成员发展水平不同的前提下,敏感部门的关税和配额措施将逐渐减少。因此,APEC 成员间双边或区域 FTA 将被认为是实现更大范围多边自由化的第一步。

第五,保证透明度。APEC 成员间双边或区域 FTA 一经签署,应将其协定文本及附件、减让表等一并通过其官方网站和 APEC 秘书处网站予以公布。各成员应依照 WTO 的规则和程序及时通报它们新签署和现存的自由贸易协定。

第六,贸易便利化。考虑到成员的规制和管理要求及程序可能构成对贸易的壁垒,APEC 成员间双边或区域 FTA 应在 WTO 条款和 APEC 原则下,采取务实措施和有效合作促进贸易便利化并减少交易成本。

第七,磋商及争端解决机制。由于有关实施 FTA 的争端可能成本很高且增加商业不确定性,因此 APEC 成员间双边或区域 FTA 应采取磋商、调解或仲裁等合适程序预防和及时解决有关争端。

第八,简化原产地规则。为了避免高昂的执行成本,原产地规则应易于理解和遵守。在各成员的所有双边或区域 FTA 中,一国的原产地规则应尽可能地保持一致,以实现贸易创造效应最大化、贸易扭曲效应最小化。

第九,合作。APEC 成员间双边或区域 FTA 应与《大阪行动议程》第二部分中的要求保持一致,重视在经济、技术领域的合作。

第十,可持续发展。贸易是可持续发展的重要组成部分。APEC 成员间双边或区域 FTA 应反映经济发展、社会发展、环境发展三方面以促进各成员的可持续发展

第十一,第三方准入。为与 APEC 的"开放的地区主义"理念保持一致,APEC 成员间双边或区域 FTA 应允许第三方在谈判在协商的条款和条件下加入,这也将成为整个亚太地区贸易投资自由化的动力。

第十二,定期审查机制。APEC 成员间双边或区域 FTA 应包含定期审查机制,以保证自由贸易协定条款的完全执行,并确保这些条款在不断变化的经济环境和贸易投资流动中为各成员带来最大的经济福利。随着各成员一体化程度的加深,定期审查机制也有助于成员维持国内改革、深化开放的动力,促进自由化的深入并引入更加合理的合作机制。

(2)《示范条款》①

截至 2008 年,APEC 已经就 FTA 中的 15 个领域完成了示范条款的制定工作。该 15 个领域分别为:贸易便利化(2005 年制定)、货物贸易(2005 年制定)、贸易的技术性壁垒(2006 年制定)、透明度(2006 年制定)、政府采购(2006 年制定)、合作(2006 年制定)、争端解决(2006 年制定)、电子商务(2007 年制

---

① *APEC Model Measures for RTAs/FTAs*, in Appendix 2 of the 2008 Committee on Trade and Investment Annual Report to Ministers, http://www.apec.org/Home/Groups/Other-Groups/~/media/441C73DB54E746E4835F883BF7154612.ashx.

定)、原产地规则与原产地程序(2007 年制定)、卫生与植物检验检疫措施(2007 年制定)、海关管理与贸易便利化(2008 年制定)、保障条款(2008 年制定)、竞争政策(2008 年制定)、环境(2008 年制定)、商务人员暂时入境(2008 年制定)。以原产地规则与原产地程序示范条款为例,其建议 APEC 成员间双边或区域 FTA 在其原产地规则条款中对如下事项进行规定:原产地商品的标准、地区价值含量要求、材料价值、累积条款、微量条款、可替代或可互换的商品或材料、附件、备件和工具、商品系列、零售用包装材料与容器、运输用包装材料与容器、生产中使用的间接材料、资产材料、运输与转运、磋商与修改、优惠关税待遇的申请、证书要求的例外、核实、与进口相关的责任以及定义。需要注意的是,该示范条款在内容上只是框架性和原则性的建议,其并未对原产地标准、地区价值含量以及累积、微量条款等具体规则进行详细和统一的规定。例如,该示范条款未明确要求 APEC 成员在判断产品的"实质性改变"时应采用关税分类改变标准还是地区价值含量标准,也未就地区价值含量的具体比例作出明确的规定。因此,即使 APEC 成员采纳该示范条款,其仍然可在包含所建议的全部事项的同时,对具体事项作出不同的界定。

此外,为了比较 APEC 成员间双边或区域 FTA 条款的差异性与一致性,APEC 还通过贸易和投资委员会对 APEC 成员间的 30 项双边或区域 FTA 进行了比较研究,从中总结出不同 FTA 的共同点和不同点。该项研究所针对的领域有 14 个章节,包括市场准入、原产地规则、海关程序、卫生和植物检验检疫措施、贸易的技术性壁垒、贸易救济、跨境服务、投资、政府采购、竞争政策、知识产权、劳工、环境与争端解决。①

最佳范例和示范条款是 APEC 致力于协调成员间双边或区域 FTA 而采取的两项重要举措,显示了 APEC 对复杂 FTA 网络所形成的“意大利面条碗”问题的关注和解决意愿。但是,最佳范例和示范条款这两项措施并不可能真正解决 FTA 规则的不统一问题。一方面,最佳范例和示范条款在内容上不够具体、过于笼统,而且覆盖的领域也不够全面。更为重要的是,APEC 自主自愿机制的特点决定了最佳范例和示范条款的非约束性,APEC 成员可自由决定是否采纳以及如何采纳最佳范例和示范条款。因此,不论最佳范例和示范条款如何缜密、易于操作,都无助于根本杜绝复杂 FTA 网络所导致的规则不统一甚至冲突。

23.3 整合 FTA 规则的其他可能路径及评价

在最佳范例、示范条款等方式难以协调 APEC 成员间双边或区域 FTA 的情况下,理论界和实务界也提出了一些其他从双边向多边发展的整合路径。

第一,继续扩充现有 FTA 网络,形成一个涵盖所有 APEC 成员间双边关系的综合性 FTA 网络。② 从条约实践来看,美国、新加坡、东盟等正在努力寻求与更大范围的 APEC 成员缔结双边或区域 FTA。如果 APEC 成员之间双边 FTA 数量和规模能

---

① SOM Chair, *Convergences/Divergences Study of APEC FTAs*, the 20th APEC Minister Meeting, Lima, Peru, 19 - 20 November 2008, http://aimp. apec. org/Documents/2008/MM/AMM/08_amm_010. doc.

② Michael F. Martin, *The 2009 Asia Pacific Economic Cooperation (APEC) Meetings and U. S. Trade Policy in Asia*, Congressional Research Service Report for Congress, 2010, p. 13; 李荣林等著:《APEC 内部 FTA 的发展及其对 APEC 的影响》,天津大学出版社 2011 年版,第 271 页。

持续扩大，则有可能形成一个涵盖所有 APEC 成员间双边关系的综合性 FTA 网络。但是，也有观点主张这一路径并不可行。根据这一观点，双边自由贸易协定数量的激增将成为多边贸易投资自由化的障碍，因为双边 FTA 的谈判和达成是“碎片化的、未经协调的，而且在内容和范围上也不均衡”，这种双边 FTA 网络并不可能带来多边贸易投资的自由化。①

即使肯定一个涵盖所有 APEC 成员间双边关系的综合性 FTA 网络将推进 APEC 成员间多边贸易投资的自由化，这一过程也将是漫长的。试图在 APEC 21 个成员的任意两个成员之间缔结双边自由贸易协定并不可能一蹴而就。按照数学组合计算公式，在 21 个成员的任意两个成员之间需要缔结的双边 FTA 数量为 C_{21}^{2}，该组合计数为 210。换言之，只有当 APEC 成员之间缔结至少 210 项双边自由贸易协定时，才可能涵盖任意两成员之间的双边关系。而目前在 APEC 成员之间缔结的双边自由贸易协定数量远远不足以涵盖所有双边关系。

第二，以现有的某一主要 FTA 为载体，吸纳其他 APEC 成员的加入。这一路径借鉴欧盟的东扩，以一项有强大吸引力的双边或区域 FTA 为基础，逐步吸纳其他 APEC 成员的加入，从而形成一个涵盖绝大多数 APEC 成员的多边 FTA。但目前而言，还没有哪一项现有双边或区域 FTA 具有突出的影响力。其中，以东盟为主导的“东盟 +3”谈判以及“东盟 +6”谈判试图整合东盟与中国、日本、韩国、澳大利亚、新西兰、印度等国分别签

---

① Jane Kelsey, *APEC and Free Trade Agreements in the Asia Pacific*, http://www.aprnet.org/conferences-a-workshop/policy-research-conference-on-trade/201-apec-and-free-trade-agreements-in-the-asia-pacific.

订的双边 FTA,以形成一个包含多个 APEC 成员的大型自由贸易区。但是,这一努力至今尚未取得实质成效。

第三,FTA 成员国将其约定的自由贸易规则无条件适用于其他非成员国。这一途径与 APEC 的“开放的地区主义”理念相吻合,主张由缔结双边或区域 FTA 的 APEC 成员将其自由贸易承诺扩张适用于自由贸易区以外的其他 APEC 成员。这一路径隐含的逻辑前提是当一国与其他 APEC 成员缔结越来越多的双边或区域 FTA,则该国越有可能将其 FTA 下的自由贸易承诺扩张适用于其他 APEC 成员,从而实现单方自愿的贸易投资自由化。尽管这一主张与 APEC 运行机制最为吻合,但是在当前 APEC 的贸易自由化进程基本停滞的背景下,试图倚赖 APEC 成员的单边自由化措施以促进亚太地区整体的贸易投资自由化在短期内并不可能取得实质性的进展。任何国家都不希望其所采取的互惠自由化措施为其他非成员国“搭上便车”。事实上,自由贸易协定所具有的封闭式自由化特征与 APEC 所倡导的“开放的地区主义”理念是互相冲突的,希望自由贸易协定成员国自行突破封闭式自由化承诺以实现开放式自由化是不现实的政治主张。

24. 另起炉灶:TPP、RCEP 抑或其他?

在 WTO 多哈回合谈判失败、APEC 贸易自由化停滞、FTAAP 方案难以启动和亚太地区双边或区域 FTA 不断扩张且相互难以协调的背景下,部分有实力的 APEC 开始谋求通过其他的平台在推进多边贸易投资自由化的同时增强自身的优势地位。但问题在于,这个多边平台能够涵盖多少 APEC 成员? 由谁来主导? 其自由化程度如何?

24.1　以 TPP 撬动 FTAAP?

"跨太平洋伙伴关系协议"(TPP)的前身是"跨太平洋战略经济伙伴关系协定"(P4),是一个由新加坡、文莱、智利和新西兰 4 个 APEC 成员组成的"非地缘性的"区域 FTA。它于 2006 年 5 月 28 日生效,按照协定,成员方将在 2015 年前取消所有商品的关税。此外,协定还覆盖了原产地规则、贸易救济、动植物检疫、技术贸易壁垒、服务贸易、知识产权、政府采购和竞争政策等广泛议题和关于劳工标准与环境的两个备忘录,金融服务与投资条款尚在谈判中。

TPP 原先只是亚太地区次区域合作中为数众多的协定中的一个。但 2009 年美国高调宣布加入谈判改变了它的命运,使其骤然间演变成为与 FTAAP 相竞争的重要方案。2009 年 11 月 14 日奥巴马总统在出访亚洲的第一站——东京宣布美国将参加 TPP 协定,强调它不但能够促进美国的就业与经济繁荣,而且为设定"21 世纪贸易协定的标准"做出巨大贡献。随后,美国贸易代表柯克(Ron Kirk)于 2009 年 12 月 14 日正式通知国会,美国政府将启动 TPP 谈判。首轮谈判于 2010 年 3 月举行。2015 年 11 月 18 日,澳大利亚、文莱、加拿大、智利、日本、马来西亚、墨西哥、新西兰、秘鲁、新加坡、美国和越南等 12 国领导人发表共同宣言,宣布成功结束 TPP 谈判。2016 年 2 月 4 日,12 国代表在新西兰奥克兰正式签署 TPP 协定。

美国为何将其在亚太地区的多边自由化谈判目标转向 TPP? 第一,亚太地区对美国具有重大的商业利益,对后危机时代美国通过扩大出口以拉动增长、促进就业和纠正经济失衡有举足轻重的影响。美国需要一个新的全面的 FTA 来巩固与扩展在 21 世纪最具活力地区的经济地位与影响。第二,美国试图通过 TPP 来遏制亚太地区优惠贸易安排(Preferential Trade Agreements,PTA)泛滥增长的不良势头,以减轻这些协定给美国造成的不利影响,特别是贸易歧视。因此,扩展版的 TPP 被寄予希望可以"扭转"这一混乱的趋势。第三,许多颇具影响力的构想,如东亚 FTA、东亚共同体、"10 +3"、"10 +6"等,都将美国排除在外,或未明确声明包括美国,引起了美国政界和工商界的高度警觉,他们担心由此造成的贸易与投资的"转移效应"将严重影响美国参与该地区的商业机会与竞争。可见,加入 TPP 体现了美国担忧被"排斥"在亚太 FTA 网络之外和面临跨太平洋经济合作被"分裂"的焦虑与不安,而参与 TPP 从政治上说则将美国与亚太地区法定地紧密联系起来。第四,在亚太地区,美国目前只与澳大利亚、新加坡、智利、秘鲁和韩国等国签订了 FTA,TPP 可以提供给美国达成一个包括更广泛成员的 FTA 的"基准平台",避免了与其他国家逐个达成双边 FTA 的麻烦。同时,形成 TPP 的"基准协定文本"可适用于在未来有意加入的新成员,从而大大节约了谈判资源。第五,美国之所以选中 TPP 作为其实现亚太地区贸易自由化远大目标的一个重要技术因素是该协定包含了符合美国利益的几乎所有议题——服务贸易、知识产权、"新加坡议题"以及环境与劳工标准,因此能够得到美国政府、党派、工商界利益集团的支持。这些要素均体现在美国已经签订的双边 FTA 协定中,也是美国所推崇的"高质量" FTA 的主要特征。第六,美国所倡导与推动的 FTAAP 方案在

APEC 框架下几经争论与搁置,没有实质性进展,使美国也深感该动议在 APEC 内实现的政治性与制度性障碍。在这种情况下,它试图以 TPP 为蓝本实行“4 + X”战略,最终形成“实质多数”,从而撬动 APEC 的贸易自由化进程。①

24.2 以东盟为中心的“10 +X”或 RCEP?

截至目前,东盟已经与中国、日本、韩国、澳大利亚、新西兰、印度 6 个国家分别签署了 5 项 FTA,其中澳大利亚和新西兰共同与东盟签署一项 FTA。这 5 项 FTA 规则纷繁、内容各不相同。为了进一步协调东盟与不同国家签订的自由贸易协定,中国主张建立东盟—中日韩(即“10 + 3”)自由贸易区,日本主张建立东盟—中日韩澳新印(即“10 + 6”)自由贸易区。由于“10 +3”谈判和“10 +6”谈判均未有实质性进展,东盟在此基础上提出了东盟版本的“10 + 6”,即《区域全面经济伙伴关系协定》(Regional Comprehensive Economic Partnership, RCEP)。RCEP 谈判邀请中国、日本、韩国、澳大利亚、新西兰、印度共同参加,其目的在于系统整合以东盟为中心的各个自由贸易协定,实现更大范围的贸易自由化和经济一体化。2012 年 11 月 20 日,在柬埔寨金边举行的东亚领导人系列会议期间,东盟十国与中国、日本、韩国、印度、澳大利亚、新西兰的领导人,共同发布《启动〈区域全面经济伙伴关系协定〉(RCEP)谈判的联合声明》,正式启动这一覆盖 16 个国家的自贸区建设进程。这标志着东亚更大范围的经济一体化迈出了关键一步,充分展现了东

---

① 盛斌:“亚太区域合作的新动向:来自竞争性构想的洞察”,载《国际经济评论》2010 年第 3 期。

亚各国加速整合并推进区域经济一体化的坚定决心。各国领导人承诺将在现有经济联系的基础上,通过《区域全面经济伙伴关系协定》谈判,达成一个全面、高质量、互惠的区域自贸协定,从而加强相互间经济合作,拓宽和深化经济一体化,推动区域经济增长。《区域全面经济伙伴关系协定》谈判将涵盖货物贸易、服务贸易、投资和经济技术合作等广泛领域,协定还将设立开放准入条款。在谈判结束之后,其他经济伙伴可申请加入协定。[①] RCEP 首轮谈判已于2013 年5 月9 日在文莱首都斯里巴加湾市举行。[②] 2016 年 10 月 11 –21 日,RCEP 第 15 轮谈判在天津举行。

---

① “区域全面经济伙伴关系协定谈判进程正式启动”,资料来源:http://www.mofcom.gov.cn/aarticle/ae/ai/201211/20121108445684.html。

② 暨佩娟:“东亚经济一体化呈现新亮点”,载《人民日报》2013 年 5 月 9 日第 23 版。

第七章　东亚区域经济一体化的尝试

25. 以东盟为主导的“10 +X”模式

25.1 东盟十国的经济一体化进程

东盟自身的区域经济一体化经历了从特惠贸易安排过渡到自由贸易区，再向经济共同体发展的历程。[①] 1992 年 1 月在新加坡举行的第四次东盟首脑会议决定，将从 1993 年 1 月 1 日起的 15 年内建成东盟自由贸易区，并在印度尼西亚、马来西亚、菲律宾、新加坡、泰国、文莱等 6 个老东盟成员国之间签订了《东盟自由贸易区共同有效特惠关税计划》(Agreement on the Common Effective Preferential Tariff Scheme for the ASEAN Free Trade Area, CEPT)。CEPT 是建立东盟自由贸易区的主要机制，其要求在 2008 年前建成东盟自由贸易区，将区域内关税减至 5% 以下。1994 年 9 月召开的东盟经济部长会议决定加速自由贸易区建成的时间表，从原定的 15 年缩短为 10 年，即在 2003 年 1 月 1 日前对东盟内部贸易征收的关税必须降低到 5% 以下。这实现了东盟自由贸易区建设的第一次全面提速。1995

① 李荣林等著:《APEC 内部 FTA 的发展及其对 APEC 的影响》，天津大学出版社 2011 年版，第 210 页。

年 12 月,东盟第五次首脑会议批准了《扩大经济一体化的日程安排》,正式决定将区域内贸易自由化的时间表从 15 年缩短为 10 年。

1998 年 12 月,东盟第六次首脑会议决定,东盟老成员国比原计划提前一年(即在 2002 年)将关税降低至 5% 以下,同时根据 4 个新的成员国的经济发展情况,同意越南的关税减让时限推迟至 2006 年,老挝、柬埔寨和缅甸推迟至 2008 年。这实现了东盟自由贸易区建设的第二次全面提速。

为进一步推动东盟经济一体化的进程,1999 年 9 月在新加坡举行的第十三届东盟自由贸易区理事会决定,将印度尼西亚、马来西亚、菲律宾、新加坡、泰国、文莱等 6 个老成员国贸易自由化完成的时间表提前至 2015 年,其余越南、老挝、柬埔寨、缅甸等 4 个新加入的成员国于 2018 年达成贸易自由化的目标。这一时间表在 1999 年 11 月召开的东盟第三届非正式首脑会议上得到了进一步提前,该会议决定将 6 个老成员国完成贸易自由化的时间再提前 5 年,即在 2010 年之前免除所有关税,而越南、老挝、柬埔寨、缅甸等 4 个新成员国于 2015 年实现零关税,但部分敏感性产品仍可在 2018 年前逐渐取消关税。在 2003 年 1 月 31 日签订的《CEPT 有关取消进口关税的修改议定书》中,东盟成员国确认了这一关税削减时间表,要求 6 个老成员国在 2010 年之前对清单产品取消所有进口关税,4 个新成员国在 2015 年之前对清单产品取消所有进口关税,但敏感性产品除外。

东盟自由贸易区建设时间表的不断提前,加速了东盟经济一体化的发展。但是,CEPT 只是东盟自由贸易区有关削减和取消关税的协定,并非东盟自由贸易区经济一体化的综合性安排。2009 年 2 月 26 日，东盟成员国之间达成了《东盟货物贸易协定》（ASEAN Trade in Goods Agreement，ATIGA），该协定成为进一步促进东盟贸易自由化的综合性安排。《东盟货物贸易协定》于 2010 年 5 月 17 日生效，CEPT 等先前协定相应地被取代。① 根据《东盟货物贸易协定》的规定，东盟 6 个老成员国须在 2010 年之前取消对所有产品的进口关税，4 个新成员国须在 2015 年取消对所有产品的进口关税。②

在货物贸易之外，东盟还积极推动在服务贸易和投资领域的区域经济合作，主要成果包括 1995 年 12 月 15 日签署的《东盟服务框架协议》（ASEAN Framework Agreement on Services，AFAS）以及 1998 年 10 月 7 日签署的《东盟投资区框架协议》（Framework Agreement on the ASEAN Investment Area，AIA Agreement）。《东盟投资区框架协议》的目标是通过投资区的建设，将东盟各国市场整合起来，最终形成一个较为统一的、自由的、透明的"单一投资区"，从而促进东盟和非东盟国家的投资者增加对东盟的直接投资。协议要求自 2010 年起东盟区域内所有成员国的投资者享受国民待遇，并对成员国投资者开放所有产业。与此同时，协议也顾及到各成员国经济状况的不同，其赋予各国不同的过渡期，在过渡期内对于列入暂时例外清单、敏感清单内的产业成员国可继续采取投资限制措施。为了进一步加快成员国之间的投资自由化，东盟成员国于 2009 年 2 月 26 日签署了一项新的投资协定——《东盟综合投资协定》（ASEAN

---

① 参见《东盟货物贸易协定》第 91 条。

② 参见《东盟货物贸易协定》第 19 条。

Comprehensive Investment Agreement, ACIA),该协定于2012年3月29日生效并替代原有的《东盟投资区框架协议》。

东盟成员国对东盟经济一体化的推动并未止步于自由贸易区,其最终目标在于建设一个统一的东盟经济共同体。在2007年11月召开的东盟第十三次首脑会议上,东盟领导人正式签署《东盟宪章》。根据宪章规定,东盟共同体将由东盟经济共同体、东盟安全共同体和东盟社会文化共同体组成,使未来的东盟具有一个目标、一个身份和一个声音,共同应对未来的挑战。在这次会议上,东盟各国领导还通过了《东盟经济共同体蓝图》,提出至2015年实现东盟经济共同体的"路线图",确定"实现单一市场与生产基地"、"形成竞争力强的经济区域"、"维护地区经济平衡发展"和"推动与国际经济体系融合"四大目标。这一蓝图为东盟的未来经济一体化奠定了坚实基础。

25.2 "10+1"谈判

东盟在推进其自身经济一体化的同时,也以东盟的身份不断加强其与周边国家的经济一体化谈判。截至目前,东盟已经与中国、日本、韩国、澳大利亚、新西兰、印度等6个国家分别签署了5项FTA,其中澳大利亚和新西兰共同与东盟签署一项FTA。[①] 这5项FTA规则纷繁,内容各有特点。

(1)中国—东盟自由贸易区

中国—东盟自贸区是我国同其他国家商谈的第一个自贸区,也是目前建成的最大的自贸区。中国—东盟自由贸易区的

---

① 关于东盟与中国、日本、韩国、印度、澳大利亚、新西兰等国分别签订的自由贸易协定,参见东盟的官方网址:http://www.asean.org/communities/asean-economic-community/category/free-trade-agreements-with-dialogue-partners。

建立经历了一个逐渐深化的过程。2001 年 11 月 6 日中国政府时任总理朱镕基在第五次东盟与中国领导人会议上提出“建议中国与东盟国家在 10 年内建成自由贸易区”(China-ASEAN Free Trade Area)的构想,并建议在中国—东盟经济贸易合作联合委员会框架下成立中国—东盟经济合作专家组,就中国与东盟建立自由贸易关系的可行性进行研究。

2001 年 3 月中国—东盟经济合作专家组在中国—东盟经济贸易合作联合委员会框架下正式成立。专家组围绕中国加入世界贸易组织的影响及中国与东盟建立自由贸易关系两个议题进行了充分研究,认为在 WTO 承诺基础上建设更加互惠的中国—东盟建立自由贸易区对东盟和中国是双赢的决定,建议中国和东盟用 10 年时间建立自由贸易区。这一建议经过中国—东盟高官会和经济部长会的认可后,于 2001 年 11 月 6 日在文莱举行的第五次中国—东盟领导人会议上正式宣布。

2002 年 11 月 4 日第六次中国—东盟领导人会议在柬埔寨首都金边举行,时任总理朱镕基和东盟 10 国领导人签署了《中国与东盟全面经济合作框架协议》,决定到 2010 年建成中国—东盟自由贸易区。这标志着中国—东盟建立自由贸易区的进程正式启动。

2004 年 11 月中国—东盟签署了《货物贸易协议》,规定自 2005 年 7 月 20 日起,除 2004 年已实施降税的早期收获产品和少量敏感产品外,双方将对其他约 7000 个税目的产品实施降税。这标志着自贸区建设进入实质性执行阶段。根据《货物贸易协议》的规定,中国—东盟自由贸易区的货物贸易关税减让分为正常类和敏感类。对正常类产品而言,中国和东盟六国

(东盟老成员,即文莱、印度尼西亚、马来西亚、菲律宾、新加坡和泰国)的一轨产品自2005年7月起开始降税,2007年1月1日和2009年1月1日各进行一次关税削减,2010年1月1日关税最终削减为零。二轨产品在2012年1月1日取消关税。东盟新成员(老挝、缅甸、柬埔寨、越南)的一轨产品从2005年7月起开始降税,2006年至2009年每年1月1日均进行一次关税削减,2010年不削减关税,2011年起每两年削减一次关税,至2015年将关税降为零。二轨产品在2018年1月1日前最终取消关税。而对于敏感类产品而言,一方根据自身安排纳入敏感类的产品,应依照相互同意的最终税率和最终时间削减或取消,而敏感产品的数量应在各缔约方相互同意的基础上设定一个上限。中国提出的敏感产品主要包括大米、天然橡胶、棕榈油、部分化工品、数字电视、木材和纸制品等;东盟国家则提出了橡胶制品、塑料制品、陶瓷制品、部分纺织品和服装、钢材、部分家电、汽车、摩托车等敏感产品。①

2007年1月,双方又签署了自贸区《服务贸易协议》,并在当年7月正式进入实施阶段。根据《服务贸易协议》,中方在建筑、环保、运输等5个服务部门的26个分部门向东盟进行了开放,东盟各国也在金融、医疗、旅游、运输等12个部门的67个分部门向中方作出了开放承诺。这些承诺改善了服务市场的准入条件,给双方的企业带来了发展机遇。该协议生效后,各方随即启动了第二批具体承诺谈判,以进一步提升中国—东盟自贸区

---

① 有关中国—东盟自由贸易区的关税减让时间表,可参见下文中“表7-1:中国—东盟自由贸易区部分关税削减时间表”。

服务贸易自由化水平。2011 年 11 月 18 日，签署了《关于实施中国—东盟自贸区〈服务贸易协议〉第二批具体承诺的议定书》，该议定书于 2012 年 1 月 1 日起正式生效。相比第一批具体承诺，中国的第二批具体承诺根据加入 WTO 承诺，对商业服务、电信、建筑、分销、金融、旅游、交通等部门的承诺内容进行了更新和调整。同时，第二批具体承诺还进一步开放了公路客运、职业培训、娱乐文化和体育服务等服务部门。与此同时，东盟各国的第二批具体承诺涵盖的部门也明显增加，不仅在其 WTO 承诺基础上做出更高水平的开放，许多国家的承诺还超出了 WTO 新一轮谈判出价水平。

2009 年 8 月 15 日，《中国—东盟自由贸易区投资协议》签署，标志主要谈判结束。该投资协议包括 27 个条款。该协议通过双方相互给予投资者国民待遇、最惠国待遇和投资公平公正待遇，提高投资相关法律法规的透明度，为双方投资者创造一个自由、便利、透明及公平的投资环境，并为双方的投资者提供充分的法律保护，从而进一步促进双方投资便利化和逐步自由化。

2010 年 1 月 1 日，惠及 19 亿人口，GDP 总额接近 6 万亿美元的世界最大自由贸易区——中国—东盟自由贸易区正式建立。中国—东盟自由贸易区建成后，中国对东盟的平均关税将从之前的 9.8% 降至 0.1%，中国对东盟 93% 产品的贸易关税降为零，而东盟 6 个旧成员文莱、印度尼西亚、马来西亚、菲律宾、新加坡、泰国，对中国的平均关税将从 12.8% 降低到 0.6%，4 个新成员越南、老挝、柬埔寨和缅甸，将于 2015 年实现 90% 零关税的目标。

2015 年 11 月 22 日，中国与东盟正式签署中国—东盟自贸区升级谈判成果文件——《中华人民共和国与东南亚国家联盟关于修订〈中国—东盟全面经济合作框架协议〉及项下部分协议的议定书》。该《议定书》包括序言及货物贸易、服务贸易、投资、经济技术合作、未来工作计划和最后条款等章节,还包括原产地规则、原产地规则操作程序、第三批服务贸易具体承诺减让表等附件。

表7－1　中国—东盟自由贸易区部分关税削减时间表①

起始时间	关税税率	覆盖关税条目	参与的国家
2000年	对所有东盟成员国0~5%	85%的CEPT条目	原东盟6国
2002年1月1日	对所有东盟成员国0~5%	全部CEPT条目	原东盟6国
2003年7月1日	WTO最惠国关税税率	全部	中国与东盟10国
2003年10月1日	中国与泰国果蔬关税降至0	中泰水果蔬菜	中国、泰国
2004年1月1日	农产品关税开始下调	农产品	中国与东盟10国
2005年1月	对所有成员开始削减关税	全部	中国与东盟10国
2006年	农产品关税降至0	农产品	中国与东盟10国

① 资料来源:《2006年中国—东盟年鉴》。

续表

起始时间	关税税率	覆盖关税条目	参与的国家
2010年	对所有东盟成员国0	全部减税产品	原东盟6国
2010年	关税降至0	全部产品(部分敏感产品除外)	中国与原东盟6国
2015年	对所有东盟成员国0	全部产品(部分敏感产品除外)	东盟新成员国
2015年	对中国—东盟自由贸易区成员国关税降至0	全部产品(部分敏感产品除外)	东盟新成员国
2018年	对东盟自由贸易区和中国—东盟自由贸易区所有成员国0	剩余的部分敏感产品	东盟新成员国

(2)日本—东盟自由贸易区

在中国之后,东盟还启动了与日本的自由贸易区谈判。2003年10月8日,东盟和日本签署了《东盟与日本全面经济伙伴关系框架协议》,双方同意自2004年起货物贸易、服务贸易及投资自由化问题开始进行磋商。2005年4月,东盟与日本启动了首轮自由贸易区谈判。经过11轮多年的谈判,双方于2007年11月达成了《日本—东盟全面经济伙伴协定》(Japan - ASEAN Comprehensive Economic Partnership Agreement),并于2008年4月正式完成了协定签署工作。

该协定主要涉及货物贸易的自由化。协定生效后,日本将对从东盟进口的90%按价值计算的货物实行零关税,并在10

年内逐步取消另外3%的货物的关税,同时降低另外6%的货物的关税。但是,由于日本对农产品贸易的保守立场,大米、糖及部分奶制品作为“特例商品”未被列入协定。在东盟方面,6个老成员将在协议生效后10年内逐步取消按价值和种类计算90%的从日本进口产品的关税,越南将在15年内逐步取消90%的从日本进口产品的关税,其余成员国将在18年内逐步取消85%的从日本进口产品的关税。东盟多数国家从日本进口的电器产品、汽车配件和钢材等也在协定的关税减让表范围之内,这对于日本的电器、汽车行业扩张其在东盟国家的市场份额提供了有利条件。

在服务贸易、投资自由化等领域,东盟与日本尚未达成具体的约束性承诺。根据《日本—东盟全面经济伙伴协定》的安排,双方在协定生效后一年内设立由日本和东盟成员国政府代表组成的服务贸易分委员会和投资分委员会,以对推定服务贸易和投资自由化开展进一步的谈判和协商。截至目前,双方尚未就服务贸易和投资领域的自由化承诺达成共识。

(3)韩国—东盟自由贸易区

东盟与韩国的自由贸易区谈判起步较晚,但是进展非常快速,是东盟与周边国家最早完成谈判的自由贸易区。东盟与韩国的自由贸易区谈判始于2005年。2005年12月13日东盟与韩国在吉隆坡签署了《韩国与东盟自由贸易协定框架协议》,内容涵盖货物贸易、服务贸易、投资、争端解决程序及经济合作等方面。

2006年5月16日韩国和东盟9个成员国在菲律宾马尼拉部长级会议上,就双边FTA货物贸易协定达成共识。2006年8

月24日，韩国和东盟9个成员国正式签署《货物贸易协议》，协议于2007年6月1日生效。2007年11月21日韩国和东盟9个成员国签署《服务贸易协议》，该协议于2009年5月1日生效。2009年6月2日韩国和东盟10个成员国签署《投资协议》，该协议于2009年9月1日生效。在东盟成员国中，泰国由于大米关税减让问题与韩国未能达成协议，一直未签署《货物贸易协议》。直到2009年6月，韩国与东盟才签订《关于泰国加入货物贸易协议的议定书》以及《关于泰国加入服务贸易协议的议定书》，同意韩国的加入。

韩国—东盟自由贸易区的谈判借鉴了中国—东盟自由贸易区谈判模式，采取循序渐进的方式，先签订《框架协议》和《争端解决机制协议》，然后分阶段签署《货物贸易协议》《服务贸易协议》和《投资协议》，从而逐步实现涵盖全部领域的自由贸易区。从协议内容来看，韩国—东盟FTA在敏感产品的设置、东盟新老成员国的区别对待、服务贸易协议承诺方式、争端解决机制设计等方面，都与中国—东盟FTA具有高度的相似性。①

在货物贸易方面，《货物贸易协议》区分正常产品和敏感产品进行分步减税。其中，正常产品的关税最终要降为零，敏感产品中一般敏感产品的关税将会降至5%及以下，高度敏感产品则分为A、B、C、D、E 5组另有具体规定。就正常产品而言，对于东盟老成员国和韩国，正常产品于2006年降税，至2010年降为零。但泰国单独提出128种二轨正常商品，从2008年开始降

① 袁波："韩国—东盟FTA建立的背景与内容解析"，载《东南亚纵横》2011年第6期。

税,至 2017 年降为零。对于东盟新成员国,则给予更长过渡期。其中,越南正常产品关税将于 2015 年,柬埔寨、老挝和缅甸将于 2018 年降为零。就一般敏感产品而言,韩国与东盟老成员国将于 2016 年,越南于 2021 年,柬埔寨、老挝和缅甸于 2024 年分别将关税削减至 5% 及以下,就高度敏感产品而言,A、B、C 组产品仅是关税削减的程度不一,D 组产品实施关税配额,E 组产品则不参加关税减让。在敏感产品的负面清单中,韩国对东盟提出的敏感产品主要集中在农产品领域,而东盟各国对韩国提出的敏感产品集中与机电、车辆及零附件、农产品、钢铁及其制品等领域。

在服务贸易方面,韩国承诺对东盟开放 10 个部门,涉及 85 个分部门,超出其对 WTO 多哈回合谈判的出价。在水平承诺部分,韩国取消了外资进入的资金门槛(5000 万韩元)要求。在部门承诺方面,韩国不仅新增开放了许多部门,而且也对许多已有出价部门予以进一步深化开放的承诺。其中新增的服务部门主要涉及专业服务、通信服务、教育服务、运输服务等领域,在深化的承诺方面,则涉及专业服务、通信服务、建筑服务、环境服务、金融服务、运输服务等多个领域。此外,东盟各国也根据自身情况对韩国作出服务贸易的不同程度的减让承诺。

在投资自由化方面,与《中国—东盟自由贸易区投资协议》不同的是,《韩国—东盟自由贸易区投资协议》明确给予各方投资者准入前和准入后国民待遇。外资准入是东道国控制外资的主要手段,传统的国际投资条约或自由贸易区投资协定一般只将国民待遇适用于外资准入后阶段,而在外资准入阶段外国投资者并不享有与东道国投资者同等的国民待遇。随着全球投资自由化趋势的不断扩张，部分国家开始通过投资条约或投资协定给予外国投资者以准入前的国民待遇。准入前国民待遇的核心是给予外国投资者与国内投资者同等的投资准入权。[①] 美国、加拿大等发达国家在对外缔结的投资条约或投资协定中明确将国民待遇同时适用于外资准入前和外资准入后，即同时适用于外资的设立、获得、扩大、管理、经营、运行、出售以及其他处置方面。其中，外资的设立、获得即为外资准入阶段，而管理、经营等则为外资准入后的阶段。根据《韩国—东盟自由贸易区投资协议》第3条国民待遇条款的规定，缔约各方应在投资的"准入、设立、获得、扩大、管理、经营、运行以及出售或其他处置方面"给予缔约另一方投资者以国民待遇。可见，该条款为投资者提供了更为自由、更为开放的投资承诺，一方面加大了对韩国、新加坡等资本输出国的投资保护，另一方面也加强了越南、泰国等资本输入国的吸引外资能力。

(4)印度—东盟自由贸易区

2002年11月在首次东盟与印度领导人会议上，双方就在10年内正式建成自由贸易区达成基本共识。2003年10月8日，双方签署《东盟与印度全面经济合作框架协议》，并就事实105个税目产品的"早期收获"达成约定，协议于2004年7月1日生效。

2005年1月东盟和印度正式启动自由贸易区谈判。但是，由于双方在农产品和纺织品等敏感产品问题上难以达成共识，

---

① 赵玉敏："国际投资体系中的准入前国民待遇——从日韩投资国民待遇看国际投资规则的发展趋势"，载《国际贸易》2012年第3期。

谈判举步维艰,几度陷入停滞状态。与此同时,东盟与中、日、韩的自由贸易区谈判进展迅速,给印度带来了竞争压力。为了避免被边缘化,尽快与东盟达成自由贸易协定,印度最终在敏感产品的保护方面做出了较大让步。[①] 2009 年 8 月 3 日,印度与东盟终于结束谈判并签署了《货物贸易协议》,协议于 2010 年 1 月 1 日生效。根据协议的规定,双方从 2010 年 1 月 1 日起开始分阶段实施减税措施,到 2013 年 12 月 31 日取消 71% 的商品关税,到 2016 年前取消另外 9% 的商品关税,敏感产品的关税也将在 2016 年降至 5% ,而 489 项高度敏感产品的关税将保持不变。

从经济效应来看,《东盟与印度货物贸易协议》的签署在短期内将更有利于东盟。由于印度与东盟部分国家的出口产品结构存在极强的竞争性,近年来印度对东盟的贸易一直处于逆差。如果印度进一步对东盟国家开放其关税,那么除非获得东盟主要的市场份额,否则印度的贸易逆差将随着印度—东盟自由贸易区的建设而持续恶化。尽管《东盟与印度货物贸易协议》要求东盟国家逐步削减关税,但是其关税减让要求对于东盟的新成员相对宽松,允许越南、老挝、柬埔寨、缅甸最迟在 2016 年前逐步将关税降为零。一方面,东盟新成员存在较长的过渡期可维持相对较高的关税水平;另一方面,印度则承诺降低农产品、纺织品等敏感产品的关税水平。因而,在关税削减过渡期内,由于印度与部分东盟国家在纺织品、农产品等货物贸易上的竞争

---

① 李荣林等著:《APEC 内部 FTA 的发展及其对 APEC 的影响》,天津大学出版社 2011 年版,第 214 页。

关系,印度在货物贸易协议下所承诺的关税放开将对印度国内相关产业带来挑战。[①] 而且,印度在短期内将难以从东盟市场获得更多的份额。[②] 根据印度工商联合商会所做的一项调查预测,印度因印度—东盟自贸区而增加的东盟出口市场仅为14%,而东盟因此而增加的印度出口市场是75%。[③]

2014年9月,东盟和印度正式签署《服务贸易协议》与《投资协议》。此举将促进印度专业人士在东盟地区的流动和服务领域的投资,充分发挥印度在金融、教育、医疗、电信和运输等领域的竞争优势,还将特别有利于平衡印度与东盟国家在商品贸易中的赤字。

(5)澳大利亚、新西兰—东盟自由贸易区

东盟与澳大利亚、新西兰的经济一体化动议早在2001年即已呈现,但直到2005年3月,东盟与澳大利亚、新西兰自由贸易区谈判才正式开始。历时三年多,东盟与澳大利亚、新西兰于2008年8月完成谈判,并于2009年2月27日最终签署《东盟与澳大利亚、新西兰自由贸易区协定》。协定于2010年1月1日生效。

该协定由18章组成,内容涉及货物贸易、服务贸易(包括金

---

① 郭秋梅、周聿峨:"印度—东盟自由贸易区浅论——基于印度的视角",载《东南亚研究》2010年第6期。

② 郭秋梅:"印度推动印度—东盟自由贸易区建设的动因探析——基于国际政治经济学的分析",载《南亚研究季刊》2010年第3期。

③ Chandrima Sikdar & Biswajit Nag, *Impact of India-ASEAN Free Trade Agreement: A cross-country analysis using applied general equilibrium modeling*, November 2011, http://www.unescap.org/tid/artnet/pub/wp10711.pdf; 孙晓玲:"印度—东盟自由贸易区的缘起、现状及影响",载《东南亚研究》2010年第3期。

融和电信服务)、电子商务、自然人流动、投资、争端解决,以及在动植物检疫、标准、技术规则、合格评定程序、知识产权和竞争等领域的具体条款,还包括一项旨在提高实施该自贸协定能力建设的经济合作项目。统计显示,澳、新作为一个整体是东盟第六大贸易伙伴,而东盟作为一个整体分别是澳、新第二和第三大贸易伙伴。东盟与澳大利亚、新西兰自由贸易区协定的签署将实现三方贸易和投资自由化,进一步促进三方投资贸易增长,加速该区域一体化。

在货物贸易方面,各方承诺依据协定的关税减让表逐步削减或取消来自另一方货物的进口关税。根据协定,各方将在15年内逐步降低关税。具体降税安排包括:①以2005年最惠国税率为基准税率,经10~15年过渡期后将各成员国的全部或绝大部分海关关税税目的税率削减为零;②东盟成员国不参与降税例外处理的税目比例占各相关成员国所有税目2%以内,关税部分削减的税目比例在3%以内,一定过渡期后关税削减为零的税目比例在12%以内;③对越南、缅甸、柬埔寨、老挝等4个东盟新成员给予较长过渡期和关税减让照顾。协定生效前,菲律宾、泰国、柬埔寨、老挝和缅甸各国零关税税目比例在10%以下,印度尼西亚和越南为20%~30%,其他成员在70%以上;降税过渡期结束后,澳大利亚、新西兰及东盟老成员最终零关税税目比例为93%~100%,东盟新成员为85%~90%。

根据协定,东盟国家将向澳大利亚和新西兰开放葡萄酒、牛肉和奶类产品市场;而东盟国家向澳大利亚和新西兰出口衣服、鞋类和汽车将获得关税豁免。澳大利亚和新西兰两国是农业贸易自由化的积极倡导者,其农产品市场竞争力强,关税水平低,对国际市场依赖严重。澳大利亚农产品主要出口地区是东南亚，2008年出口额60.93亿澳元，占当年澳农产品出口总额的19%。根据协定的要求，澳大利亚和新西兰除个别税目外，在协定生效后所有农产品关税立即削减为零。与澳大利亚和新西兰相比，东盟人口众多，农业竞争力弱，农业是其重点保护领域。根据协定的安排，除新加坡在协定生效时立刻取消所有产品关税外，其他东盟国家均对各自的敏感农产品进行了不同程度的保护，处理方式分别为例外处理、关税部分削减、关税配额管理和采取一定过渡期降税等。①

在服务贸易方面，东盟和澳大利亚、新西兰三方均承诺进一步放开各自服务市场，三方的开放承诺主要表现在专业服务、教育、金融服务、电信、建筑、采矿服务等部门。在投资自由化方面，与《韩国—东盟自由贸易区投资协议》类似的是，《东盟与澳大利亚、新西兰自由贸易区协定》的投资章节也明确缔约各方在投资的"设立、获得、扩大"等准入阶段给予缔约另一方投资者以国民待遇。②

(6)小结

自由贸易区的建设并不存在固定的模式和内容。根据自由贸易区协定的覆盖范围不同，现有的自由贸易区建设可划分为三个层次。第一个层次是仅包含货物贸易自由化领域。第二个层次是同时包括货物贸易、服务贸易和投资自由化3个领域的

① 资料来源 http://www.mczx.moa.gov.cn/jiuji/201202/t20120222_2486726.htm。

② 《东盟与澳大利亚、新西兰自由贸易区协定》第11章"投资"章节中的第4条国民待遇条款。

经济一体化。第三个层次是在贸易投资一体化的基础上包含更广泛的经济一体化内容,如竞争政策、知识产权、政府采购、金融合作等多个方面。①

对比上述5项"10+1"自由贸易区协定可知,日本与东盟自贸区目前仅涵盖货物贸易、与货物贸易紧密相连的原产地规则和争端解决机制,属自贸区建设的第一个层次;中国与东盟自贸区、韩国与东盟自贸区、印度与东盟自贸区同时涵盖货物贸易、原产地规则、服务贸易、投资、争端解决机制等内容,属于自贸区建设的第二个层次;澳大利亚、新西兰与东盟自贸区则同时涵盖货物贸易、原产地规则、服务贸易、投资、竞争政策、知识产权、争端解决机制等多项内容,尽管尚未涵盖政府采购、环境及劳工标准等内容,但相对第二层次的自贸区已有所深入,因而属于第三层次的自贸区。②

在货物贸易方面,上述5项自贸区在成员之间已不同程度地相互开放市场,各成员承诺按照约定的关税减让表逐步削减或取消进口关税。不同成员之间由于各自敏感产业的不同,因而在对敏感产品的界定、敏感产品进口关税的减让步骤方面存在着差异。但总体而言,各自贸区均朝着实现绝大多数进口产品零关税的目标而努力。

在服务贸易和投资自由化方面,印度、日本与东盟之间尚未达成协议,中国、韩国、澳大利亚和新西兰已与东盟分别达成了有关协议。但是,在外资准入的国民待遇方面,中国与东盟投资

---

① 卢孔标、王守贞、陈小辉:"东盟自由贸易协定的基本特征、推动因素与前景展望",载《区域金融研究》2010年第3期。

② 具体可参见表7-3。

协议未一般性地承诺给予外资准入的国民待遇,而韩国与东盟投资协议、澳大利亚、新西兰与东盟自贸区协定则明确在外资准入阶段承诺给予国民待遇。因此,在开放本国产业及促进投资自由化进程方面,东盟与澳大利亚、新西兰自贸区及东盟与韩国自贸区超过了东盟与中国自贸区。

表 7－2　东盟“10＋1”自由贸易区建设情况

谈判对象	名称	进展
中国	中国—东盟自由贸易区(CAFTA)	2001 年 11 月 5 日签署框架协议,2004 年 11 月 29 日签署《货物贸易协议》,2007 年 1 月签署了自贸区《服务贸易协议》,2009 年 8 月 15 日签署《投资协议》,2015 年 11 月签署自贸区升级协议
日本	日本—东盟自由贸易区(AJCEP)	2003 年 10 月 8 日签署框架协议,2008 年 4 月 14 日签署《全面经济伙伴协定》,并于 2008 年 12 月 1 日生效。正在进行服务贸易协议与投资协议谈判
韩国	韩国—东盟自由贸易区(KAFTA)	2005 年 12 月 13 日签署框架协议,2006 年 8 月 24 日签署《货物贸易协议》,并于 2007 年 7 月 1 日生效。2007 年 11 月 21 日签署《服务贸易协议》,2009 年 6 月 2 日签署《投资协议》
印度	印度—东盟自由贸易区(AIFTA)	2003 年 10 月 8 日签署全面经济合作框架协议,并于 2004 年 7 月 1 日生效。2009 年 8 月 13 日签署《货物贸易协议》,并于 2010 年 1 月 1 日生效。2014 年 9 月签署《服务贸易协议》与《投资协议》
澳大利亚、新西兰	澳大利亚、新西兰—东盟自由贸易区(AANZFTA)	2009 年 2 月 27 日签署《自由贸易区协议》,同时涵盖货物贸易、服务贸易和投资等领域,该协议于 2010 年 1 月 1 日生效

表 7-3 东盟"10+1"自由贸易区协定涵盖范围

东盟	货物贸易	原产地规则	服务贸易	投资	竞争政策	政府采购	知识产权	环境、劳工	争端解决机制
—中国	√	√	√	√	×	×	×	×	√
—日本	√	√	×	×	×	×	×	×	√
—韩国	√	√	√	√	×	×	×	×	√
—印度	√	√	√	√	×	×	×	×	√
—澳大利亚、新西兰	√	√	√	√	√	×	√	×	√

25.3 "10+3"谈判与"10+6"谈判的交锋:EAFTA 与 CEPEA

(1)EAFTA 方案与 CEPEA 方案的由来

推进东亚合作的思潮和实践由来已久。早在 20 世纪 90 年代初,时任马来西亚总理马哈蒂尔提出构建"东亚经济共同体"的设想,但由于遭到美国的强烈反对而被束之高阁。直到 1995 年东盟曼谷首脑会议上,东盟首次提出与中日韩三国举行会晤的设想。随后亚洲金融危机的爆发,促成了这一会晤的实现。1997 年 12 月,东盟与中日韩领导人首次非正式会晤在马来西亚吉隆坡举行(当时为"9+3"会晤,1999 年柬埔寨加入东盟后成为"10+3"会晤),这次会晤标志着酝酿已久的东亚区域合作的"10+3"机制正式启动。在此之后,"10+3"合作机制逐步成型和固定,东盟十国与中日韩三国每年定期举行领导人会议、部长会议、高官会议和工作组会议。

"10+3"机制的不断发展加快了东亚地区合作的步伐,有关建设东亚共同体和东亚自由贸易区(East Asia Free Trade Agreement,EAFTA)的提议也应运而生。东亚自贸区的倡议最早出现在2001年"东亚展望小组"(East Asia Vision Group,EAVG)①的报告中,报告提出东亚自贸区与政治合作机制、东亚金融合作机制共同构成设想中的东亚共同体的三大支柱。② 2002年11月,由东盟及中日韩官方代表组成的"东亚研究小组"(East Asia Study Group,EASG)在其提交的报告中再次建议构建东亚自贸区。③ 2003年10月7日在印尼巴厘岛举行的第七次"10+3"领导人会议上,时任中国总理温家宝建议东盟及中日韩各国在"10+3"合作机制框架下,共同研究建立东亚自贸区的可行性。2004年11月29日在老挝万象举行的第八次"10+3"领导人会议上,各国领导人决定成立专家组,启动东亚自贸区可行性研究。该专家组于2006年提出报告,认为由东盟十国及中日韩共13个东亚成员组成东亚自贸区是可行的,并建议尽早启动谈判程序。④

然而,本来参加联合研究的日本对此提出异议,认为应该构建以"东亚峰会"(East Asia Summit,EAS)16国(即东盟、中、日、韩以及澳、新和印度)为基础的"东亚紧密伙伴关系"(Comprehensive Economic Partnership for East Asia,CEPEA)。日本试图把本不属于东亚范畴的澳大利亚、新西兰和印度也纳

① 中国社会科学院张蕴岭教授为该小组的中方专家成员。

② East Asia Vision Group, *Towards An East Asian Community: Region of Peace, Prosperity and Progress*, 2001.

③ East Asia Study Group, *Final Report of the East Asia Study Group*, 2002.

④ Joint Expert Group for Feasibility Study on EAFTA, *Towards an East Asia FTA: Modality and Road Map*, 2006.

入东亚自贸区谈判中,从而形成所谓的“扩大版东亚自贸区”或“大东亚自贸区”。日本为此牵头另外成立专家组进行研究,并提出了报告。[①] 这样,整合东亚自贸区的路径就出现了两个,各自为政,难以统一起来。东亚自贸区的整合因分歧而陷于停滞,EAFTA 方案与 CEPEA 方案处于相互竞争的状态。[②]

日本对 EAFTA 方案的反对,既有经济方面的考虑,也有政治方面的权衡。澳大利亚、新西兰与日本同为发达国家,对知识产权、竞争政策、环境劳工标准等议题都尤为关心。将澳大利亚、新西兰纳入谈判,可以增强日本在知识产权、竞争政策、环境劳工标准等议题上的话语权。而将印度纳入谈判,则与日本不愿放开其农业市场息息相关,因为印度同样在农业市场问题上非常谨慎。与此不同的是,东盟成员中的多数发展中国家尤其注重市场准入问题,并且希望实行渐进开放的时间表和清单,而且放开农业市场也是多数东盟成员的主要诉求。在政治方面,日本也忌惮中国在 EAFTA 方案下的影响力,因而试图将印度、澳大利亚等大国纳入以制衡中国在东亚地区的作用,同时增强日本的话语权。

(2)EAFTA 方案与 CEPEA 方案的比较

与 EAFTA 方案相比,CEPEA 方案不仅在成员上更为广泛,而且其涵盖领域更广、规则标准更高。这两种自贸区模式的不

① 日本牵头的专家组共提交两组报告,2008 年 7 月提交第一阶段报告[报告名为 Report of the Track Two Study Group on Comprehensive Economic Partnership in East Asia(CEPEA)],2009 年 7 月提交第二阶段报告[报告名为 Phase II Report of the Track Two Study Group on Comprehensive Economic Partnership in East Asia(CEPEA)]。

② 张蕴岭:“寻找推进东亚合作的路径”,载《外交评论》2011 年第 6 期。

同,反映了中国与日本在产业结构和出口结构上的不同特征。处于分工链条低端的中国和多数东盟国家在劳动密集型和资源密集型产品的生产方面具有比较优势,因而其倾向于构建以货物贸易自由化为中心的传统型自贸区,由此推动市场开放并提升贸易相互依赖程度。而处于分工链条高端的日本等发达国家集中生产并出口知识和技术密集型产品。它们偏好的自贸区模式是超世界贸易组织规则的内容宽泛、高质量的全面经济伙伴关系协定。它不仅包括货物贸易和服务贸易的自由化和投资便利化,还涵盖知识产权、竞争规则和标准认证等内容。

作为以出口知识和技术密集型产品为主的发达国家,日本在东亚的自贸区战略是推行涵盖内容宽泛的经济伙伴关系协定,进而实现该地区规则和制度的协调与统一。这种自贸区模式主要有以下两个特点:一是在服务贸易和投资自由化领域的内容超过 WTO 的范围,即在传统型自贸区的基础上包括服务贸易、投资、竞争政策、技术标准、政府采购、人员流动、知识产权保护等广泛的自由化内容;①二是在农业等敏感领域的贸易自由化程度低于 WTO 规则的要求,即根据缔约国的贸易和经济发展情况,选择对特定领域采取过渡性措施。按照这一模式,日本不仅在规则与标准制定等方面的竞争优势和主导作用,同时又能给予缺乏竞争力的农业部门回旋余地。②

尽管 EAFTA 方案与 CEPEA 方案相互竞争、各自为政,但

---

① 此外,在日本牵头的 CEPEA 专家组所提交的报告中,能源、环境、信息和通信技术等领域的合作也被认为是 CEPEA 谈判的一项重要内容。

② 富景筠:"一体化次序视角下的东亚合作",载《世界经济与政治》2012 年第 6 期。

是二者面临着同样的谈判困境。就 EAFTA 方案而言,存在着两种可能的实现途径或模式。① 第一,3 个“10 + 1”自贸区交融模式,即通过中国—东盟自贸区、日本—东盟自贸区和韩国—东盟自贸区这 3 个“10 + 1”自贸区的协调,逐步过渡到东盟与中日韩自贸区。但是,这 3 个“10 + 1”自贸区在贸易投资自由化的程度上参差不齐,其贸易投资规则也存在着不同,因此试图整合这三个自贸区也并非易事。第二,东盟自贸区与中日韩自贸区两个板块的结合模式,即在东盟自贸区和中日韩自贸区分别建成的基础上将两者相结合。目前,东盟已分别与中国、日本、韩国达成不同程度的经济一体化安排,而中日韩之间尚未形成类似安排。EAFTA 的建立,其突破口即在于中日韩之间的经济一体化。2012 年 5 月 13 日,中日韩三国签署了《关于促进、便利和保护投资的协定》,但该协定尚未得到各国的批准。截至目前,有关中日韩自由贸易区的谈判并无其他实质性进展。由于历史问题导致的相互缺乏足够信任和经济上的竞争关系,试图在短期内构建中日韩自贸区也是不现实的。

就 CEPEA 方案而言,其面临的挑战更大。尽管东盟与中国、日本、韩国、澳大利亚、新西兰、印度分别缔结了自由贸易协定,但是试图将这些内容不一、模式各异、各自为政的“10 + 1”自贸区整合为一个统一的“10 + 6”自贸区是非常困难的。例如,在谈判模式方面,除了东盟与澳新的自贸区协定是“一揽子”谈判外,其他都是分领域谈判,分步骤开放;在自贸区涵盖

① 冯昭奎:“10 + 3:走向东亚自由贸易区之路”,载《世界经济与政治》2002 年第 3 期;邵忍丽:“东亚经济一体化实现的途径”,载《经济研究导刊》2008 年第 19 期。

领域方面，日本与东盟自贸区、印度与东盟自贸区目前仅涵盖货物贸易，中国与东盟自贸区、韩国与东盟自贸区同时涵盖货物贸易、服务贸易、投资等内容，而澳大利亚、新西兰与东盟自贸区则同时涵盖货物贸易、服务贸易、投资、竞争政策、知识产权等多项内容。因此，从谈判的难易程度来看，CEPEA 的"10 +6"方案相比 EAFTA 的"10 +3"方案将面临更多的障碍。

具体而言，建立"10 +3"或"10 +6"东亚自贸区主要面临以下几方面的障碍。其一，东盟十国与中日韩澳新印之间经济发展水平悬殊，这使各国对市场开放的承受力各不相同，在关税削减和产业保护政策上较难达成一致，因而可能构成东亚经济一体化的障碍。其二，东亚各国之间在产业结构和出口结构上存在着高度的竞争性，而经济互补性相对较弱。例如，中国、印度与东盟部分发展中国家的劳动密集型产业长期处于竞争状态，而是否放开农业则是日本与其他国家之间争执不休的议题。其三，东亚经济体中缺乏强有力的主导力量和有效的协调机制。尽管东盟在推进东亚经济一体化进程中发挥着重要作用，但是由于其整体实力的限制，其很难同时主导与中日韩澳新印等大国之间的大型自贸区谈判。其四，东亚自贸区的建设也遇到来自政治方面的阻碍。东亚多国之间历史问题和现实争端的存在是影响东亚经济一体化的一大障碍，而美国在东亚地区的影响力和强势介入也打破了东亚地区原本的政治均衡格局。[①] 由于美国不愿意看到东亚在经济一体化的同时将美国排除在外，因而东亚国家能否建成一个排他的东亚自贸区还要看美国所推崇的"亚太自贸区"能

① 张春旺："论东亚经济一体化的困境与出路"，载《改革与战略》2006 年第 7 期。

否成为某些东亚国家经济一体化决策的首选。①

表7-4 EAFTA方案与CEPEA方案的进展

EAFTA 方案	CEPEA 方案
2001年10月:由东盟及中日韩学者及商界人士组成的"东亚展望小组"在提交的报告中建议构建东亚自由贸易区(EAFTA); 2002年11月:由东盟及中日韩官方代表组成的"东亚研究小组"在其提交的报告中再次建议构建EAFTA; 2004年:"10+3"领导人会议决定设立联合专家组以研究建立EAFTA的可行性; 2006年7月:专家组第一阶段报告建议在2007年启动EAFTA谈判; 2009年6月:专家组第二阶段报告提供了构建EAFTA的具体建议	2006年8月:日本倡议由东盟十国及日本、中国、韩国、澳大利亚、新西兰、印度共同构建"东亚紧密伙伴关系"(CEPEA); 2007年1月:日本牵头成立研究CEPEA可行性的专家组; 2008年7月:专家组第一阶段报告肯定CEPEA的可行性,并设定路线图; 2009年7月:专家组第一阶段报告提供了构建CEPEA的具体建议
2009年10月:"东亚峰会"领导人指示各国官员共同商讨EAFTA方案与CEPEA方案的建议; 2010年10月:"东亚峰会"领导人明确坚持以东盟为主导,同时推进"10+1"自贸区建设、EAFTA谈判与CEPEA谈判等有关东亚区域经济一体化的努力; 2011年8月:"东亚峰会"经济部长会议欢迎由中国和日本联合提交的"加快建设EAFTA与CEPEA的动议"; 2011年11月:东盟提出了东盟版本的"10+6"方案,即"区域全面经济伙伴关系框架"(Framework for Regional Comprehensive Economic Partnership,RCEP),以替代EAFTA方案与CEPEA方案; 2012年11月:在第七届"东亚峰会"领导人会议上,东盟十国与中国、日本、韩国、印度、澳大利亚、新西兰的领导人决定正式启动RCEP谈判	

① 宋静:"美国因素影响下的亚太、东亚合作机制之争",载《世界经济与政治论坛》2011年第1期。

25.4　“10 +6”谈判的发展：RCEP 的应运而生

(1)RCEP 方案的由来及特征

由于中国所倡导的 EAFTA 方案与日本所倡导的 CEPEA 方案均未有实质性进展，东盟在此基础上提出了东盟版本的“10 +6”方案，即《区域全面经济伙伴关系协定》(Regional Comprehensive Economic Partnership，RCEP)，试图将两方案予以整合。

RCEP 谈判邀请中国、日本、韩国、澳大利亚、新西兰、印度共同参加，其目的在于系统整合以东盟为中心的各个自由贸易协定，实现更大范围的贸易自由化和经济一体化。2012 年 11 月 20 日，在柬埔寨金边举行的东亚领导人系列会议期间，东盟十国与中国、日本、韩国、印度、澳大利亚、新西兰的领导人，共同发布《启动〈区域全面经济伙伴关系协定〉(RCEP)谈判的联合声明》，正式启动这一覆盖 16 个国家的自贸区建设进程，并计划于 2015 年年底完成 RCEP 谈判。RCEP 首轮谈判已于 2013 年 5 月 9 日在文莱首都斯里巴加湾市举行。① 在本轮谈判中，谈判参与国正式成立货物贸易、服务贸易和投资三个工作组，并就货物、服务和投资等议题展开磋商。

RCEP 被定位为一项“全面、高质量、互惠的区域自贸协定”。但在很大程度上，东盟的 RCEP 方案是 EAFTA 方案与 CEPEA 方案相互融合所形成的一个“中间方案”。与 EAFTA 方案相比，RCEP 方案不仅成员数量更多、更为开放，而且涵盖

---

① 暨佩娟：“东亚经济一体化呈现新亮点”，载《人民日报》2013 年 5 月 9 日第 23 版。

了更广泛的贸易投资自由化领域。而与 CEPEA 方案相比,RCEP 方案则更为灵活、更具弹性,其更多地考虑到不同成员的不同发展水平和对贸易投资自由化的不同承受力。

首先,在 RCEP 的成员构成方面,其主张"成员开放"(open accession)的原则。根据该原则,东盟的自贸区伙伴可自行选择是否参与 RCEP 谈判,换言之,中日韩澳新印这六国可根据自愿原则加入。尽管目前六国都明确表示参与 RCEP 谈判,但仍然存在由于谈判不能达成一致而导致一个或多个国家退出谈判的可能性,因而最终建成的 RCEP 可能达不到"10 + 6"的数量,而是不固定的"10 + X"(2≤X≤6)。此外,"成员开放"还表明 RCEP 对外部经济体的开放,其他外部经济伙伴也可申请加入。根据东盟在《区域全面经济伙伴关系框架》中的设想,待 RCEP 完成谈判或建设到一定程度之后,可以商讨美国、俄罗斯等区外经济伙伴的加入问题。

其次,在自贸区的涵盖领域方面,RCEP 将比现有的"10 + 1"东盟自贸区更广泛、更深入且具有更高的自由化程度,其将同时涵盖货物贸易、服务贸易、投资和经济技术合作等广泛领域。RCEP 的目标是消除内部贸易壁垒、创造和完善自由的投资环境、扩大服务贸易,同时还将涉及知识产权保护、竞争政策等多个领域,以使参与国家更为便利地融入全球和区域供应链。而且,RCEP 还将注重对发展中国家和最不发达国的技术协助和能力建设。

再次,在弹性条款(flexibility clause)的设置方面,RCEP 将充分考虑到参与国的差异化发展水平。根据东盟与中日韩澳新印六国达成的《RCEP 谈判的指导原则与目标》,尽管 RCEP 成员国间的开放程度将比现有的 5 个“10 + 1”东盟自贸区更广泛、更深入，但其同时也将充分考虑参与国的个别和多样化情况，包括各成员国的舒适度和可行性以及 RCEP 建设的渐进性和过渡性。其具体表现在贸易投资自由化安排的特殊及差别待遇上，尤其是对最不发达国家的弹性要求上。这与 TPP 谈判中美国主导的过高开放要求不同，因而在谈判难度上将相对减小。[①] 而且，RCEP 还将允许现有的“10 + 1”东盟自贸区协定和任何参与国间的双边或多边 FTA 继续存在。

最后，RCEP 的谈判模式可根据谈判参与国的意愿予以弹性安排。根据东盟在《区域全面经济伙伴关系框架》中的设想，RCEP 可以分领域、分步骤的渐进谈判，可以“一揽子”谈判，也可以采取谈判方所同意的任何其他模式。根据《RCEP 谈判的指导原则与目标》的设置，谈判参与国一致同意将同时对货物、服务和投资议题展开并行谈判。

(2) RCEP 方案下的东盟主导作用

RCEP 方案继续坚持并试图强化东盟在东亚区域经济一体化中的主导作用。力推 RCEP 方案，不仅可以整合现有的 5 个“10 + 1”东盟自贸区，强化东盟在区域一体化中的作用，而且也可以进一步加强东盟自身的凝聚力。首先是要巩固和加强东盟在亚太区域合作进程中的主要地位，近年来，在东亚区域合作过程中，东盟国家始终处于该地区合作主导者，在其进程中发挥着领导者的作用，但 TPP 扩大范围之后，对东亚区域合作进程带

---

① 许宁宁：“RCEP：东盟主导的区域全面经济伙伴关系”，载《东南亚纵横》2012 年第 10 期。

来一定干扰,东盟希望启动 RCEP 巩固期在这一问题上的传统地位和作用。其次是整合和提升该地区现有的 FTA。迄今为止,东盟国家已分别与中、日、韩等国签署了双边 FTA,但均属东盟与单个国家之间签署的协议,出现规则过多、操作繁杂的情况,有必要重新规划,进一步提升自贸区水准。最后是通过 RCEP 进一步密切东盟内部的经济联系,以增加凝聚力。[①]

(3)RCEP 谈判的难点

其一,如何整合现有的 5 个"10 + 1"自由贸易协定以及如何处理 RCEP 与现有的 5 个"10 + 1"自由贸易协定之间的关系。RCEP 的自由化程度将高于现有的 5 个"10 + 1"自由贸易协定,而这 5 个"10 + 1"自由贸易协定在覆盖领域和自由化程度上也存在着较大差别。以货物贸易为例,依照已缔结的自贸区协议,中国与东盟老成员国和新成员国分别 2012 年和 2018 年实现全部正常商品的零关税,东盟与韩国、日本、印度、澳大利亚和新西兰分别于 2018 年、2026 年、2022 年和 2025 年最终实现全部正常商品的零关税。除了零关税比例高,中国—东盟自贸区还将农产品作为"早期收获"项目提前降税,而日、韩则多将农产品列为"敏感产品",属于延迟或免于减税的门类。对于这些不同的减税安排和时间表以及敏感产品清单,如果在整合过程中不能周延地处理,则可能导致 RCEP 谈判的停滞。

其二,如何在没有建立自由贸易协议的国家间(如中日韩之间、中印之间、中澳之间等)相互开放市场。以服务贸易为

① 姜跃春:"亚太区域合作的新变化与中日韩合作",载《东北亚论坛》2013 年第 2 期。

例，服务业对外开放是中国在自贸区谈判中最为敏感和复杂的领域之一。从开放行业数来看，中国对服务业的开放水平尚低于日、韩、澳、新等发达国家。若 RCEP“向最高者看齐”，中国服务业开放将面临前所未有的压力。在服务贸易领域，中国对东盟开放了 26 个分部门，韩国、澳大利亚、新西兰则分别承诺对东盟开放 85 个、164 个、85 个和 99 个分部门。[①] 此外，日本在服务贸易方面暂时采用双边谈判方式，因此在部门承诺方面比较复杂，在其与东盟 7 国签订的自贸区协议中，对这些国家开放的分部门数在 100～150 个。[②] 可见，中国的服务业开放水平明显低于日本、韩国、澳大利亚、新西兰等国。因此，如何在中国与日本、韩国、澳大利亚、新西兰等国之间相互开放服务业市场，将是决定 RCEP 谈判能否成功的关键。

其三，如何加强 RCEP 成员国间的产业合作并增强成员国间产业的互补性。如果不同国家的相同产业间存在着高竞争性和低互补性，则这些国家之间将很难形成互惠互利的自由贸易区。虽然中国—东盟 FTA 等 5 个“10＋1”自由贸易协定的缔结加强了东盟国家与中国等经济伙伴间的产业合作和产业互补性，但是这些国家间的产业竞争形式仍然严峻。解决这一矛盾的出路在于加强产业合作和促进产业升级。各国需要将开放市场的现实性与前瞻性相结合，将开放市场给产业带来的承受力与产业升级的可能性相权衡，将开放市场与产业结构调整相结

---

① 袁波、王金波、王蕊著：《东盟对外签订的自由贸易协定比较研究》，中国商务出版社 2011 年版，第 241 页。

② 沈铭辉：“构造区域全面经济伙伴关系协定——走向统一的地区架构”，载《东北亚论坛》2013 年第 4 期。

合,否则难以达到开放市场的预期目的。只有通过加强产业合作,扬长避短,在更广阔的空间进行产业结构调整,才能打造各国间优势互补的产业链,促进产业在开放中升级。①

其四,如何进一步推进东盟自身的经济一体化,以带动东盟与其他经济伙伴的经济一体化。东盟国家内部的发展水平悬殊,新加坡与缅甸、老挝、柬埔寨等发展中国家之间存在着很大的差距。根据《东盟货物贸易协定》的安排,东盟成员国间的关税水平得到了大幅削减,其中,6 个老成员国须在 2010 年之前取消对所有产品的进口关税,4 个新成员国须在 2015 年取消对所有产品的进口关税。但是,服务业的有限开放仍然是制约东盟经济一体化进程的障碍。东盟国家有必要在成员国之间加快金融、法律、工程、旅游及电信等服务业的开放进度,从而促进东盟经济一体化的进一步深入。

其五,如何减少外来政治阻力,有效应对 TPP 带来的"规则竞争"。当前,美国所主导的 TPP 谈判与东盟所推动的 RCEP 谈判已形成竞争之势,而前者在涵盖领域、准入门槛、自由化要求等方面高于后者。在"高标准、高弹性"的 RCEP 谈判与"超级标准、零例外"的 TPP 谈判之间,不可避免会出现"规则竞争"或"规则冲突"。事实上,澳大利亚、新西兰、新加坡、越南、日本等国即是同时参与 RCEP 谈判与 TPP 谈判的"双栖"国家。因此,如何在两套不同的规则谈判中寻求协调将是二者需要共同

---

① 许宁宁:"RCEP:东盟主导的区域全面经济伙伴关系",载《东南亚纵横》2012 年第 10 期。

面对的难题。[①]

26. 亚太多边贸易协议

26.1　历史

《亚太贸易协定》前身为《曼谷协定》(协定全称为《亚洲及太平洋经济和社会委员会发展中成员国关于贸易谈判的第一协定修正案》),其宗旨是通过该协定成员国对进口商品相互给予关税和非关税优惠,不断扩大成员国间的经贸合作和共同发展。《曼谷协定》签订于1975年,是在联合国亚太经济社会委员会(简称亚太经社会)主持下,在发展中国家之间达成的一项优惠贸易安排,现有成员国为中国、孟加拉国、印度、老挝、韩国和斯里兰卡。中国于2001年5月23日正式成为《曼谷协定》成员。

《亚太贸易协定》是亚太区域中唯一发展中国家组成的优惠贸易安排,其仅涉及成员国间部分产品一定幅度的降税。2005年11月2日,在北京举行的《曼谷协定》第一届部长级理事会上,各成员国代表通过新协定文本,决定将《曼谷协定》更名为《亚太贸易协定》,并在各成员国完成国内法律审批程序后,实施第三轮关税减让谈判结果。目前,协定成员国正在开展第四轮关税减让谈判,并就服务贸易和投资具体承诺的谈判工作展开磋商。

26.2　《亚太贸易协定》第三轮关税减让结果

自2006年9月1日起,我已向其他成员国的1717项8位

① 贺平、沈陈:"RCEP与中国的亚太FTA战略",载《国际问题研究》2013年第3期。

税目产品提供优惠关税,平均减让幅度 27%;另外,我国还向最不发达成员国孟加拉和老挝的 162 项 8 位税目产品提供特别优惠,平均减让幅度 77%。同时,根据 2005 年税则计算,我国可享受印度 570 项 6 位税目、韩国 1367 项 10 位税目、斯里兰卡 427 项 6 位税目和孟加拉 209 项 8 位税目产品的优惠关税。

表 7-5 《亚太贸易协定》成员国间的优惠关税待遇

中国向《亚太贸易协定》其他成员国提供的优惠关税待遇(2006 年海关税则)				
受惠对象	税目数	税目位数	平均关税减让幅度	主要产品
印度、韩国、斯里兰卡、孟加拉国和老挝	1717	8 位	27%	农产品、药品、化学品、塑料、纺织品、金属、机电产品等
孟加拉国和老挝	162	8 位	77%	农产品、皮革制品、纺织品和服装、小机械产品
中国可享受的优惠关税待遇(2006 年海关税则)				
受惠对象	税目数	税目位数	平均关税减让幅度	主要产品
印度	570	6 位	33%	化工产品、木制品、金属制品、机械电气产品
韩国	1367	10 位	35.7%	机械电气产品、塑料制品、精密仪器
斯里兰卡	427	6 位	20%	塑料、皮革、纸类、钢铁和机械电气产品等
孟加拉国	209	8 位	14%	化工产品和机械电气产品等

26.3 《亚太贸易协定》的实施情况

2006 年我国享受《亚太贸易协定》优惠关税待遇的进出口商品总值为 36.1 亿美元，比上年增长了 71.1%。其中进口 22.2 亿美元，比上年增长 42.3%，主要商品为苯乙烯、聚乙烯胶粒和乙丙橡胶等化工产品以及纺织品、冻鱼、机电产品、食品和药品等；出口约 13.9 亿美元，比上年增长 154.6%，主要商品为纺织原料及纺织制品、化工产品、贱金属、机电产品、陶瓷制品、塑料、橡胶及其制品、动物产品等。韩国为最大受益国，分别占享受协定优惠税率进出口商品总值的 93% 和 83%。我国进口孟加拉商品总值增长近 25 倍。①

尽管《亚太贸易协定》成员国间的关税削减已经取得了初步成效，但是相比中国—东盟自贸区，澳大利亚、新西兰—东盟自贸区等已建成的综合性自贸区而言，《亚太贸易协定》在推进其成员国间经济一体化的进程上还远远落后。《亚太贸易协定》目前仅涵盖货物贸易领域，尚未就服务贸易、投资领域达成一体化安排。即使在货物贸易领域，《亚太贸易协定》也仅仅就成员国间的部分产品达成了关税削减安排，其关税削减幅度相比高度一体化的自贸区而言尚显不足。

---

① 许宁宁："RCEP：东盟主导的区域全面经济伙伴关系"，载《东南亚纵横》2012 年第 10 期。

第八章　TPP 标准之高,高在何处?

27. TPP 谈判概述

27.1　TPP 的基础——P4 协定

《跨太平洋伙伴关系协议》(Trans-Pacific Partnership Agreement,TPP)的前身是“跨太平洋战略经济伙伴关系协定”(Trans-Pacific Strategic Economic Partnership Agreement,P4 协定),是一个由新加坡、文莱、智利和新西兰四个 APEC 成员组成的“非地缘性的”区域 FTA。P4 协定是一个较为全面的自由贸易协定安排。它于 2006 年 5 月 28 日生效,按照协定,成员方将在 2015 年前取消所有商品的关税。协定还覆盖了原产地规则、贸易救济、动植物检疫、技术贸易壁垒、服务贸易、知识产权、政府采购和竞争政策等广泛议题。此外,P4 协定成员国间还达成了关于劳工标准与环境合作的两个备忘录,而有关金融服务与投资条款的议题尚在谈判中。

P4 协定是一个高质量的自由贸易协定安排,成员国之间的开放程度较高。譬如,在货物贸易方面,对原产自伙伴国的产品实行国民待遇和完全取消关税(另有规定的除外)、禁止非关税壁垒、不得征收出口税、取消农产品补贴。P4 要求各方简化海关手续、保证其可预测性、一致性和透明性,通过提供高效、经济的海关服务，加快货物通关，促进贸易。关于贸易救济问题，签约各方有权根据关贸总协定的相关规定采取贸易救济措施，包括反倾销、反补贴税；P4 规定消除不必要的技术壁垒，并就标准和技术规定等开展合作。在竞争政策方面，各方致力于创造开放、竞争的市场，尽量避免反竞争的商业行为，以此促进贸易与投资。P4 对知识产权有专门规定，涉及版权、商标、地理标志、工业涉及、专利、电路板设计及保护非披露信息等，各方遵循 WTO 关于知识产权与贸易相关方面的协定（TRIPs），但同时也强调采取适当措施防止产权所有者滥用知识产权阻碍技术传播。P4 对政府采购有较为详细的规定，是篇幅最长的章节之一，主要精神是国民待遇和非歧视原则。P4 对服务贸易的规定也相当详细，主要精神是国民待遇、最惠国待遇、（自由的）市场准入、无须设立当地办事处及服务交易的自由支付和汇款等。商人的短期入境安排沿袭了 APEC 商务履行卡框架，采取便捷、透明的入境手续，促进商人入境。

P4 协定触及了各成员方的国内规制管理。P4 对透明度提出了专门要求，要求各方就与协定相关问题所作的通用法律、规制、程序和政令等尽早通知各方和相关个人，行政程序要有一致性，要不偏不倚，还要合理。如果出现不妥行政行为，需要设立独立于相关当局的仲裁小组进行评估和整改。

需要指出的是，P4 协定在采纳高标准规则的同时，也设置了不少例外条款。一般性例外在协定中单独成章，规定当一国出现国际收支和外部金融困难时，可对货物贸易和服务贸易采取限制措施，但必须符合 WTO 规则，力度适当，时间不宜过长，且不能采取歧视性措施。此外，针对不同的国家还有相应的例外条款,例如对新西兰的土著政策的相关例外安排,对智利的农产品有“特别保护措施”,对文莱的货物贸易的零关税范围、服务贸易和政府采购等均有照顾。①

表 8－1　P4 协定的文本内容

条目	内容	条目	内容
前言		第一章	最初规定
第二章	一般定义	第三章	货物贸易
第四章	原产地规则	第五章	关税程序
第六章	贸易救济措施	第七章	动植物卫生检疫措施
第八章	技术性贸易壁垒	第九章	竞争政策
第十章	知识产权		
第十一章	政府采购	补充协议	环境合作协议
第十二章	服务贸易	补充协议	劳工合作备忘录
第十三章	临时入境	其他	新西兰和智利政府采购的附函 动植物卫生检疫措施执行安排 战略合作执行安排 交换文莱加入 P4 协定的附函 交换文莱市场准入的附函 交换技术性贸易壁垒的附函

① 王震宇:“从 P4 到 TPP——小国的梦想,大国的雄心”,载唐国强主编:《跨太平洋伙伴关系协定与亚太区域经济一体化研究》,世界知识出版社 2013 年版,第 109～117 页。

续表

条目	内容	条目	内容
第十四章	透明度	第十五章	争端解决
第十六章	战略伙伴关系	第十七章	行政与制度条款
第十八章	一般条款	第十九章	一般例外条款
第二十章	最终条款	附件一	文莱关税减让表 智利关税减让表 新西兰关税减让表 新加坡关税减让表
附件二	特定原产地规则	附件三	服务减让表
附件四	投资保留		

27.2 从 P4 协定到 TPP 谈判

P4 协定原先只是亚太地区次区域合作中为数众多的协定中的一个。但是随着美国的介入和主导，P4 开始向 TPP 发展，其规模和影响迅速扩大。美国之所以青睐 P4 协定，是因为 P4 协定所涵盖的广泛领域以及其高标准的投资贸易自由化规则与美国所签署的双边或区域自由贸易协定非常接近。以 P4 协定为基础构建跨太平洋的区域自由贸易协定，可以为这一潜在的更大范围区域自由贸易协定设置一个高的起点。TPP 谈判，实质上是在美国的主导下，以 P4 为起点，意图缔结一项高标准的、全面的、以泛太平洋一体化为目标的自由贸易协定。

P4 协定生效两年后，四国于 2008 年年初根据协定开始就金融服务和投资进行谈判，美国布什政府宣布加入这两项谈判。

同年 9 月,布什政府宣布完全加入 P4 谈判,并将其名称改为 TPP,同时邀请澳大利亚、秘鲁和越南加入谈判。11 月澳大利亚和秘鲁宣布加入谈判,越南宣布作为观察员参与谈判,奥巴马竞选美国总统成功,2009 年年初在美国国内存在反对声音的情况下,奥巴马政府宣布无限期推迟谈判,经过多次听证会,奥巴马政府再次宣布加入 TPP 谈判。2009 年 11 月 14 日,奥巴马总统在其出访亚洲的第一站东京宣布美国将启动 TPP 谈判,意在缔结一项"有着广泛成员的""高标准的"新一代亚太区域自由贸易协定。随后,美国贸易代表柯克(Ron Kirk)于 2009 年 12 月 14 日正式通知美国国会,美国政府将正式启动 TPP 谈判。

TPP 首轮谈判于 2010 年 3 月 15 日至 19 日在澳大利亚墨尔本举行,谈判参与国包括新加坡、文莱、智利、新西兰、美国、澳大利亚、秘鲁、越南。第二轮谈判于 2010 年 6 月 14 日至 18 日在美国旧金山举行。第三轮谈判 2010 年 10 月 4 日至 10 日在文莱首都斯里巴加湾市举行,共有 24 个谈判小组就 TPP 涵盖的广泛议题进行讨论。与此同时,马来西亚正式申请加入 TPP 谈判。2010 年 10 月 5 日,新加坡、文莱、智利、新西兰、美国、澳大利亚、秘鲁、越南 8 个 TPP 谈判成员一致同意马来西亚加入谈判,成为第九个谈判成员。

第四轮谈判于 2010 年 12 月 6 日至 10 日在新西兰奥克兰举行。第五轮谈判于 2011 年 2 月 14 日至 18 日在智利圣地亚哥举行。第六轮谈判于 2011 年 3 月 28 日至 4 月 1 日在新加坡举行。第七轮谈判于 2011 年 6 月 20 日至 28 日在越南胡志明市举行。第八轮谈判于 2011 年 9 月 9 日至 15 日在美国芝加哥举行。第九轮谈判于 2011 年 10 月 20 日在秘鲁利马举行。

2011 年 11 月 12 日，在美国檀香山举行的 2011 年 APEC 领导人峰会期间，TPP 谈判成员国的领导人对外发表共同声明，并公布《跨太平洋伙伴关系协定纲要》（Outlines of the Trans-Pacific Partnership Agreement，以下简称《TPP 纲要》）。根据《TPP 纲要》，TPP 将是一个里程碑式的、面向 21 世纪的、涵盖下一代贸易投资新议题且能增强 TPP 成员国综合竞争力的高标准区域自由贸易协定。具体而言，TPP 将具备五项主要特征。第一，TPP 将带来广泛的市场准入，TPP 将消除货物、服务和投资方面的关税和其他壁垒，为工人、商人和消费者带来机遇和福利。第二，TPP 是一个完全的区域协定，TPP 将在跨太平洋成员国间推动生产和供应链的发展和完善，增加就业机会、提高生活水准、增加社会福利并促进可持续发展。第三，TPP 将涵盖横向交叉议题（cross-cutting issues），包括监管一致性、促进竞争和商业便利化、发展中小企业，推进发展等议题。第四，TPP 将面对新的贸易挑战，如数字化经济、绿色技术等，以确保跨太平洋区域的竞争性商业环境。第五，TPP 将是一项与时俱进的协定，其将不断更新以便面对新的问题，而且在适当的情况下考虑接纳新的成员。此次领导人宣言即指出将与其他有意加入 TPP 谈判的跨太平洋国家展开磋商。此后，日本、墨西哥、加拿大先后宣布有意与 TPP 谈判方就加入 TPP 谈判问题进行磋商。

从谈判议题来看，TPP 将涵盖货物市场准入、纺织品和服装、原产地规则、海关程序、贸易技术壁垒、动植物卫生检疫标准、环境标准、劳工标准、跨境服务、金融服务、电子商务、电信、临时入境、贸易救济、知识产权、政府采购、投资、竞争政策、合作与能力建设以及透明度等其他法律议题。在市场准入方面,TPP 的关税减让表将涵盖所有货物,最大限度地放开各成员国的政府采购市场,在所有服务业部门和投资领域将实现开放并辅以“负面清单”(negative list)例外,允许成员国在负面清单的范围内对特定服务行业和投资领域限制市场准入。

TPP 第十轮谈判于 2011 年 12 月 5 日至 9 日在马来西亚吉隆坡举行。2012 年 2 月哥斯达黎加宣布有意加入 TPP 谈判。2012 年 2 月 3 日至 9 日 TPP 第十一轮谈判在澳大利亚墨尔本举行。

2012 年 6 月 TPP 谈判方一致同意加拿大、墨西哥加入 TPP 谈判。加拿大、墨西哥作为谈判参与成员开始参加 2012 年 12 月第十五轮谈判。2012 年 9 月 15 日 TPP 第十四轮谈判在美国里斯堡进行。2012 年 12 月 3 日至 12 日 TPP 第十五轮谈判在新西兰奥克兰进行。第十六轮谈判于 2013 年 3 月 4 日至 13 日在新加坡举行。

2013 年 3 月 15 日日本首相安倍晋三表达了日本对加入 TPP 谈判的意愿。2013 年 4 月,TPP 谈判方的贸易部长就谈判的路线图和日本加入 TPP 谈判的问题进行了讨论。2013 年 4 月 24 日,美国贸易代表署向美国国会通知美国政府将接纳日本成为 TPP 谈判的成员方。自此,TPP 谈判成员增至 12 个,包括澳大利亚、文莱、加拿大、智利、日本、马来西亚、墨西哥、新西兰、秘鲁、新加坡、美国和越南。

TPP 第十七轮谈判于 2013 年 5 月 15 日至 24 日在秘鲁利马举行。第十八轮谈判于 2013 年 7 月 15 日至 25 日在马来西亚哥打基纳巴卢举行。第十九轮谈判于 2013 年 8 月 22 日至 30 日在文莱斯里巴加湾市举行。2013 年 10 月 4 日至 5 日，TPP 谈判方贸易部长在印度尼西亚巴里会面讨论谈判的下一步安排。

2013 年 11 月 29 日，韩国表达了加入 TPP 谈判的意愿。对此，美国贸易代表弗勒曼（Michael Froman）回应称美国将与韩国就加入 TPP 谈判问题展开进一步磋商。[①] 2013 年 12 月 TPP 第二十轮谈判在美国盐湖城举行。

2015 年 11 月 18 日，澳大利亚、文莱、加拿大、智利、日本、马来西亚、墨西哥、新西兰、秘鲁、新加坡、美国和越南等 12 个国家领导人发表共同宣言，宣布成功结束 TPP 谈判，就 TPP 协定文本达成共识。

2016 年 2 月 4 日，在新西兰奥克兰，澳大利亚、文莱、加拿大、智利、日本、马来西亚、墨西哥、新西兰、秘鲁、新加坡、美国和越南等 12 个国家正式签署 TPP。但是，TPP 能否最终生效，仍取决于各国立法部门（国会、议会）是否批准通过。

---

① *Statement by U. S. Trade Representative Michael Froman on Korea's Announcement Regarding the Trans-Pacific Partnership*, http://www. ustr. gov/about-us/press-office/press-releases/2013/November/Froman-statement-TPP-Korea.

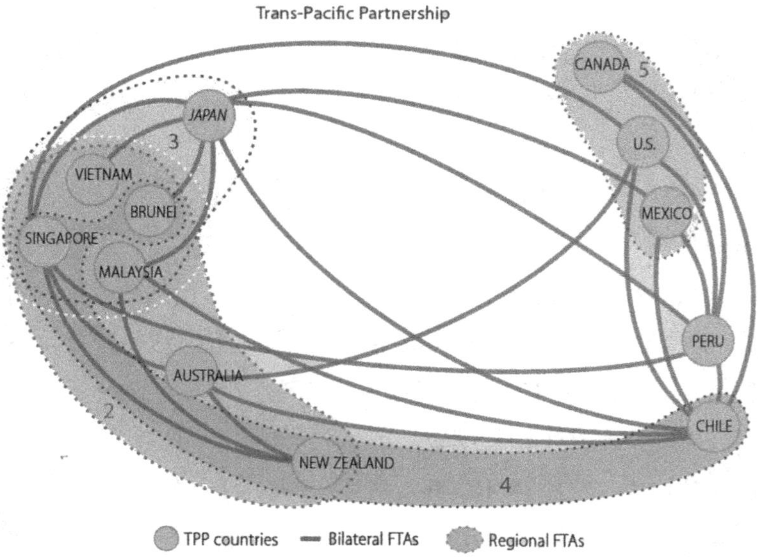

图 8－1　TPP 谈判成员间现有的双边、区域贸易协定示意图[①]

表 8－2　TPP 谈判成员间现有的区域贸易协定

	东盟自由贸易区(ASEAN)	东盟—澳大利亚、新西兰自由贸易区	东盟—日本自由贸易区	跨太平洋战略经济伙伴关系协定(P4)	北美自由贸易区(NAFTA)
澳大利亚		●			
文莱	●	●	●	●	
加拿大					●
智利				●	

① Ian F. Fergusson and others, *The Trans-Pacific Partnership Negotiations and Issues for Congress*, Congressional Research Service Report for Congress, June 17, 2013, p. 4.

续表

	东盟自由贸易区（ASEAN）	东盟—澳大利亚、新西兰自由贸易区	东盟—日本自由贸易区	跨太平洋战略经济伙伴关系协定（P4）	北美自由贸易区（NAFTA）
日本			●		
马来西亚	●	●	●		
墨西哥					●
新西兰		●		●	
秘鲁					
新加坡	●	●	●	●	
美国					●
越南	●	●	●		

表 8－3　TPP 协定的文本内容

条目	内容	条目	内容
前言		第一章	初始条款和一般定义
第二章	货物的国民待遇和市场准入	第三章	原产地规则和原产地程序
第四章	纺织品和服装	第五章	海关管理和贸易便利化
第六章	贸易救济	第七章	卫生和植物卫生措施
第八章	技术性贸易壁垒	第九章	投资
第十章	跨境服务贸易	第十一章	金融服务

续表

条目	内容	条目	内容
第十二章	商务人员临时入境	第十三章	电信
第十四章	电子商务	第十五章	政府采购
第十六章	竞争政策	第十七章	国有企业和指定垄断
第十八章	知识产权	第十九章	劳工
第二十章	环境	第二十一章	合作和能力建设
第二十二章	竞争力和商业便利化	第二十三章	发展
第二十四章	中小企业	第二十五章	监管一致性
第二十六章	透明度和反腐	第二十七章	管理和机构条款
第二十八章	争端解决	第二十九章	例外和总则
第三十章	最终条款	附件一、附件二	投资和跨境服务贸易的不符措施
附件三	金融服务的不符措施	附件四	国有企业和制定垄断的不符措施

28. TPP 谈判与“10 +X”谈判的共存与较量

28.1　共同背景:WTO 多哈回合谈判未果与 APEC 的停滞不前

美国主导的 TPP 谈判与东盟主导的“10 +6”谈判(又称为 RCEP 谈判)是当前亚太区域经济一体化谈判的两个并行轨道。TPP 谈判与 RCEP 谈判相互独立,相互竞争,在参与成员上也存在着部分重合。可以说,TPP 谈判与 RCEP 谈判的并存不仅没有让亚太地区国家望而却步，反而给亚太国家带来了经济一体化的更多刺激和更多选择。

TPP 谈判与 RCEP 谈判的出现，反映了亚太地区不同国家之间对贸易投资规则的竞争。规则竞争的背后，是 APEC 多边机制和 WTO 多边机制的停滞不前。由于 APEC 对贸易投资自由化的推动依赖于各成员自主自愿的单方行动，而且 APEC 开放性原则所存在的“搭便车”风险也使各成员不太愿意主动做出单方的自由化承诺。其结果是 APEC 作为整体在推动贸易投资自由化上进程缓慢，各成员仍把多边自由化谈判焦点放在 WTO 框架中。然而，WTO 框架下的多哈回合谈判同样未能取得实质性进展。因此，TPP 谈判与 RCEP 谈判作为推动亚太区域经济一体化的两个探索性尝试也便应运而生。

28.2 共同目标：超越 WTO 规则，进一步推动亚太地区的贸易投资自由化

TPP 谈判与 RCEP 谈判有着共同的目标和价值取向，即在货物贸易、服务贸易、投资、知识产权等众多领域超越 WTO 现有规则，以达到更高标准的贸易投资自由化。正因如此，TPP 谈判与 RCEP 谈判得以共存，而且澳大利亚、新西兰、新加坡、文莱、越南、马来西亚、日本等多个国家也选择同时参与 TPP 谈判与 RCEP 谈判，以加强实现亚太地区进一步经济一体化的成功机会。

需要指出的是，对于 TPP 谈判、RCEP 谈判能否对 WTO 多

边体制带来正面影响这一问题,存在着相反的意见。① 主张积极影响的观点认为,TPP 谈判、RCEP 谈判所达成的高标准贸易规则,可以成为今后 WTO 多边谈判的成功样本。一项成功的 TPP 或 RCEP,将能吸引更多的亚太地区经济体加入其中,从而促进 WTO 全球贸易自由化的目标。而且,TPP 协定或 RCEP 的达成,也能促进发展中国家的国内改革,从而提高发展中国家的经济开放水平。与此相反的是,主张消极影响的观点则认为,对 TPP 谈判、RCEP 谈判的过分关注将可能导致对 WTO 多边努力的忽视,而且可能对 TPP 或 RCEP 的非成员国造成贸易转移的负面效果。对企业而言,双边或区域自由贸易协定的扩张也可能使得贸易投资规则更加复杂,从而导致实务中的无所适从。②

28.3 不同的谈判成员

TPP 谈判与 RCEP 谈判的不同,首先体现在谈判参与成员的不同上。TPP 谈判以美国为主导,参与成员包括澳大利亚、文莱、加拿大、智利、日本、马来西亚、墨西哥、新西兰、秘鲁、新加坡、美国和越南。TPP 谈判仅包括部分东盟成员,而且截至目前尚未将中国纳入。在十个东盟成员国中,新加坡、文莱是 TPP 前身的创始国,越南、马来西亚也已加入 TPP 谈判。菲律宾、泰国虽然明确表示加入 TPP 谈判的兴趣,但是一直未能加入谈

① 许多:"论 TPP 谈判对 WTO 多哈回合谈判的影响",载《江海学刊》2013 年第 5 期。

② Ian F. Fergusson and others, *The Trans-Pacific Partnership Negotiations and Issues for Congress*, Congressional Research Service Report for Congress, June 17, 2013, p. 8.

判。印度尼西亚则明确表示暂不考虑加入 TPP 谈判。此外，缅甸、柬埔寨、老挝因其不是 APEC 成员，而且发展水平相对较落后、难以满足 TPP 谈判的高标准门槛，所以未加入 TPP 谈判。

加入 TPP 体现了美国担忧被“排斥”在亚太 FTA 网络之外和面临跨太平洋经济合作被“分裂”的焦虑与不安。如果任由 RCEP 谈判以及其他不包括美国在内的次区域自由贸易协定的发展，由此造成的贸易与投资的“转移效应”将严重影响美国参与亚太的商业机会与竞争。有观点甚至认为 TPP 谈判意在孤立中国，是“地缘政治和外交力量的较量，是亚太地区的一种经济战争”，而且 TPP 谈判的深入也可能导致东盟成员之间的分化，弱化东盟成员间的经济合作关系。①

RCEP 谈判以东盟为主导，参与成员包括文莱、柬埔寨、印度尼西亚、老挝、缅甸、马来西亚、菲律宾、新加坡、泰国、越南等东盟十国以及中国、日本、韩国、澳大利亚、新西兰、印度等亚太六国。东盟主导的 RCEP 谈判将美国排除在外，这也被认为是东盟作为整体与美国进行规则竞争的一种尝试。

根据一国是否同时参与 TPP 谈判与 RCEP 谈判，可以将 TPP 谈判、RCEP 谈判的参与成员分为三类。第一类是同时参与 TPP 谈判与 RCEP 谈判的“双栖”国家，包括澳大利亚、新西兰、新加坡、文莱、越南、马来西亚、日本 7 国。第二类是仅参与 TPP 谈判的“单栖”国家，包括美国、加拿大、墨西哥、智利、秘鲁 5 国。第三类是仅参与 RCEP 谈判的“单栖”国家，包括柬埔寨、

---

① Anthony Rowley, "What the TPP is really about", *The Business Times* (*Singapore*), February 2, 2011.

老挝、缅甸、印度尼西亚、菲律宾、泰国、中国、韩国、印度9国(具体可参见表8-4)。

表8-4 TPP、RCEP谈判成员加入的FTA情况

	已生效的FTA数量①	是否为WTO成员	是否为APEC成员	是否为东盟成员	是否加入TPP谈判	是否加入RCEP谈判
文莱	8	是	是	是	是	是
柬埔寨	6	是		是		是
印度尼西亚	8	是	是	是		是
老挝	8	是(2012年10月26日加入)		是		是
缅甸	7	是		是		是
马来西亚	13	是	是	是	是	是
菲律宾	9	是	是	是		是
新加坡	22	是	是	是	是	是
泰国	11	是	是	是		是
越南	10	是	是	是	是	是
中国	14	是	是			是
韩国	18	是	是			是
日本	15	是	是		是	是
印度	15	是				是

① See Regional Trade Agreements Notified to the GATT/WTO and in Force by Country/Territory, available at: http://rtais. wto. org/ui/publicPreDefRepByCountry. aspx.

续表

	已生效的 FTA 数量	是否为 WTO 成员	是否为 APEC 成员	是否为东盟成员	是否加入 TPP 谈判	是否加入 RCEP 谈判
澳大利亚	12	是	是		是	是
新西兰	11	是	是		是	是
美国	14	是	是		是	
加拿大	11	是	是		是	
墨西哥	14	是	是		是	
智利	26	是	是		是	
秘鲁	16	是	是		是	

表 8－5　TPP 谈判成员与 RCEP 谈判成员的经济情况对比①

	人口（亿人）	在全球 GDP 中的比重（%）	2011～2015 年的 GDP 年增长率（%）	区域内贸易所占比重（%）	完成谈判并签署协定的目标年份
TPP（12 国）	8	38.2	4.2	41.6	2013
RCEP（16 国）	34	28.4	7.1	44.2	2015

① Jianmin Jin，RCEP vs. TPP，Fujitsu Research Institute Report，2013，available at：http://jp.fujitsu.com/group/fri/en/column/message/2013/2013－02－22.html.

28.4 不同的覆盖领域及义务标准

TPP 谈判与 RCEP 谈判的不同,主要体现在所涵盖领域的范围以及规则标准的高低上。首先,在涵盖领域方面,TPP 谈判相比 RCEP 谈判更为广泛和深入。根据 RCEP 谈判方于 2012 年 11 月 20 日公布的《区域全面经济伙伴关系协定谈判指导原则及目标》(Guiding Principles and Objectives for Negotiating the Regional Comprehensive Economic Partnership,以下简称《RCEP 谈判指导原则及目标》),RCEP 谈判涵盖的议题将主要包括货物贸易、服务贸易、直接投资、经济技术合作、知识产权、竞争政策、争端解决以及其他谈判方认为需要纳入的议题。政府采购、劳工标准、环保标准等议题由于发展中成员的反对而没有纳入谈判议程。而根据 TPP 谈判方于 2011 年 11 月 12 日公布的《TPP 纲要》,TPP 协定将涵盖货物市场准入、纺织品和服装、原产地规则、海关程序、贸易技术壁垒、动植物卫生检疫标准、环境标准、劳工标准、跨境服务、金融服务、电子商务、电信服务、临时入境、贸易救济、知识产权、政府采购、投资、竞争政策、合作与能力建设以及透明度等其他法律议题。而且,在已举行的二十轮 TPP 谈判中,TPP 谈判方还涉及了监管一致性、国有企业、中小企业、商业便利化和供应链等议题。因此,与 RCEP 谈判相比,TPP 谈判多涵盖的议题包括贸易救济、纺织品和服装、政府采购、劳工标准、环保标准、金融服务、电子商务、电信服务、透明度、监管一致性、国有企业、中小企业、商业便利化和供应链等。

表 8-6　TPP 与 RCEP 涵盖领域的比较

TPP 与 RCEP 均涵盖的领域	货物贸易(其中包括关税减让、海关程序、贸易技术壁垒、动植物卫生检疫标准等)、原产地规则、服务贸易、直接投资、知识产权、竞争政策、争端解决、经济技术合作
TPP 涵盖而 RCEP 未涵盖的领域	贸易救济、纺织品和服装、政府采购、劳工标准、环保标准、金融服务、电子商务、电信服务、临时入境、透明度、监管一致性、国有企业、中小企业、商业便利化和供应链等

其次,在具体领域的规则标准方面,TPP 谈判相比 RCEP 谈判更为严格,经济一体化水平更高。①

第一,在货物贸易的关税减让方面,TPP 力争实现商品的全覆盖,而 RCEP 则没有这样的“雄心”。《RCEP 谈判指导原则及目标》中阐明,RCEP 将以现有的“10 + 1”自由贸易协定关税减让水平为基础,力图实现高水平的关税自由化。虽然现有的 5 项“10 + 1”自由贸易协定在关税减让水平已大幅超出其成员国在 WTO《关税与贸易总协定》在的减让承诺,但各项“10 + 1”自由贸易协定的关税削减程度和时间表各有不同,总体上都保留了较大比例的敏感产品例外。可以预见,RCEP 以成员国在 5 项“10 + 1”自由贸易协定中的关税减让承诺为基础进行谈判,很难取得较大的突破,不太可能实现各成员国对所有商品一律实现零关税。

而 TPP 的最终目标在于对所有商品一律取消关税,关税减

---

① 本节部分内容参见美国贸易代表办公室公布的《跨太平洋伙伴关系协议》内容摘要。Office of the United States Trade Representative, *Summary of the Trans-Pacific Partnership Agreement*, https://ustr.gov/about-us/policy-offices/press-office/press-releases/2015/october/summary-trans-pacific-partnership.

让承诺可以分阶段实现,同时允许极少数的敏感产品例外。①TPP 缔约方同意取消或削减工业品的关税和非关税壁垒,以及农产品的关税和其他限制性政策。TPP 提供的优惠市场准入,将在拥有 8 亿人口的市场中促进缔约方间贸易增长,并为 12 个缔约方创造高质量的就业机会。绝大部分工业品关税将立即取消,部分产品将享受更长的降税期。各方达成的具体关税削减安排已包含在涵盖所有产品的关税减让表中。缔约方将公布所有关税和其他与货物贸易相关的信息,确保中小企业能和大企业一样受益于 TPP。各国还同意限制本地生产等实绩要求,不实行与 WTO 规定不一致的进出口税收和限制措施,包括针对再制造产品的措施。若 TPP 缔约方维持进出口许可要求,他们会将相关程序告知其他缔约方,从而提高透明度,便利贸易往来。

在农产品方面,各方将取消或削减关税和其他限制性政策,促进区域内农产品贸易,确保食品安全。除取消或削减关税外,TPP 缔约方同意推动政策改革,包括削减农业出口补贴,与 WTO 一同制定约束出口国国营贸易企业和出口信贷的规则,以及约束粮食出口限制政策可使用的时间,从而为本区域提供更有保障的粮食安全。TPP 缔约方还就加强农业生物技术相关活动的透明度和合作达成一致。

TPP 缔约方同意取消纺织品和服装关税,这一产业是多个 TPP 缔约方经济增长的重要贡献部门。绝大多数产品关税将立

---

① Robert Scollay, *TPP*, *RCEP and Prospects for Eventual Convergence*, CNCPEC Seminar 2013, Beijing, China.

即取消，一些敏感产品关税削减将经历更长的过渡期。本章还确定了要求使用缔约方区域内的纱线和纤维织物作为原材料的原产地规则，这将促进区域内的供应链和投资融合。仅对“短缺清单”中的产品，允许使用非缔约方供应的特定纱线和纤维织物作为原材料。此外，本章还包括针对打击偷逃关税和走私行为的海关合作和执行安排，以及应对进口激增可能对国内产业造成严重损害或严重损害威胁的纺织品特殊保障措施。

第二，在原产地规则方面，美国主张采取带有贸易保护主义色彩的严格原产地规则，而越南、马来西亚等谈判成员则主张采取更为开放和宽松的原产地规则。从当前区域自由贸易协定所采取的原产地规则来看，主要存在东盟自由贸易区（ASEAN）和北美自由贸易区（NAFTA）两种模式。东盟自贸区模式相对灵活、标准低，主要以区域价值成分标准（RVC）为主，一般为40%，辅之以税则分类改变标准（CTC），CTC主要集中于海关协调制编码（HS）4为税目的改变。而北美自贸区模式则相对严格、精细、标准高，主要以CTC为主，在产品特定规则中详细列明每种商品发生税则改变的具体要求，RVC作为辅助标准，不同产品的本地区价值含量要求为50%至60%。[①] 此外，北美自贸区协定还对汽车、纺织品及服装等产品实行特殊的原产地规则。对于纺织品、服装类产品，北美自贸区协定适用“纱后”规则（yarn forward rule），即受惠产品的纺织品原料必须产自北美，而且其后的各道制作工序也必须在北美进行。这一规定就

① 张小瑜：“东亚自贸区建设中的原产地规则问题”，载《国际贸易问题》2011年第2期。

使墨西哥面临着两难的选择:一是全部进口美、加两国的原材料,以取得产品出口到美国的优惠待遇;二是采用除美、加两国以外的原材料,但放弃纺织品出口到美国所能享受到的优惠待遇。

在 TPP 谈判中,美国力主将 NAFTA 的原产地规则模式运用到 TPP 中,同时对纺织品、服装等产品采取特殊的原产地规则,即要求纺织品所采用的棉花、纤维等原材料必须来源于 TPP 成员国。而在 5 项“10 + 1”自由贸易协定中,东盟与中国等成员国采取的是相对灵活和宽松的 RVC 标准。因此 RCEP 对原产地规则的谈判也不太可能抛弃这一宽松标准而转向其他更为严格的标准。因此,在原产地规则方面,TPP 将比 RCEP 更为严格,其对区域内贸易的保护也更为明显。

表 8 – 7 东盟自贸区协定与北美自贸区协定原产地规则的比较

FTA	基本标准	可选择性	区域价值成分标准(RVC)	税则分类改变标准(CTC)	积累规则	微量条款
东盟 FTA	RVC 或 CTC	可	40%	4 位税号	完全累积	10%
东盟—中国 FTA	RVC	—	40%	产品特定原产地规则:4 位税号	完全累积	无
东盟—日本 FTA	RVC 或 CTC	可	40%	4 位税号	双边累积	7% ~ 10%
东盟—韩国 FTA	RVC 或 CTC	—	40%	4 位税号	双边累积	10%

续表

FTA	基本标准	可选择性	区域价值成分标准(RVC)	税则分类改变标准(CTC)	积累规则	微量条款
东盟—澳大利亚、新西兰 FTA	RVC 或 CTC	可	40%	4 位税号	双边累积	10%
东盟—印度 FTA	RVC 或 CTC	—	35%	4 位税号	双边累积	无
北美自由贸易协定(NAFTA)	CTC	—	50% ~ 60%	4 位税号	完全累积	7%

第三,在服务贸易的市场准入方面,TPP 谈判将在所有服务业部门和投资领域将实现开放并辅以“负面清单”(negative list)例外,而 RCEP 谈判则采取与 GATS 和五个“10 +1”自由贸易协定相同的“正面清单”(positive list)模式,RCEP 成员国仅须对列入“正面清单”的服务部门进行开放。

“正面清单”模式与“负面清单”模式的不同,体现在服务市场的开放水平上。在“正面清单”模式下,如某一服务部门未列入正面清单,则协定成员国无义务放开该服务部门的市场准入限制。而在“负面清单”模式下,如某一服务部门未列入负面清单,则协定成员国有义务放开该服务部门的市场准入限制。正因如此,“负面清单”模式也被称为市场准入的“黄金标准”。但是,由于多数国家服务业市场的相对欠发达,在多边贸易协定中,对服务贸易的市场开放承诺仍以“正面清单”模式为主。WTO 框架下的《服务贸易总协定》(GATS)采取的即是“正面清单”模式。而本国服务业市场发达的美国等发达国家由于对服务市场开放有着更高的诉求,因此在其主导的 NAFTA 等区域自由贸易协定中采取了“负面清单”模式。

TPP 包括了 WTO 和其他贸易协定包含的核心义务:国民待遇;最惠国待遇;市场准入,即要求 TPP 缔约方不得对服务提供实施数量限制(如限制服务提供者或交易数量),或要求特定的法律实体或合资企业;当地存在,即不要求来自另一国的服务提供者以建立办事处、隶属机构或成为居民作为提供服务的前提条件。TPP 缔约方以“负面清单”的形式接受上述义务,这意味着,缔约方市场向其他 TPP 缔约方服务提供者完全开放,但不包括协定两个附件中任一规定的例外(不符措施),即(1)现有措施,一方接受该类措施在未来不再加严的义务,并锁定未来任何自由化措施;以及(2)一方在未来保留完全自由裁量权的部门和政策。

而在 RCEP 谈判阵营中,多数国家属于服务业市场相对欠发达的发展中国家,因此对开放服务市场有着更多的戒备。根据《RCEP 谈判指导原则及目标》的安排,RCEP 谈判将以 RCEP 成员国在 GATS 和“10 + 1”自由贸易协定下的服务市场开放承诺为基础,力图实质上取消成员国之间对服务贸易的限制或歧视性措施。由于 GATS 和多个“10 + 1”自由贸易协定均采取“正面清单”模式,服务市场的开放水平有限,因此 RCEP 谈判的起点较低。

第四,在知识产权的保护方面,TPP 对知识产权的保护水平将远远超出 RCEP。比较 TPP 谈判与 RCEP 谈判,其关键在于比较二者在超越 WTO 的《与贸易有关的知识产权协议》

(TRIPs)上要走多远以及如何走。那些超出 TRIPs 的条款被称为超 TRIPs 条款(TRIPs-plus 条款)。

在知识产权保护上，TPP 协定是目前所有自由贸易协定中要求最高、涵盖范围最大的贸易协定，远远超过 WTO 的 TRIPs 规则。[①] TPP 知识产权章节包括专利、商标、版权、工业设计、地理标识、商业秘密以及其他形式的知识产权，同时，还规定了知识产权的实施及缔约方在同意的领域开展合作的内容。知识产权章节将使企业在新的市场上更容易地搜索、注册和保护知识产权，这对小企业而言特别重要。

关于专利权，本章根据 WTO《与贸易有关的知识产权协定》和国际最佳实践设立了标准。关于商标，协定对企业和个人用于区别于其他产品的品牌名称和标识予以保护。该章还对新地理标识保护提出了一些透明度及正常程序保障的要求，包括通过国际协定承认或保护的地理标识。其中包括了对商标和地理标识关系理解的确认，以及确保通用名称的使用。

此外，本章包含了与制药相关的条款，以促进创新和救命药品的研发，促进非专利药的可获得性，同时也考虑不同缔约方达标需要的时间。本章的承诺包括对药品和农业化学品为获得上市批准而提交的未公开的实验和其他数据的保护。各缔约方在本章重申对 WTO 2001 年关于《与贸易有关的知识产权协定》

---

① 有关 TPP 知识产权规则的研究，参见陈福利："知识产权国际强保护的最新发展——《跨太平洋伙伴关系协议》知识产权主要内容及几点思考"，载《知识产权》2011 年第 6 期；贾引狮："美国与东盟部分国家就 TPP 知识产权问题谈判的博弈研究——以 TPP 谈判进程中美国的知识产权草案为视角"，载《法学杂志》2013 年第 6 期；张磊、徐昕、夏玮："《跨太平洋伙伴关系协议》(TPP)草案之知识产权规则研究"，载《WTO 经济导刊》2013 年第 5 期。

和公共健康声明的承诺,特别确认各缔约方有权采取措施保护公共健康,包括针对艾滋病等传染病发生时采取的措施等。

在版权领域,本章纳入了对作品、表演及歌曲、电影、书籍和软件等音像制品加以保护的承诺,并对技术保护措施和版权管理信息设定了有效且平衡的条款。作为对上述承诺的补充,本章还认为各国有义务继续通过基于合法目的的保留例外和限制,在版权体系中寻求平衡,在数字环境下也是如此。本章要求各缔约方对互联网服务提供商建立或者保持一个版权安全港的框架,但该义务不允许缔约方依赖互联网服务提供商监控自身系统出现的侵权行为而设立类似安全港。

最后,TPP 缔约方同意提供强有力的执行体系,包括民事程序、临时措施、边境措施,以及针对商业规模的商标假冒和侵犯版权等行为采取刑事程序和惩罚等。特别是 TPP 缔约方将采取法律措施防范商业秘密的盗用,建立针对包括网络窃密等方式在内的商业秘密盗窃行为和偷录影像的刑事程序和惩罚制度。

与 TPP 知识产权章节高保护标准的谈判不同,RCEP 谈判并没有形成提供高标准知识产权保护的共识。相反,《RCEP 谈判指导原则及目标》明确提及对有关知识产权内容的谈判,应当致力于减少与知识产权有关的贸易投资壁垒,促进成员国在使用、保护和执行知识产权方面的经济整合与合作。可见,TPP 的知识产权谈判意在提高对知识产权的保护水平,而 TPP 的知识产权谈判意在减少知识产权壁垒对贸易投资的障碍。

第五,在直接投资方面,TPP 谈判与 RCEP 谈判在投资准入和投资保护等问题上的价值取向不同。在 WTO 框架下,有关投资内容的协定仅有《与贸易有关的投资协定》(Agreement on Trde-Related Investment Measures, TRIMs)一项,但该协定侧重的是“与贸易有关的”投资事项,对一般性的投资准入和投资保护问题并未予以涉及。外资准入是东道国控制外资的主要手段,传统的国际投资条约或自由贸易区投资协定一般只将国民待遇适用于外资准入后阶段,而在外资准入阶段外国投资者并不享有与东道国投资者同等的国民待遇。随着全球投资自由化趋势的不断扩张,部分国家开始通过投资条约或投资协定给予外国投资者以准入前的国民待遇。准入前国民待遇的核心是给予外国投资者与国内投资者同等的投资准入权。[①] 美国、加拿大等发达国家在对外缔结的投资协定或含有投资章节的自由贸易协定中明确将国民待遇同时适用于外资准入前和外资准入后,即同时适用于外资的设立、获得、扩大、管理、经营、运行、出售及其他处置方面。其中,外资的设立、获得即为外资准入阶段,而管理、经营等则为外资准入后的阶段。而以中国为代表的多数发展中国家则仍然坚持准入后国民待遇的模式,未承诺外资准入阶段的国民待遇义务。

这一分歧也将反映在TPP谈判和RCEP谈判的投资章节中。TPP各方采用“负面清单”,意味着除不符措施外,市场将对外资全面开放。不符措施包括两个附件:第一个是确保现有措施不再加严,且未来自由化措施应是具有约束力的;第二个是保留在未来完全自由裁量权的政策措施。而RCEP谈判能在多

---

① 赵玉敏:“国际投资体系中的准入前国民待遇——从日韩投资国民待遇看国际投资规则的发展趋势”,载《国际贸易》2012年第3期。

大程度上放开成员国的投资准入,尚不得而知。从现有的5项“10+1”自由贸易区协定来看,东盟—印度FTA、东盟—日本FTA尚未达成投资协议,东盟—中国FTA、东盟—韩国FTA、东盟—澳大利亚、新西兰FTA达成了投资协议。但是,在外资准入的国民待遇方面,东盟—中国FTA未一般性地承诺给予外资准入的国民待遇,而东盟—韩国FTA、东盟—澳大利亚、新西兰FTA则明确在外资准入阶段承诺给予国民待遇。RCEP谈判将以该5项“10+1”自由贸易区协定为基础,因此能否达成统一的外资准入国民待遇规则,要看中国、印度、日本、韩国、澳大利亚、新西兰与东盟在这一问题上的讨价还价。此外,关于投资者与东道国间的投资争端仲裁机制,TPP阵营和RCEP阵营也可能存在着分歧。① TPP投资章节还为投资争端提供了中立、透明的国际仲裁机制,同时通过有力的措施防止这一机制被滥用,确保政府出于健康、安全和环境保护目的进行立法的权利。程序性的保护措施包括:透明的仲裁程序,法律之友意见书,非争端方意见书,无理滥诉快速审理和可要求赔偿的律师费,临时裁决的审议程序,TPP缔约方间有约束力的共同解释,提出诉求的时效,以及禁止起诉方启动平行诉讼程序等。

从以上的对比可以看出,TPP谈判与RCEP谈判在关税减让(货物贸易的市场准入)、原产地规则、服务贸易、知识产权保护、直接投资等领域采取了不同的约束标准。TPP谈判要求关税减让涵盖所有商品,一律取消或削减关税,同时采取严格的原

① 龚柏华:“TPP协定投资者——东道国争端解决机制评述”,载《世界贸易组织动态与研究》2013年第1期。

产地规则,避免区域外国家产品享受 TPP 协定的贸易优惠。此外,TPP 协定还要求开放成员国的服务市场和投资准入,对知识产权提供更高水平的保护。而 RCEP 协定在这些领域的约束标准则相对比较低。虽然 RCEP 谈判成员也将 RCEP 定位为一个“高标准、高质量”的自由贸易协定,但是这一“高标准、高质量”是相对于现有的 5 项“10 +1”自由贸易协定而言的。而且,根据《RCEP 谈判指导原则及目标》的精神,RCEP 的“高标准”之后伴随着“高弹性”,其将为成员国保留足够的弹性空间。RCEP 在关税减让方面不追求对所有商品的涵盖,在原产地规则方面也采取宽松、低标准的模式,同时在服务市场、投资准入方面仍然是有限度地开放,对知识产权的保护水平将停留在 TRIPs 规则上而不太可能有较多突破。

尽管 TPP 谈判与 RCEP 谈判在约束标准上存在着不同,但要达到预期目标两者都面临着很多挑战和困难。两条轨道孰优孰劣,目前还不明朗。① RCEP 的准入门槛和自由化要求虽然没有 TPP 高,但是由于所覆盖的市场比 TPP 更大,而且多数成员国是发展中国家,难度不可小觑。TPP 谈判对高标准、高门槛的坚持也可能因为越南、马来西亚等发展中成员的顾忌而失败。因此,在“高标准、高弹性”的 RCEP 谈判与“超级标准、零例外”的 TPP 谈判之间,不可避免会出现“规则竞争”。亚太区域的国家可以根据自身情况选择参与何种谈判,抑或同时参加两种谈判。

---

① 全毅:“当前区域经济一体化背景下 CAFTA 发展方略——TPP 和 RCEP 视角分析”,载《国际贸易》2013 年第 10 期;陈淑梅、全毅:“TPP、RCEP 谈判与亚太经济一体化进程”,载《亚太经济》2013 年第 2 期。

表 8－8 TPP 与 RCEP 谈判对相同议题的不同标准

	TPP 谈判	RCEP 谈判
关税减让	力争实现全覆盖,对所有商品分阶段、分类别一律取消或削减关税	以现有的 5 项“10＋1”自由贸易协定关税减让水平为基础进行谈判,不以全覆盖为目标
原产地规则	倾向于采取 NAFTA 的原产地规则模式,规则严格,标准高	倾向于采取 ASEAN 的原产地规则模式,规则宽松、标准低
服务贸易	采取与 NAFTA 等美国区域自由贸易协定相同的“负面清单”模式,服务贸易开放水平高	采取与 GATS 和五个“10＋1”自由贸易协定相同的“正面清单”模式,服务贸易开放水平低
知识产权	超越 WTO 的 TRIPs 规则,加强对知识产权的保护	意在减少与知识产权有关的贸易投资壁垒,尚未展开谈判
直接投资	承诺提供准入前的国民待遇;纳入投资者与国家间争端仲裁机制	未提及是否承诺提供准入前的投资待遇;未提及是否纳入投资者与国家间争端仲裁机制

28.5 不同的谈判原则及谈判形式

在谈判形式方面,TPP 谈判与 RCEP 谈判也存在不同。虽然 RCEP 也被定位为一项“全面、高质量、互惠的区域自贸协定”,但 RCEP 谈判具有很高的灵活性和弹性空间。而 TPP 谈判不仅在具体规则上坚持高标准,而且在谈判形式上也严格要求。

其一,在谈判起点方面,TPP 谈判的起点远远高于 RCEP 谈判。TPP 谈判脱胎于新加坡、文莱、智利和新西兰四国间的 P4

协定,P4 协定是一个高质量的全面性自由贸易协定。而 RCEP 谈判则以现有的 5 个“10 + 1”自由贸易协定(包括东盟—中国、东盟—韩国、东盟—日本、东盟—印度与东盟—澳大利亚、新西兰自由贸易协定)为基础进行谈判,而这 5 个“10 + 1”自由贸易协定在覆盖领域和自由化程度上也存在着较大差别。

其二,在谈判进展方面,TPP 谈判相比 RCEP 谈判更为顺利。TPP 谈判有着紧密的日程安排,TPP 谈判方于 2015 年 11 月就协定最终文本达成一致。2016 年 2 月 4 日,在新西兰奥克兰,澳大利亚、文莱、加拿大、智利、日本、马来西亚、墨西哥、新西兰、秘鲁、新加坡、美国和越南等 12 个国家正式签署 TPP 协定。而 RCEP 谈判没有制度化的日程安排,截至目前进行了十一轮谈判,其力争完成谈判的预期时间为 2016 年。

其三,在成员构成方面,RCEP 其主张“成员开放”(open accession)的原则。根据该原则,东盟的自贸区伙伴可自行选择是否参与 RCEP 谈判,换言之,中日韩澳新印这六国可根据自愿原则加入。尽管目前六国都明确表示参与 RCEP 谈判,但仍然存在由于谈判不能达成一致而导致一个或多个国家退出谈判的可能性,因而最终建成的 RCEP 可能达不到“10 + 6”的数量,而是不固定的“10 + X”($2 \leqslant X \leqslant 6$)。此外,“成员开放”还表明 RCEP 对外部经济体的开放,其他外部经济伙伴也可申请加入。根据东盟在《区域全面经济伙伴关系框架》中的设想,待 RCEP 完成谈判或建设到一定程度之后,可以商讨美国、俄罗斯等区外经济伙伴的加入问题。而 TPP 的谈判成员相对固定,新成员的加入须经过现有谈判成员的一致同意。

其四,在弹性条款(flexibility clause)的设置方面,RCEP 将

充分考虑到参与国的差异化发展水平,而 TPP 则坚持谈判的高标准,原则上不允许弹性条款的存在。根据东盟与中日韩澳新印六国达成的《RCEP 谈判的指导原则与目标》,尽管 RCEP 成员国间的开放程度将比现有的 5 个“10 + 1”东盟自贸区更广泛、更深入,但其同时也将充分考虑参与国的个别和多样化情况,包括各成员国的舒适度和可行性以及 RCEP 建设的渐进性和过渡性。其具体表现在贸易投资自由化安排的特殊及差别待遇上,尤其是对最不发达国家的弹性要求上。这与 TPP 谈判中美国主导的过高开放要求不同,因而在谈判难度上将相对减小。①

其五,在谈判模式方面,RCEP 可根据谈判参与国的意愿予以弹性安排,而 TPP 则明确采取“一揽子”协定的模式,谈判成员国对谈判结果须“一揽子”接受,“要么全有,要么全无”。根据东盟在《区域全面经济伙伴关系框架》中的设想,RCEP 可以分领域、分步骤的渐进谈判,可以“一揽子”谈判,也可以采取谈判方所同意的任何其他模式。根据《RCEP 谈判指导原则与目标》的设置,谈判参与国一致同意将同时对货物、服务和投资议题展开并行谈判。

其六,在与现有自由贸易协定关系的处理方面,RCEP 将允许现有的“10 + 1”东盟自贸区协定和任何参与国间的双边或多边 FTA 继续存在,而以美国为代表的若干 TPP 谈判方则希望以高标准的 TPP 协定替代 TPP 成员国间现有的自由贸易协定。

---

① 许宁宁:“RCEP:东盟主导的区域全面经济伙伴关系”,载《东南亚纵横》2012 年第 10 期。

表 8－9 TPP 与 RCEP 谈判形式的比较

	TPP 谈判	RCEP 谈判
谈判主导者	美国	东盟
谈判起点	P4（新加坡、文莱、智利和新西兰）	5 个“10＋1”自由贸易协定（东盟与中国、日本、韩国、印度以及澳大利亚和新西兰间的自由贸易协定）
谈判进程	有固定的日程安排，成功完成谈判，已于 2016 年 2 月 4 日正式签署最终协定	没有固定的日程安排，已举行 15 轮谈判。力争 2016 年结束谈判
成员构成	成员相对固定，新成员的加入须经过现有谈判成员的一致同意	东盟的自贸区伙伴可自行选择是否参与 RCEP 谈判，存在由于谈判不能达成一致而导致一个或多个国家退出谈判的可能性
弹性条款	原则上不得设置弹性条款	较高的弹性安排，充分考虑到参与国的差异化发展水平
谈判模式	“一揽子”协定	可以分领域、分步骤的渐进谈判，可以“一揽子”谈判，也可以采取谈判方所同意的任何其他模式
与现有自由贸易协定关系的处理	取代参与国间现有的自由贸易协定，或者保留现有协定的市场准入内容，并在其他领域替代现有协定的规则	允许现有的“10＋1”东盟自贸区协定和任何参与国间的双边或多边 FTA 继续存在

29. TPP 的下一代贸易投资议题

TPP 谈判的“高标准”,不仅体现在对货物贸易、服务贸易等 WTO 传统议题的规则超越,更体现在对 WTO 未涵盖议题的涉及和高标准规制。以出入境关税和配额为主的货物贸易规则,被称为国际贸易的“边境议题”(at the border issues)。与“边境议题”相对的是“境内议题”(behind the border issues),“境内议题”进一步延伸至贸易和投资对象国的有关贸易投资的规则和标准。正如学者所指出的,21 世纪的区域贸易自由化不再仅仅关注关税等传统“边境议题”,而是更多侧重于“境内议题”。换言之,面向 21 世纪的自由贸易协定不再仅仅是“市场准入的交换”,其更关注对国内法规的规制,希望以国际规则来促进国内的改革。① 由此观之,TPP 谈判不仅涵盖了市场准入这一传统“边境议题”,而且涵盖了政府采购、竞争政策、劳工标准、环境标准、金融服务、电信以及国有企业、监管一致性、供应链管理、电子商务等诸多“境内议题”,足见其范围之广、雄心之大。以下将对 TPP 谈判所涉及的这些“境内议题”进行详细介绍。②

第一,政府采购议题。政府采购市场在全球贸易市场中占

---

① Richard Baldwin, 21*st Century Regionalism: Filling the gap between* 21*st century trade and* 20*th century trade rules*, CEPR Policy Insight No. 56, May 2011.

② 本节部分内容参见美国贸易代表办公室公布的《跨太平洋伙伴关系协议》内容摘要。Office of the United States Trade Representative, “Summary of the Trans-Pacific Partnership Agreement”, https://ustr.gov/about-us/policy-offices/press-office/press-releases/2015/october/summary-trans-pacific-partnership.

据了重要地位。根据 WTO 的统计，政府采购一般占一国 GDP 的 15%至 20%。在 2008 年，《政府采购协定》成员国的政府采购市场达到 1.6 万亿美元。[①] 这也是美国等发达国家将政府采购议题纳入 TPP 谈判、要求 TPP 成员方放开本国政府采购市场的主要原因。但是，在 TPP 谈判参与方中，只有美国、日本、新加坡是 WTO 框架下的《政府采购协定》成员国。与货物、服务、知识产权等领域的多边贸易协议不同，《政府采购协定》不在 WTO 的强制性“一揽子”协议范围之内，其仅对协定的签字国有约束力。在这种情况下，骤然要求所有成员一步到位、完全放开其政府采购市场是难以实现的，比较务实和可能的途径是为部分成员国设置过渡期，允许其采取过渡措施从而逐步放开采购市场。

对于在透明、可预期和非歧视原则下进入对方庞大的政府采购市场，TPP 缔约方有共同利益。在政府采购章节，各缔约方就国民待遇和非歧视两大核心原则做出承诺，同意及时发布有关信息，为供应商预留足够时间获取标书文件及投标，并承诺公平和无偏见地对待投标者，并为其保密。此外，各缔约方同意采用公平和客观的技术规格，以公告和标书文件中明确的规格作为唯一标准进行评标及授予合同；同时，各方将建立相应的程序，允许投标者对某项授标进行质疑并提出投诉。各缔约方都同意在附件中列出一份本章所涵盖的机构和采购活动的正面清单列表。

---

① Briefing Note: Government Procurement Agreement, http://www.wto.org/english/thewto_e/minist_e/min11_e/brief_gpa_e.htm.

第二,竞争政策议题。竞争政策条款的核心在于要求成员国制定竞争法、创造公平竞争的法律环境。在这一方面,新加坡、文莱、智利和新西兰间的 P4 以及美国签署的多项自由贸易协定中已经有了非常细致的规定。P4 中的竞争政策章节包括目标、竞争法及实施、合作条款、告知、磋商及信息交换、涉及独家委托、垄断等权利的公共企业或一般企业以及争端解决机制等 7 项内容和 1 个附件。美国已签署的 FTA 中的竞争政策与 P4 协议基本一致,涉及竞争法及反竞争商业行为、指定垄断、定价差异、透明度、跨境消费者保护、磋商及争端解决机制等内容。对这些条款的纳入将使 TPP 超出一般贸易协定所涵盖的边境措施,进而涉及边境内政策的干预。①

TPP 缔约方在确保区域内公平竞争方面有共同利益,要求各缔约方建立相应的法律制度,禁止损害消费者利益的限制竞争行为和商业欺诈行为。各方同意实施或维持禁止限制竞争行为的法律,致力于在各自国内将该法律适用于所有商业行为。为确保上述法律有效实施,各缔约方同意成立或保留国家竞争法律执法部门,采取或维持法律法规,禁止给消费者利益带来损害或潜在损害的商业欺诈行为。各方同意,在适当情况下,就互利的竞争活动开展合作。12 国同意在程序正当性、程序公正性方面承担义务,允许针对违反一方竞争法导致的损害采取私人行动。此外,TPP 缔约方同意在竞争政策和竞争执法领域开展合作,包括通知、磋商和信息交换等。本章不适用于争端解决机制,但各缔约方可就与本章的有关关切进行磋商。

① 徐秀军:“TPP 标准之高,高在何处?”,载《世界知识》2013 年第 18 期。

第三,劳工标准议题。虽然劳工标准议题带来了很多的争议,但 TPP 谈判方所争议的并非劳工标准要不要纳入 TPP 议题的问题,而是多高的劳工标准才能为各方共同接受。从已有的区域自由贸易协定来看,美国与加拿大、墨西哥、智利、秘鲁、澳大利亚和新加坡 6 个 TPP 谈判方签订了包含劳工标准的自由贸易协定,加拿大与墨西哥、智利、秘鲁等 3 个 TPP 谈判方签订了包含劳工标准的自由贸易协定,新西兰与智利、新加坡、文莱、和马来西亚等 4 个 TPP 谈判方签订了包含劳工标准的自由贸易协定。比较而言,美国签署的自由贸易协定中的劳工标准最为严格。[①] 以美国—韩国 FTA 为例,相关条款的主要内容包括:承诺采用和维持国际劳工组织"工作的基本原则和权利宣言"及其后续文件规定的五大劳工标准;允许劳工自由集会结社以及集体谈判;取消一切形式的强迫或强制劳动;废除童工;消除就业和职业歧视;不得以减损或降低劳工权利来促进贸易和投资;保证利益方能获得通过行政、准司法、司法或劳动仲裁法庭执行劳工法律的程序,规定详细要求以保证程序的公正、公平和透明,并承诺这些程序的当事方可寻求救济以确保其实现权利;对违反劳工标准的成员国,其他成员国可实施金钱制裁(即执行货币评估,相当于罚金)或贸易制裁(即中止贸易减让),等等。

所有 TPP 缔约方均为国际劳工组织成员,并认识到推动国际认可的劳工权利的重要性。各方同意在各自法律和实践中采

---

① 郑丽珍:"TPP 谈判中的劳动标准问题",载《国际经贸探索》2013 年第 9 期。

取或维持国际劳工组织1998年宣言所承认的核心劳工权利,即结社自由和集体谈判权,消除强迫劳动,废除童工,禁止最恶劣形式的童工劳动,消除就业歧视。各方同意由法律监管最低工资、工时及职业健康和安全。这些共识同样适用于出口加工区。12个缔约方同意不为吸引贸易或投资而减损基本劳工权利法律的实施,不会持续性或经常性地怠于实施劳动法,从而影响缔约方间的贸易投资。除各国承诺在本国范围内取消强迫劳动外,劳工章节还要求阻止强迫劳动或童工生产的产品进口,以及包含强迫劳动产品成分的产品进口,无论包含这些成分的来源是否为TPP缔约方。12个缔约方承诺,确保提供公正透明的行政和司法途径,为违反劳动法行为的受害者提供有效救济。各方还同意在劳工章节实施过程中允许公众参与,包括建立机制采纳公众意见。

本章的规定将适用于争端解决机制。为促进TPP缔约方间劳工问题的快速解决,劳工章节还建立了劳工对话,各方可选择该方式解决本章节下的任何劳工问题。该对话允许快速研究相关问题,允许缔约方间通过一致同意的行动方案解决问题。劳工章节还建立了劳工合作机制,包括为利益相关方提供机会,帮助确定各方一致同意的合作及参与领域。

第四,环境标准议题。美国近年来签订的FTA都包括相关环境章节。以美国—韩国FTA为例,其相关条款的主要内容包括:承诺履行多边环境协定七项公约的义务,涉及濒危野生动植物、消耗臭氧层物质、船舶污染、湿地、南极海洋生物、捕鲸、金枪鱼等领域;承诺不能以影响各方贸易投资为由削弱或降低环境保护法律、法规或其他方式;确保利益方可向主管当局请求调查违反环境法的行为，并依据法律对此类请求给予适当考虑；确保司法、准司法或行政程序能够对违反环境法的行为给予制裁或救济，且利益方有权获得此程序；建立由双方高官组成的环境事务委员会，定期召开会议，处理环境事宜并监督协议执行，并制定详细的程序安排；提升公众参与的机会，包括确保公众获得相关信息、发展与公众就环境事务进行沟通的程序、向公众征求意见、为书面意见提供回执与反馈意见、利益人可向主管当局请求调查环境法的违反行为等内容；除与国际协定义务相关的争端另有安排外，环境争议均应在磋商、斡旋、调和、调解不成功之后，诉诸 FTA 相关的争端解决机制，以寻求救济或补偿。

TPP 缔约方承诺保护环境，包括共同应对环境挑战，譬如污染、野生动植物非法交易、非法采伐、非法捕捞和海洋环境保护。各方同意有效实施各自环境法，不为了鼓励贸易或投资削弱环境法。各方还同意履行《濒危野生动植物国际贸易公约》，采取行动打击野生动植物非法贸易并开展合作。此外，各方同意推动可持续林业管理，保护本国领土内濒危野生动植物，保护湿地等特别自然保护区的生态完整性。为保护公共海域，TPP 缔约方同意开展可持续的渔业管理，推动鲨鱼等重要海洋生物保护，打击非法捕捞，禁止某些可导致对渔业资源过度捕捞或非法、未申报、无管制捕捞的有害补贴。各方还同意增强补贴项目透明度，尽最大努力克制引入可导致过度捕捞或捕捞能力过剩的新补贴。

TPP 缔约方同意减少船舶污染，保护海洋环境，减少臭氧层破坏物质的排放。各方重申实施多边环境协议的承诺，决定提高环境政策决策、实施和执行透明度。此外，各方同意为公众参与环境章节实施提供机会,包括公众意见书和环境委员会的公开环节。本章适用于争端解决程序。各方还一致鼓励自愿性的环境倡议,例如企业社会责任项目。各方承诺加强合作解决共同关心的问题,包括保护区、生物多样性的可持续利用,以及向低碳和更具适应力的经济转型。

第五,金融服务和电信议题。开放金融服务和电信市场,是TPP谈判的一大焦点,同时也是一大难点。美国等发达国家希望成员国取消或放松对金融服务和电信市场的准入限制,给予国民待遇和最惠国待遇,并保障金融电信管制措施的透明度。

第六,横向交叉议题(horizontal and cross-cutting issues)。TPP谈判的横向交叉议题主要集中在监管一致性、国有企业、电子商务、竞争和供应链、中小企业等5个方面。[①] 美国是横向交叉议题的倡导者、推动者,美国重视TPP横向议题,旨在利用TPP解决下一代贸易规则问题,使之成为未来FTA条款样板。在TPP谈判之初,美国即已确立了横向议题的基本原则,即有助于促进新技术发展、有助于为中小企业创造出口机会、有助于支持现有生产和供应链。

关于监管一致性问题。各国贸易投资规则的不统一,限制了亚太区域贸易投资自由化的进程。对此,美国主张协调统一各成员的监管措施,要求成员国实施公开的、透明的、可预期的监管措施,从而确保TPP成员国的监管规则与美国监管规则保持一致。具体形式可包括新措施出台前的公示协商规定、防止

---

① 蔡鹏鸿:"TPP横向议题与下一代贸易规则及其对中国的影响",载《世界经济研究》2013年第7期。

行业垄断和企业垄断规定、相互确认服务业、卫生和安全监管、行政和司法上诉等。美国甚至建议 TPP 成员方成立一个内部监管协调机构,以减少重复和冲突的监管要求。

TPP 的监管一致性章节旨在推动缔约方建立有效的跨部门磋商和协作机制以促进监管一致性,从而确保 TPP 市场上的商业主体享有开放、公平、可预期的监管环境。本章鼓励缔约方推行广泛采纳的良好监管实践,例如针对正在制订的监管措施的影响进行评估,就监管方案选择依据及监管性质进行沟通等。本章还要求缔约方确保法律法规清晰简洁,确保公众能够获取新出台监管措施的信息,如可能通过网络在线发布,确保定期审议现行监管措施,确定其仍是达成预期目标的最佳途径。除此之外,本章还鼓励缔约方就计划采取的所有监管措施发布年度公开通报。为实现上述目标,本章设立了一个专门委员会,该委员会将为 TPP 缔约方、企业和民间团体提供机会通报实施情况,分享最佳实践经验,并考虑潜在合作领域。本章并不影响 TPP 缔约方出于公共健康、安全和其他公共利益考虑进行监管的权利。

关于国有企业问题。对国有企业的纪律规制,目的在于确保政府在国有企业与私人企业之间保持“竞争中立”,避免因为政府对国有企业的优惠措施而扭曲市场竞争环境。因此,解决国有企业问题的关键在于赋予国有企业和外国企业以同等待遇。TPP 谈判提出了很多规制国有企业的具体规则,例如,要求消除国有企业补贴、消除对国有企业海外投资所给予的特惠融资措施、保护外国私营企业经济活动、撤销政府采购的优惠偏好等内容。[①]

所有 TPP 缔约方均有国有企业,国有企业在提供公共服务和其他活动中发挥着重要作用,但各缔约方认识到,建立国有企业规则框架大有益处。本章适用于主要从事商业活动的大型国有企业。各方同意确保各自国有企业以商业考虑为基础做出交易决定,除非这么做与其提供公共服务的授权不符。各方还同意确保各自国有企业或指定垄断不歧视其他缔约方的企业、货物和服务。各方同意各自法院对外国国有企业在本国领土内实施商业活动享有管辖权,并确保行政部门以公正的方式管理国有企业和私营公司。各方同意,不通过对本国国有企业提供非商业帮助给别国利益带来不利影响,不通过向在别国领土内生产、销售产品的国有企业提供非商业帮助损害另一缔约方国内产业。各方同意与他国分享本国国有企业名单,并应要求提供关于国有企业中政府所有或控制的内容,以及向国有企业提供的非商业协助方面的信息。本章规定了一定的例外规则,包括国内或全球经济紧急情况的意外,以及各国的保留例外。

关于电子商务问题。美国作为信息技术高端开发者,希望通过制定电子商务规则在国际贸易中占据利益制高点。美国甚至主张,互联网数据自由传输或跨境流动不应受到限制,希望通过 TPP 将因特网数据自由传输议题建构为国际规范。但是,美国的主张无法得到其他谈判者的认同,经过几轮谈判,有关因特网数据自由传输的约束性规定暂时没有列入最后文本。TPP 电

① 沈铭辉:“跨太平洋伙伴关系协议(TPP)的成本收益分析:中国的视角”,载《当代亚太》2012 年第 1 期。

子商务条款将对互联网交易制定规则,包括海关关税、数码环境、电子交易授权、消费者保护等内容。美国在近年来缔结的双边 FTA 中都纳入了电子商务章节,其主要条款包括:投资、跨境服务贸易和金融服务的有关条款同样适用于以电子方式提供的服务;任一缔约方不能对其他缔约方的数字产品征收关税或其他费用;关于网上消费者保护方面,规定各缔约方必须采取透明和有效的措施,确保消费者在参与电子商务的过程中免受商业欺诈;接受其他缔约方的电子版管理文件,视其具有纸质文件的同等效力;规定除法律不允许外,双方消费者有权利选择、使用、运行相关服务和电子产品,将其电子产品接入互联网等;双方应努力削减阻碍跨境电子信息的障碍等。

在电子商务章节,TPP 缔约方承诺,将在确保保护个人信息等合法公共政策目标得到保障的前提下,确保全球信息和数据自由流动,以驱动互联网和数字经济。12 个缔约方也同意,不将设立数据中心作为允许 TPP 缔约方企业进入市场的前提条件,也不要求转让或获取软件源代码。本章禁止对电子传输征收关税,不允许缔约方以歧视性措施或直接阻止的方式支持本国类似产品的生产商或供应商。为保护消费者,TPP 各缔约方同意实施并保持针对网上诈骗和商业欺诈行为的消费者保护法,并确保隐私和其他消费者权益保护在 TPP 缔约方市场得到执行。各缔约方有义务采取措施阻止推销性质的商业电子信息。为促进电子商务,本章鼓励各缔约方促进企业和政府间的无纸化贸易,如电子海关单据;同时,本章还包括了商业交易的电子认证和电子签名条款。TPP 缔约方对本章部分义务做出了不符措施保留。12 个缔约方同意共同帮助中小企业从电子商务中受益。本章还鼓励就个人信息保护、网上消费者保护、网络安全和网络安全能力等开展政策合作。

关于竞争力和供应链问题。供应链管理涉及海关改革、基础设施和贸易便利化。通过提高供应链业绩,可以减少亚太地区货物和服务流动的时间和成本。本章旨在协助提升 TPP 缔约方以及亚太地区整体的竞争力。本章将建立一系列正式机制,通过政府间对话,以及政府、企业和民间团体的对话,评估 TPP 协定对参与各方竞争力的影响,以评估进展情况,把握新机遇,应对新挑战,特别着眼于日益深化的区域供应链。竞争力和商业便利化委员会就是其中之一,将定期举行会议评估 TPP 对区域和国家竞争力的影响,以及对区域经济一体化的影响。该委员会将听取各利益攸关方对于 TPP 如何进一步提升其竞争力的意见和建议,包括促进中小微型企业参与区域供应链等。本章同时确立了一套该委员会评估供应链表现的基础框架,包括促进中小企业参与供应链的方式、利益攸关方和专家意见的审议等。

关于中小企业问题。纳入中小企业议题,其目的在于解决中小企业在 TPP 市场获得贸易投资机会的能力。通过完善中小企业发展的国际政策环境,可以促进中小企业更有竞争力地融入亚太区域生产链。促进中小企业参与贸易、确保中小企业分享 TPP 的利益是各缔约方的共同意愿。作为市场准入、文书削减、互联网接入、贸易便利化、快递等其他章节承诺的补充,中小企业章节要求每一个 TPP 缔约方创建一个针对中小企业用户的用户友等好型的网站,提供关于 TPP 的信息并介绍中小企业如何充分利用 TPP 的方法,包括描述与中小企业相关的 TPP

条款、涉及知识产权的法规和程序、外国投资法规、商业注册程序、雇佣法规和税收信息。此外，该章设立中小企业委员会。该委员会将定期召开会议，审议 TPP 服务中小企业的情况，讨论如何进一步扩大中小企业收益，监督出口咨询、协助、培训、信息分享、贸易融资等支持中小企业的合作或能力建设项目。

表 8－10 TPP 谈判的覆盖议题及内容①

议题	是否涉及“境内议题”	内容	可能存在的争议
现有 FTA 中经常涉及的传统议题			
货物贸易	否	削减关税；海关估价；成立监管委员会；关税削减的例外；敏感产品的特别待遇	对于关税削减的例外清单和敏感产品的自由化时间表将存在激励的争论；发达国家有可能抵制劳动密集型产品的关税减让
服务贸易	是	要求提供市场准入前和市场准入后全阶段的国民待遇和最惠国待遇；不符措施例外；禁止当地业绩要求；要求服务管制措施是透明的、不造成不合理负担的；保障转让和支付的顺利进行；海外获得的证书和执照	服务部门的复杂性、不同成员服务市场水平的不同，可能导致谈判进展缓慢。发达成员要求对服务业开放作出更广泛和更深入的准入承诺，而发展中成员则可能要求较多的例外和过渡安排

① Peter A. Petri, Michael G. Plummer, and Fan Zhai, *The Trans-Pacific Partnership and Asia-Pacific Integration: A Quantitative Assessment*, Peterson Institute for International Economics and East-West Center Policy Analyses in International Economics No. 98, November 2012.

续表

议题	是否涉及“境内议题”	内容	可能存在的争议
技术壁垒	是	要求实施 WTO 贸易技术壁垒协定规则;鼓励对技术性管制和相符性评估的相互接受;建立合作机制	发达成员将寻求超 WTO 义务的规则安排,而发展中成员则主张避免技术性措施可能带来的贸易保护效果
竞争政策	是	要求成员采取措施禁止或限制有碍市场公平竞争的商业行为;要求竞争法实施的国民待遇;透明度;消费者保护;建立竞争政策执行机构;在国有企业与私人企业之间保持“竞争中立”;信息合作	尚未建立完备的竞争政策的成员以及国有企业占国民经济较大比重的成员,对过于激进的竞争政策可能会有所保留
知识产权	是	要求加入知识产权相关的国际条约;扩大知识产权保护的客体;要求采取有效措施打击侵犯知识产权的行为	发达成员与发展中成员在知识产权的保护水平上将存在着分歧。知识产权产品的出口国将寻求超出 TRIPs 义务的规则安排,而知识产权产品的进口国可能希望维持现有的知识产权保护水平

续表

议题	是否涉及“境内议题”	内容	可能存在的争议
投资	是	要求提供市场准入前和市场准入后全阶段的国民待遇和最惠国待遇；最低标准待遇；不符措施例外；禁止当地业绩要求；限制征收行为；纳入征收补偿条款；保障投资的转让和支付；建立国际仲裁机制处理投资者与国家间的投资争	在外资准入前的国民待遇问题上将存在分歧，对于具体部门的准入限制措施也可能千差万别、难以骤然统一；对是否设置以及如何设置投资者与国家间的国际仲裁条款也将存在争论
政府采购	是	要求在政府采购全过程提供国民待遇和最惠国待遇；特殊的原产地规则；建立透明度的具体标准	仅有美国、日本、新加坡是WTO《政府采购协定》的成员国，TPP 谈判的各成员国对于是否接受该多边协定的规则将存在分歧。可能的结果是商讨对发展中成员如何设置放开政府采购市场的过渡性安排
动植物卫生检疫标准	是	确定适当的动植物卫生检疫标准；建立合作机制	在动植物卫生检疫标准的高低水平上将存在分歧，发展中国家不希望因为过高的动植物卫生检疫标准而造成事实上的贸易保护
争端解决	否	建立适当的争端解决机制；授权成员国在特定的条件下采取罚金、中止条约义务等措施	不存在较大分歧

续表

议题	是否涉及“境内议题”	内容	可能存在的争议
原产地规则	否	建立判定产品是否原产自TPP成员国的标准;纳入微量条款和累积条款;对例外产品的特殊原产地规则;原产地证书的相关程序	在原产地规则的宽严程度上可能存在争议;对纺织品、服装等特定产品是否采取特殊原产地规则也将存在争议
贸易救济	否	反倾销条款;反补贴条款;保障措施条款	未知
海关程序	否	海关程序的透明度、海关决定的复审和上诉	发展中成员可能由于相关成本等因素而要求发达成员的技术援助
临时入境	否	为商务人士短期临时入境提供更加透明、更加便利的程序	无争议
合作与能力建设	否	促进成员国间的合作,为发展中成员提供能力建设上的援助	无争议
现有FTA中较少规制的议题			
执行机制	否	提供监督执行TPP协定的机制,如联合委员会等	无争议
金融服务	是	给予国民待遇和最惠国待遇;保障金融管制措施的透明度;允许跨境金融服务;设立磋商和争端解决程序	不同成员对于是否放开金融服务市场存在着极大的分歧

续表

议题	是否涉及“境内议题”	内容	可能存在的争议
电子商务	是	保障信息的跨境自由流动；取消对电子商务产品的关税和其他壁垒；保护信息的私密性	部分成员可能对信息跨境流动的监管议题进行关注
电信	是	保障对电信网络的非歧视接入；加强管制过程的透明度；取消投资准入限制	部分成员可能希望保持对电信行业准入的限制
农业	否	规制农业产品的关税和配额；禁止出口补贴；对出口关税和出口限制措施进行规制；建立磋商机制以提高对特定农业产品的市场准入	对糖类、奶制品等特定农产品的市场准入问题上存在着分歧
劳工标准	是	纳入国际劳工组织的相关标准；要求有效执行劳工标准；授权联合委员会监督实施	对于劳工标准的国内强制实施义务将存在分歧。发达国家主张不得为了促进贸易投资而降低劳工的保护水平，而发展中国家主张不得利用劳工标准实施贸易保护主义。有关劳工条款的争议是否纳入强制性争端解决机制也存在着很大分歧

续表

议题	是否涉及“境内议题”	内容	可能存在的争议
环境标准	是	要求成员国制定环境保护法律,对违反环保法律的行为采取有效救济措施;履行多边环境条约项下的义务;保障公众参与;鼓励技术合作;授权联合监督实施	发达国家对环境保护标准的“出价”将比发展中国家的“出价”高,而且后者对于环保标准是否带来环境的贸易保护主义也十分关切。有关环境条款的争议是否纳入强制性争端解决机制也存在着很大分歧
监管一致性	是	协调各成员的监管措施;建立监管影响评价机制;要求监管措施必须是公开的、透明的;提供国民待遇	对于目标并无争议,但是规则的实施还鲜有先例可循
中小企业	是	完善中小企业发展的政策环境,促进中小企业更有竞争力地融入区域生产链	对于目标并无争议
供应链管理和商业便利化	是	提高供应链业绩,减少亚太地区货物和服务流动的时间和成本	对于目标并无争议
国有企业	是	要求成员国政府在国有企业与私人企业之间保持“竞争中立”;国民待遇和非歧视待遇条款;透明度条款	越南、马来西亚、新加坡等国由于国有企业在国民经济中的重要地位,对该议题可能有所保留

图书在版编目(CIP)数据

世贸变局:技术革新界说国际规则/李浩然,王立杰,徐树著.—北京:法律出版社,2016.11
ISBN 978-7-5197-0207-6

Ⅰ.①世…　Ⅱ.①李…②王…③徐…　Ⅲ.①国际贸易—贸易法—研究　Ⅳ.①D996.1

中国版本图书馆CIP数据核字(2016)第261939号

世贸变局:技术革新界说国际规则

李浩然
王立杰　著
徐　树

编辑统筹 财经出版分社
策划编辑 刘文科
责任编辑 刘文科
装帧设计 李　瞻

© 法律出版社·中国

出版 法律出版社
总发行 中国法律图书有限公司
经销 新华书店
印刷 北京京华虎彩印刷有限公司
责任印制 吕亚莉

开本 A5
印张 9.375
字数 200千
版本 2016年11月第1版
印次 2016年11月第1次印刷

法律出版社/北京市丰台区莲花池西里7号(100073)
电子邮件/info@lawpress.com.cn
网址/www.lawpress.com.cn
销售热线/010-63939792/9779
咨询电话/010-63939796

中国法律图书有限公司/北京市丰台区莲花池西里7号(100073)
全国各地中法图分、子公司电话:
第一法律书店/010-63939781/9782
重庆公司/023-65382816/2908
北京分公司/010-62534456
西安分公司/029-85388843
上海公司/021-62071010/1636
深圳公司/0755-83072995

书号:ISBN 978-7-5197-0207-6
定价:45.00元
(如有缺页或倒装,中国法律图书有限公司负责退换)